コーポレートガバナンス・コード作成ハンドブック

今井 祐 著

文眞堂

はしがき

　2014年2月に，金融庁・東証は『責任ある機関投資家』の諸原則である，スチュワードシップ・コードの導入を有識者検討会の結果を踏まえ，決定した。世界で8番目に導入し，海外の機関投資家を「アッ」といわせた。これを見て，オーストラリアとマレーシアが直ぐに導入し，現在10カ国が導入している。

　これを受けて国内外の機関投資家184社（2015年2月末時点）が金融庁に登録し，各社の取組みを，スチュワードシップ・コードの7原則に則して，ウェブサイトなどで公表している。今後，建設的な「目的ある対話（エンゲージメント）」が機関投資家と企業の間で展開され，企業において，企業価値向上と持続的成長が進むことが期待される。

　これに対して，短期的利益追求にならないように，経済産業省（以下経産省）は一橋大学大学院教授の伊藤邦雄座長の下に，日本版ケイ・レビュウといわれる「伊藤レポート（持続的成長への競争力とインセンティブ～企業と投資家の望ましい関係構築～）」をまとめ2014年8月に公表した。2つの分科会がいまでも活躍している。

　また，改正会社法が2014年6月に公布され，パブリック・コメントをえて決定された施行規則を含め，2015年5月1日より施行される。社外取締役の実質的な義務化や社外役員の要件の厳格化に関する新しい定義などが決まった。

　これらの一連の企業統治改革の極めつけは，本書で，最重点で取り上げている，コーポレートガバナンス・コードである。本来これは，スチュワードシップ・コードの前に設定され，企業における企業統治体制が整備されてから，機関投資家からの建設的な「目的ある対話（エンゲージメ

ント)」を受け，コーポレートガバナンス・コードの内容について議論されるべきである。特に，法令とは異なり，法的拘束力を有する規範ではなく，その実施に当たっては，プリンシプル・ベースの，いわゆる「コンプライ・オア・エクスプレイン」(原則を実施するか，実施しない場合には，その理由を説明するか)の手法を採用している。この説明・開示を怠ると上場規則違反になることがある。このように，我が国の場合はスチュワードシップ・コードが先にでき，機関投資家は今や遅しと待っている状態にある。これらは車の両輪であり，一日も早い企業におけるコーポレートガバナンス・コードの策定・公表と実践が待たれる。

筆者は2014年6月30日に『経営者支配とは何か』副題「日本版コーポレートガバナンス・コードとは何か」を文眞堂より出版している。これに先立ち，5月に『日本再興戦略』の改訂版作成中なる情報に接し，その中で取り上げられる日本版コーポレートガバナンス・コード案について，17項目の提言等を自民党政調会長代理の下にある『日本再興戦略』改訂版検討グループ宛てに提出した。この要望が聞き入れられたか否かは確認されてないが，本コードに，筆者が提言した経営理念，行動準則(倫理規範を含む)，中期経営計画，非財務情報(ESG等)，ステークホルダーとの協働，CSR即ち，サステナビリティー(持続可能性)を巡る課題，ダイバーシティ，独立社外取締役の必要性・数・機能強化，持合い株式，などの項目が取り上げられていることは，筆者が大変心強く感じ，本年を企業統治改革元年と呼称する所以である。

本来，コーポレートガバナンス・コードなるものは，各企業における業種・規模・事業特性・機関設計・経営環境・企業文化などの相違から生ずる差異を反映した独自性のあるものでなくてはならず，統一した雛形は存在しない。本書はこれらの各々の項目の作り方・現存する国内外の他社事例等を参考に供し，各社の独自性あるコーポレートガバナンス・コード設定の支援をするものである。上記の，経営理念，行動準則(倫理規範を含む)，中期経営計画，経営戦略・経営計画，サステナビリティー(持続可能性)報告書等に関しては，各々，各社のウェブサイトで別途開示される

はしがき　iii

べきである。また，東京証券取引所（以下，東証）により説明・開示が義務付けられた各種基準・方針等の主要項目は「コーポレートガバナンスに関する報告書」で別途開示されることとなる。これらを逐一各社のコーポレートガバナンス・コードに持ち込むことは，コードが膨大となり適切ではない。コーポレートガバナンス・コードの上では，簡潔に述べ，その項目をクリックすれば，詳細はその会社のウェブサイト上の当該項目にリンクするようにしておかないと効率的ではない。上場会社の内，大会社は概ね，経営理念，行動準則（含む倫理規範），中期経営計画（資本政策の考え方を含む），CSRレポートまたは統合報告書，などを持ちウェブサイト上で公開している。しかし，上場企業で全コード適用となる「市場一部・市場二部」は約2,400社，基本原則部分のみ適用となるマザーズ・JASDAQを含めると約3,500社となる。【原則2-3．社会・環境問題をはじめとするサステナビリティーを巡る課題】に応えるべく，CSRレポート等を作成している東証1部・2部上場会社は僅か40％である。一から始めなくてはならない企業の負荷は，それなりに大変であろう。些かでも，本書が参考になり企業統治改革や「攻めの経営」が進めば，望外の喜びである。会社は社会の公器として世のため人のために役立つ存在でなくてはならないことを肝に銘じて，各社独自性のあるコーポレートガバナンス・コードを作成・公表・実践されたい。参考として，下記に本書の概要を示す。

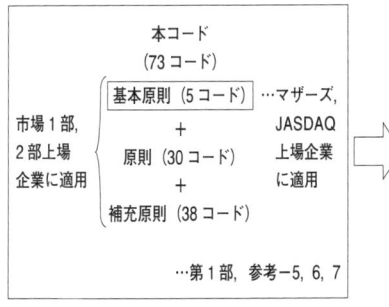

金融庁・東証
（コーポレートガバナンス・コード原案）

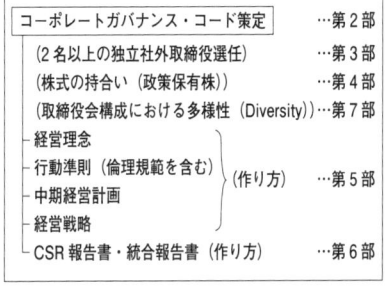

上場企業
（コーポレートガバナンス・コードの策定・公表・実践）

本書を出版するに当たって，日本経営倫理学会や日本マネジメント学会等の諸先生方の協力・アドバイスをいただき誠にありがとうございました。また，文眞堂の前野隆社長及び前野弘太氏の両氏をはじめ多くの方々から，多大なるご協力を賜り，真に感謝申し上げる。

　なお，文中の「会社」とは「上場会社」を意味している。文中引用の著者名は同姓の方々が複数登場する場合や複雑な名称の方々のみフルネームで紹介し，他は苗字のみにしている。詳細は巻末の参考文献を参照されたい。

2015年5月31日

今井　祐

目　次

はしがき ………………………………………………………………… i

第1部　「金融庁・東証」によるコーポレートガバナンス・コード原案について …………………………………… 1

Ⅰ．はじめに ……………………………………………………………… 2
Ⅱ．「金融庁・東証」によるコーポレートガバナンス・コード原案 … 3
　第1章　株主の権利・平等性の確保 ……………………………… 13
　第2章　株主以外のステークホルダーとの適切な協働 ………… 17
　第3章　適切な情報開示と透明性の確保 ………………………… 20
　第4章　取締役会等の責務 ………………………………………… 22
　第5章　株主との対話 ……………………………………………… 32

第2部　実践コーポレートガバナンス・コードの作り方 …… 35

Ⅰ．はじめに ……………………………………………………………… 36
Ⅱ．コーポレートガバナンス・コードの具体例（監査役設置会社を前提とする）………………………………………………………… 41
　第1章　総則 ………………………………………………………… 41
　第2章　株主の皆様との関係 ……………………………………… 44
　第3章　株主以外のステークホルダーとの適切な協働 ………… 48
　第4章　適切な情報開示と透明性の確保 ………………………… 49
　第5章　取締役会等の責務 ………………………………………… 50
　第6章　その他 ……………………………………………………… 57
Ⅲ．まとめ ……………………………………………………………… 59

第3部　2名以上の独立社外取締役選任について …… 61

第1章　「独立社外取締役を少なくとも2名以上選任すべき」等について … 62

1．複数選任制の留意点 …… 62
  (1) 「ISSの新基準」に留意 …… 63
  (2) 3,000人超の独立社外取締役候補が必要 …… 63
  (3) 独立社外取締役の資質・役割・責務 …… 65
  (4) 「監査等委員会設置会社」へ機関設定の変更検討 …… 66
2．3分の1以上の独立社外取締役を選任する会社 …… 67
  (1) 必要な業種・業態 …… 67
  (2) 国内外の機関投資家の持ち分比率が高い会社 …… 68

第2章　ISSの新基準（2015年2月1日施行）…… 69

第3章　「監査等委員会設置会社とは何か」…… 77
  (1) 「監査等委員会」の「等」の意味 …… 77
  (2) 監査等委員会設置会社のメリット …… 79
  (3) 監査等委員会設置会社のデメリット …… 80
  (4) 監査等委員会設置会社への移行に伴う実務対応 …… 80

第4章　独立社外取締役の必要性・役割・機能・要件等 …… 82

1．独立社外取締役の必要性 …… 82
2．独立社外取締役の役割・機能とは何か …… 83
3．独立社外取締役の義務化の根拠 …… 84
4．独立性の高い社外役員の選任基準について …… 88
  (1) はじめに …… 88
  (2) 東証におけるこれまでの基準について …… 88
  (3) 改正会社法における社外性の主たる改訂内容 …… 90
  (4) 改正会社法を受けての東証の改訂 …… 91
  (5) 東証の「コーポレートガバナンス・コードの策定に伴う上場制度の整備」の2.「独立役員の独立性に関する情報開示

の見直し」について ································· 92
　（6）日本取締役協会の「取締役会規則における独立取締役選任
　　　基準」の改訂版 ··································· 93
　5．資生堂の社外役員の独立性に関する判断基準 ············ 94

第4部　株式の持合い（政策保有株）について ············ 101

第1章　政策保有株の取り扱い基準について ················ 102
　1．【原則1-4．いわゆる政策保有株式】について ············ 102
　2．政策保有株式を巡る第3回有識者会議でのやり取り（抜粋）··· 103
第2章　株式持合いの現状と将来 ························· 105
　1．安定株主とは ······································ 105
　2．「相互保有株式の議決権行使の制限」 ··················· 106
　3．株式持合いの将来に影響するファクター ················ 107
　（1）IFRSの導入 ······································ 107
　（2）「受取り配当金の益金不参入」基準の変更 ············· 108
　（3）金融機関の動向 ··································· 108
第3章　「株式持合い」に関する先行研究 ·················· 110
　1．奥村宏論の要旨（『法人資本主義の構造』1975年）········ 110
　2．西山忠範論の要旨
　　　（脱資本主義論『現代の支配構造』1975年）············ 110
　3．三戸公論の要旨（組織社会論『財産の終焉』1983年）····· 110
　4．加護野論要旨（『経営はだれのものか』2014年）～長期連帯
　　　株主を求めて ····································· 111

第5部　経営理念・倫理規範・行動準則・中期経営計画等
　　　　の作り方 ·· 113

第1章　経営理念の作り方 ······························· 114
　1．経営理念は何故必要か ······························· 114
　2．経営理念所有企業の業績との関係 ····················· 115

3．経営理念の作り方と事例 ……………………………………… *117*
  (1) 経営理念の作り方 …………………………………………… *117*
  (2) 経営理念を多くのリーダーを巻き込んで作り上げた事例
    （日本航空（JAL）の事例）………………………………… *120*
 4．経営理念は経営に影響する …………………………………… *126*
  (1) フィルムの巨人コダック社（Eastman Kodak）凋落と
    富士フイルムの変身 ………………………………………… *126*
  (2) トヨタの企業理念の源流 …………………………………… *139*
  (3) 良くできているオムロンの社憲等 ………………………… *141*
第2章 倫理規範・行動準則の作り方 ……………………………… *145*
 1．米国で育った倫理規範・行動準則とは何か ………………… *145*
  (1) はじめに ……………………………………………………… *145*
  (2) 連邦量刑ガイドラインの制定（1991年）………………… *145*
  (3) COSOによる「内部統制の統合的枠組み」の公表
    （1992年）……………………………………………………… *147*
  (4) SOX法，第4章，第406条及びその施行規則による倫理
    規範・行動準則 ……………………………………………… *149*
  (5) 米国ゼロックス社（Xerox Corporation）の取締役に対す
    る倫理行動規範の事例（2007年改訂）…………………… *151*
 2．我が国における倫理規範・行動準則とは何か ……………… *152*
  (1) はじめに ……………………………………………………… *152*
  (2) 法律・規則・企業倫理（含む行動準則）・社会規範・コン
    プライアンス等の境界線 …………………………………… *154*
  (3) 日本証券業協会の倫理コードの事例……………………… *155*
  (4) ウエイとは何か ……………………………………………… *156*
 3．上場会社の倫理規範・行動準則の作り方…………………… *156*
  (1) はじめに ……………………………………………………… *156*
  (2) 東証上場規程にある「企業行動規範」とは何か ………… *157*
  (3) 「東証」の企業行動規範に追加されるべき基本項目の

　　　　提言 ·· *159*
　　(4) 企業の一般的企業倫理・行動規範の雛形 ················ *159*
　　(5) まとめ ·· *164*
　4．経営理念・倫理規範・行動準則の制度化とは何か ············ *164*
　　(1) リーマン・ブラザース社の倫理規範は絵に描いた餅 ······· *164*
　　(2) 経営理念・倫理規範・行動準則の制度化 ················ *166*
第3章　中期経営計画の作り方 ·· *170*
　1．中期経営計画の重要性 ·· *170*
　2．中長期経営計画の作り方 ·· *171*

第6部　CSR報告書及び統合報告書の作り方 ········ *173*

第1章　CSR報告書の作り方 ·· *174*
　1．CSR（Corporate Social Responsibility）とは何か ············ *174*
　2．CSV（Creating Shared Value）とは何か ······················ *176*
　3．CSR報告書作成活動 ··· *177*
　　(1) はじめに ··· *177*
　　(2) ステークホルダー・ダイアログ ····························· *179*
　　(3) GRIガイドライン（Global Reporting Initiative）とは
　　　　何か ··· *180*
　　(4) 環境省による環境報告ガイドラインとは何か ············ *181*
　4．国際規格ISO26000とは何か ····································· *183*
第2章　統合報告書とは何か ·· *188*
　1．非財務情報の重要性 ··· *188*
　2．統合報告書への傾斜 ··· *189*
　3．統合報告書の作り方 ··· *191*
　　(1) 統合報告の定義，目的，利用者 ····························· *191*
　　(2) 指導原則 ··· *195*
　　(3) 内容要素 ··· *202*
　4．武田薬品工業の統合報告書について ···························· *213*

目次

　　(1) 統合版アニュアルレポートの編集方針……………………213
　　(2) 武田薬品の経営の基本精神 ……………………………214
　　(3) 統合報告版2014アニュアルレポート ……………………215
　5．まとめ……………………………………………………………216

第7部　取締役会構成における多様性（Diversity）について……………………………………………………………223

　Ⅰ．はじめに ………………………………………………………224
　第1章　女性の登用（Gender Diversity）について ……………225
　　1．機会の平等……………………………………………………225
　　(1)「ガラスの天井」を男女で打ち破れ ……………………225
　　(2) ワークライフ・バランス（仕事と家庭の調和）施策 ………225
　　(3) アベノミクスによる女性の役員・管理職への登用 ………228
　　2．結果の平等……………………………………………………229
　第2章　専門家の登用（Professional Diversity）について ………232
　　1．独立社外取締役の資質 ………………………………………232
　　2．経営者（CEO）の資質 ………………………………………233
　　3．経営者のモラル・ハザード（倫理の欠如）は何故起る ………235
　　4．多様性，専門性ある良きBoard Diversityの事例 ……………236
　　5．「女性CEOと女性社外取締役とで期待される資質が異なる」
　　　　事例（三洋電機における女性CEO野中ともよ氏の蹉跌）……239
　第3章　国際派の登用（International Diversity）について…………250
　　1．国際派の登用（International Diversity）の事例
　　　　（オリンパスのマイケル・ウッドフォードCEOの事例）……250

第8部　スチュワードシップ・コードと伊藤レポート…………259

　第1章　スチュワードシップ・コードとは何か……………………260
　　1．英国版スチュワードシップ・コード…………………………260
　　(1) 英国スチュワードシップコードの前文……………………260

(2) 英国スチュワードシップ・コード ……………………………… 261
　2．日本版スチュワードシップ・コードと最近の事例 …………… 262
　　(1) 7原則 …………………………………………………………… 262
　　(2) 日本版スチュワードシップ・コードの特徴 ………………… 263
　　(3) 金融庁に登録した機関投資家 ………………………………… 264
第2章　日本版ケイ・レビューといわれる伊藤レポートとは何か … 266
　1．ケイ・レビューとは何か …………………………………………… 266
　2．伊藤レポートとは何か ……………………………………………… 267
　　(1) 最終報告書の概要 ……………………………………………… 267

巻末参考資料編 …………………………………………………………… 269

　参考−1　資生堂の役員報酬制度（監査役設置会社）………………… 270
　参考−2　監査役設置会社の1.取締役会規則及び取締役会細則及び
　　　　　 2.任意の指名諮問委員会規則の一般的事例 ……………… 274
　　1．監査役設置会社の取締役会規則及び取締役会細則の一般的
　　　 事例 …………………………………………………………………… 274
　　2．監査役設置会社の任意の指名諮問委員会規則の一般的事例 … 285
　参考−3　取締役の利益相反取引の制限 ………………………………… 289
　　1．利益相反取引の類型 ……………………………………………… 290
　　2．株主総会（取締役会）の承認が不要な場合 ………………… 290
　　3．承認を得ないで行った取引の効果 …………………………… 291
　参考−4　取締役会の評価項目 …………………………………………… 294
　参考−5　東証のコーポレートガバナンス・コードの策定に伴う
　　　　　 有価証券上場規定等の一部改正について（概要）………… 296
　参考−6　東証によるコーポレートガバナンス・コード ……………… 298
　参考−7　東証によるコーポレート・ガバナンスに関する報告書
　　　　　 記載要領要旨（2015年6月改訂版）…………………… 332
　参考−8　UKコーポレートガバナンス・コードの18原則
　　　　　 （Comply or Explain の対象）…………………………… 336

参考－9　米国 GE のガバナンス・プリンシプルの主要条項………… *338*

参考文献 ……………………………………………………………… *343*

第１部

「金融庁・東証」による
コーポレートガバナンス・コード原案について

I．はじめに

　2015年3月5日，第9回の最終のコーポレートガバナンス・コード策定に関する有識者会議で承認されたコーポレートガバナンス・コード原案は，序文から「本コード原案」に至るまでの経緯も含め大変分りやすいのでこれを最初に使用する。以下商事法務 No. 2065, 57-67頁及び2015年5月13日付け，東証による「コーポレートガバナンス・コードの策定に伴う有価証券上場規程等の一部改正について（概要）」（巻末参考－5）を参照して纏めると，「本コード原案」を分割表示してある東証のコーポレートガバナンス・コード（企業行動規範の「遵守すべき規定」として有価証券上場規程の別添とする）は巻末参考－6に，また，東証によるコーポレートガバナンスに関する報告書記載要領要旨（2015年6月改訂版）は巻末参考－7に記載してあるので，参考にされたい。参考－6の東証のコーポレートガバナンス・コードは内容的に2015年3月5日付承認済みコーポレートガバナンス・コード原案と技術的変更を除いて同一である。但し，「本コード原案」にある序文や［背景説明］の記載が分離され，資料編に纏めてあるので留意が必要。

　なお，従来の努力義務規定にあった「上場会社コーポレートガバナンス原則」は「東証のコーポレートガバナンス・コードの趣旨・精神の尊重規定」に単に置き換えるだけである（規程第445条の3）。

　次に金融庁・東証による「コーポレートガバナンスとは何か」の定義が米国の株主主権論ではなくステークホルダー論の立場から明確にされている。このことは日本的経営の良さを残したことにもなり，歓迎されることである。

　「コーポレートガバナンスとは何か」については時代により，学者により千差万別である。本件を詳しく知りたい方は，筆者が2014年に著した著書『経営者支配とは何か』（副題「日本版コーポレートガバナンスとは何か」）に詳しく書いているので，参考にされたい。ともあれ，ステー

ホルダー論を中心にして,経営理念,行動準則(倫理規範を含む),中期経営計画,非財務情報(ESG等),ステークホルダーとの協働,独立社外取締役の複数化及び機能強化,CSR即ち,サステナビリティー(持続可能性)を巡る課題,ダイバーシティ,持合い株式,などの項目が取り上げられていることは,東証のコーポレートガバナンス原則(2009年改訂版)と比較して画期的なことである。コーポレートガバナンス・コードはOECDのコーポレートガバナンス原則を色濃く取り入れ,スチュワードシップ・コードは英国のそれを参考として作成されている。従って,基本的に米国流のモニタリング・モデル(米国コーポレートガバナンス・ガイドライン,巻末参考-9にこれに準拠した「米国GEのガバナンス・プリンシプルの主要条項」を添付してあるので参考にされたい)を前提とはしてないが,独立社外取締役の複数化や役割・責務等の強化が含まれている。但し,最高執行経営者(CEO)と取締役会議長の兼務の問題や各々の役割・責務についても言及してほしかった。

　両方コードとも,「コンプライ・オア・エクスプレイン」(原則を実施するか,実施しない場合には,その理由を説明するか)方式を採用している。従って,刑事罰はない。数回に及ぶ有識者会議の白熱した議論を経た結果をパブリック・コメントにかけて民主的に決められている。金融庁・東証をはじめ有識者会議メンバー各位の努力の賜物である。次に「本コード原案(40頁に「本コード」の定義を述べる迄は(原案)を付ける)」を紹介する(出典:金融庁ホームページ www.fsa.go.jp/,東証ホームページ www.jpx.co.jp/)。

II.「金融庁・東証」によるコーポレートガバナンス・コード原案

コーポレートガバナンス・コード原案
〜会社の持続的な成長と中長期的な企業価値の向上のために〜

第1部 「金融庁・東証」によるコーポレートガバナンス・コード原案について

「コーポレートガバナンス・コードの策定に関する有識者会議」

平成27年3月5日現在

座長	池尾 和人	慶応義塾大学経済学部教授
メンバー	内田 章	東レ㈱常務取締役
	太田 順司	公益社団法人　日本監査役協会最高顧問
	大場 昭義	東京海上アセットマネジメント㈱代表取締役社長
	小口 俊朗	ガバナンス・フォー・オーナーズ・ジャパン㈱代表取締役
	神田 秀樹	東京大学大学院法学政治学研究科教授
	スコット　キャロン	日本コーポレート・ガバナンス・ネットワーク理事
	武井 一浩	弁護士（西村あさひ法律事務所）
	冨山 和彦	㈱経営共創基盤代表取締役 CEO
	中村 美華	㈱セブン＆アイ・ホールディングス法務部法務シニアオフィサー
	堀江 貞之	㈱野村総合研究所上席研究員
	松井 忠三	㈱良品計画代表取締役会長
	森 公高	日本公認会計士協会会長
アドバイザー（国際機関）	マッツ　イサクソン	Head, Corporate Affairs Division, OECD
幹事	坂本 三郎	法務省大臣官房参事官
	中原 裕彦	経済産業省経済産業政策局産業組織課長

（敬称略・五十音順）

事務局		金融庁，㈱東京証券取引所

コーポレートガバナンス・コードについて

> 本コード（原案）において，「コーポレートガバナンス」とは，会社が，株主をはじめ顧客・従業員・地域社会等の立場を踏まえた上で，透明・公正かつ迅速・果断な意思決定を行うための仕組みを意味する。
>
> 本コード（原案）は，実効的なコーポレートガバナンスの実現に資する主要な原則を取りまとめたものであり，これらが適切に実践されることは，それぞれの会社において持続的な成長と中長期的な企業価値の向上のための自律的な対応が図られることを通じて，会社，投資家，ひいては経済全体の発展にも寄与することとなるものと考えられる。

経緯及び背景

1. 我が国におけるコーポレートガバナンスを巡る取組みは，近年，大きく加速している。

2. 平成25年6月に閣議決定された「日本再興戦略」においては，「機関投資家が，対話を通じて企業の中長期的な成長を促すなど，受託者責任を果たすための原則（日本版スチュワードシップ・コード）について検討し，取りまとめる」との施策が盛り込まれた。これを受けて，平成25年8月，金融庁に設置された「日本版スチュワードシップ・コードに関する有識者検討会」において検討が開始され，平成26年2月に「『責任ある機関投資家』の諸原則《日本版スチュワードシップ・コード》」（以下，序文において「スチュワードシップ・コード」という。）が策定・公表され，実施に移されている。

   また，法務省法制審議会は，平成24年9月に「会社法制の見直しに関する要綱」を採択したが，その後，社外取締役を選任しない場合における説明義務に関する規定なども盛り込んだ上で，会社法改正案が国会に提出され，平成26年6月に可決・成立している。

3. 更に，上記の「日本再興戦略」においては，「国内の証券取引所に対し，上場基準における社外取締役の位置付けや，収益性や経営面での評価が高い銘柄のインデックスの設定など，コーポレートガバナンスの強化につながる取組を働きかける」との施策も盛り込まれていたが，これを受けて，

日本取引所グループにおいて「資本の効率的活用や投資者を意識した経営観点など，グローバルな投資基準に求められる諸要件を満たした，『投資者にとって投資魅力の高い会社』で構成される新しい株価指数」である「JPX 日経インデックス 400」が設定され，平成 26 年 1 月 6 日より算出が開始されている。

4．こうした中，平成 26 年 6 月に閣議決定された「『日本再興戦略』改訂 2014」において，「東京証券取引所と金融庁を共同事務局とする有識者会議において，秋頃までを目途に基本的な考え方を取りまとめ，東京証券取引所が，来年の株主総会のシーズンに間に合うよう新たに「コーポレートガバナンス・コード」を策定することを支援する」との施策が盛り込まれた。これを受けて，平成 26 年 8 月，金融庁・東京証券取引所を共同事務局とする「コーポレートガバナンス・コードの策定に関する有識者会議」（以下，「本有識者会議」という。）が設置された。本有識者会議は，8 月から計 9 回にわたり議論を重ね，今般，コーポレートガバナンス・コードの策定に関する基本的な考え方を「コーポレートガバナンス・コード（原案）」（以下，「本コード（原案）」という。）の形で取りまとめた。なお，「『日本再興戦略』改訂 2014」において，コードの策定に当たっては「OECD コーポレート・ガバナンス原則」を踏まえるものとすると明記されたことを受けて，本有識者会議は同原則の内容に沿って議論を行ってきており，本コード（原案）の内容は同原則の趣旨を踏まえたものとなっている。また，本コード（原案）の取りまとめにあたっては，和英両文によるパブリック・コメントを実施し，和文については 80 の個人・団体から，英文については 41 の個人・団体から充実した意見が寄せられた。本有識者会議は，これらの意見についても議論を行い，本コード（原案）の取りまとめに反映させていただいた。

5．今後，東京証券取引所において，「『日本再興戦略』改訂 2014」を踏まえ，関連する上場規則等の改正を行うとともに，本コード（原案）をその内容とする「コーポレートガバナンス・コード」を制定することが期待される。

本コード（原案）の目的

6．本コード（原案）は，「『日本再興戦略』改訂2014」に基づき，我が国の成長戦略の一環として策定されるものである。冒頭に掲げたように，本コード（原案）において，「コーポレートガバナンス」とは，会社が，株主をはじめ顧客・従業員・地域社会等の立場を踏まえた上で，透明・公正かつ迅速・果断な意思決定を行うための仕組みを意味しており，こうした認識の下，本コード（原案）には，実効的なコーポレートガバナンスの実現に資する主要な原則を盛り込んでいる。

7．会社は，株主から経営を付託された者としての責任（受託者責任）をはじめ，様々なステークホルダーに対する責務を負っていることを認識して運営されることが重要である。本コード（原案）は，こうした責務に関する説明責任を果たすことを含め会社の意思決定の透明性・公正性を担保しつつ，これを前提とした会社の迅速・果断な意思決定を促すことを通じて，いわば「攻めのガバナンス」の実現を目指すものである。本コード（原案）では，会社におけるリスクの回避・抑制や不祥事の防止といった側面を過度に強調するのではなく，むしろ健全な企業家精神の発揮を促し，会社の持続的な成長と中長期的な企業価値の向上を図ることに主眼を置いている。

　本コード（原案）には，株主に対する受託者責任やステークホルダーに対する責務を踏まえ，一定の規律を求める記載が含まれているが，これらを会社の事業活動に対する制約と捉えることは適切ではない。むしろ，仮に，会社においてガバナンスに関する機能が十分に働かないような状況が生じれば，経営の意思決定過程の合理性が確保されなくなり，経営陣が，結果責任を問われることを懸念して，自ずとリスク回避的な方向に偏るおそれもある。こうした状況の発生こそが会社としての果断な意思決定や事業活動に対する阻害要因となるものであり，本コード（原案）では，会社に対してガバナンスに関する適切な規律を求めることにより，経営陣をこうした制約から解放し，健全な企業家精神を発揮しつつ経営手腕を振るえるような環境を整えることを狙いとしている。

8．本コード（原案）は，市場における短期主義的な投資行動の強まりを懸念する声が聞かれる中，中長期の投資を促す効果をもたらすことをも期待している。市場においてコーポレートガバナンスの改善を最も強く期待しているのは，通常，ガバナンスの改善が実を結ぶまで待つことができる中

長期保有の株主であり、こうした株主は、市場の短期主義化が懸念される昨今においても、会社にとって重要なパートナーとなり得る存在である。本コード（原案）は、会社が、各原則の趣旨・精神を踏まえ、自らのガバナンス上の課題の有無を検討し、自律的に対応することを求めるものであるが、このような会社の取組みは、スチュワードシップ・コードに基づくこうした株主（機関投資家）と会社との間の建設的な「目的を持った対話」によって、更なる充実を図ることが可能である。その意味において、本コード（原案）とスチュワードシップ・コードとは、いわば「車の両輪」であり、両者が適切に相まって実効的なコーポレートガバナンスが実現されることが期待される。

「プリンシプルベース・アプローチ」及び「コンプライ・オア・エクスプレイン」

9．本コード（原案）において示される規範は、基本原則、原則、補充原則から構成されているが、それらの履行の態様は、例えば、会社の業種、規模、事業特性、機関設計、会社を取り巻く環境等によって様々に異なり得る。本コード（原案）に定める各原則の適用の仕方は、それぞれの会社が自らの置かれた状況に応じて工夫すべきものである。

10．こうした点に鑑み、本コード（原案）は、会社が取るべき行動について詳細に規定する「ルールベース・アプローチ」（細則主義）ではなく、会社が各々の置かれた状況に応じて、実効的なコーポレートガバナンスを実現することができるよう、いわゆる「プリンシプルベース・アプローチ」（原則主義）を採用している。「プリンシプルベース・アプローチ」は、スチュワードシップ・コードにおいて既に採用されているものであるが、その意義は、一見、抽象的で大掴みな原則（プリンシプル）について、関係者がその趣旨・精神を確認し、互いに共有した上で、各自、自らの活動が、形式的な文言・記載ではなく、その趣旨・精神に照らして真に適切か否かを判断することにある。このため、本コード（原案）で使用されている用語についても、法令のように厳格な定義を置くのではなく、まずは株主等のステークホルダーに対する説明責任等を負うそれぞれの会社が、本コード（原案）の趣旨・精神に照らして、適切に解釈することが想定され

ている。株主等のステークホルダーが，会社との間で対話を行うに当たっても，この「プリンシプルベース・アプローチ」の意義を十分に踏まえることが望まれる。

11. また，本コード（原案）は，法令とは異なり法的拘束力を有する規範ではなく，その実施に当たっては，いわゆる「コンプライ・オア・エクスプレイン」（原則を実施するか，実施しない場合には，その理由を説明するか）の手法を採用している。すなわち，本コード（原案）の各原則（基本原則・原則・補充原則）の中に，自らの個別事情に照らして実施することが適切でないと考える原則があれば，それを「実施しない理由」を十分に説明することにより，一部の原則を実施しないことも想定している。

12. こうした「コンプライ・オア・エクスプレイン」の手法も，スチュワードシップ・コードにおいて既に採用されているものの，我が国では，いまだ馴染みの薄い面があると考えられる。本コード（原案）の対象とする会社が，全ての原則を一律に実施しなければならない訳ではないことには十分な留意が必要であり，会社側のみならず，株主等のステークホルダーの側においても，当該手法の趣旨を理解し，会社の個別の状況を十分に尊重することが求められる。特に，本コード（原案）の各原則の文言・記載を表面的に捉え，その一部を実施していないことのみをもって，実効的なコーポレートガバナンスが実現されていない，と機械的に評価することは適切ではない。一方，会社としては，当然のことながら，「実施しない理由」の説明を行う際には，実施しない原則に係る自らの対応について，株主等のステークホルダーの理解が十分に得られるよう工夫すべきであり，「ひな型」的な表現により表層的な説明に終始することは「コンプライ・オア・エクスプレイン」の趣旨に反するものである。

本コード（原案）の適用

13. 本コード（原案）は，我が国取引所に上場する会社を適用対象とするものである。その際，本則市場（市場第一部及び市場第二部）以外の市場に上場する会社に対する本コード（原案）の適用に当たっては，例えば体制整備や開示などに係る項目の適用について，こうした会社の規模・特性等

を踏まえた一定の考慮が必要となる可能性があり得る。この点に関しては，今後，東京証券取引所において，本コード（原案）のどの部分に，どのような形での考慮が必要かについて整理がなされることを我が国取引所に上場する外国会社については，一般に，そのガバナンスに関して別途適用を受ける本国の規制が存在し，その内容が本コード（原案）と異なり得るため，本コード（原案）の内容をそのままの形で適用することが適切でない場合も想定される。このため，その取扱いに関しては，今後，東京証券取引所において整理がなされることを期待する。

14. 我が国の上場会社は，通常，監査役会設置会社，指名委員会等設置会社，監査等委員会設置会社のいずれかの機関設計を選択することとされている。本コード（原案）は，もとよりいずれかの機関設計を慫慂（しょうよう）するものではなく，いずれの機関設計を採用する会社にも当てはまる，コーポレートガバナンスにおける主要な原則を示すものである。

　我が国の上場会社の多くは監査役会設置会社であることを踏まえ，本コード（原案）には，監査役会設置会社を想定した幾つかの原則（監査役または監査役会について記述した原則）が置かれているが，こうした原則については，監査役会設置会社以外の上場会社は，自らの機関設計に応じて所要の読替えを行った上で適用を行うことが想定される。

15. 本コード（原案）は，東京証券取引所において必要な制度整備を行った上で，平成27年6月1日から適用することを想定している。

　なお，本コード（原案）の幾つかの原則については，例えば体制整備に関するもの等を中心に，各会社の置かれた状況によっては，その意思があっても適用当初から完全に実施することが難しいことも考えられる。その場合において，上場会社が，まずは上記の適用開始に向けて真摯な検討や準備作業を行った上で，なお完全な実施が難しい場合に，今後の取組み予定や実施時期の目途を明確に説明（エクスプレイン）することにより，対応を行う可能性は排除されるべきではない。また，本コード（原案）には，会社が「エクスプレイン」を行う場合を含め，幾つかの開示や説明を求める旨の記載があるが，これらのうちには，特定の枠組み（例えば，コーポレート・ガバナンスに関する報告書）の中で統一的に開示・説明を行うことが望ましいものもあると考えられることから，この点については，今

後，東京証券取引所において整理がなされることを期待する。

本コード（原案）の将来の見直し

16. 上述のとおり，本コード（原案）は，実効的なコーポレートガバナンスの実現に資する主要な原則を取りまとめたものであるが，不変のものではない。目まぐるしく変化する経済・社会情勢の下で，本コード（原案）がその目的を果たし続けることを確保するため，本有識者会議は，本コード（原案）が定期的に見直しの検討に付されることを期待する。

基本原則

【株主の権利・平等性の確保】
1．上場会社は，株主の権利が実質的に確保されるよう適切な対応を行うとともに，株主がその権利を適切に行使することができる環境の整備を行うべきである。

また，上場会社は，株主の実質的な平等性を確保すべきである。

少数株主や外国人株主については，株主の権利の実質的な確保，権利行使に係る環境や実質的な平等性の確保に課題や懸念が生じやすい面があることから，十分に配慮を行うべきである。

【株主以外のステークホルダーとの適切な協働】
2．上場会社は，会社の持続的な成長と中長期的な企業価値の創出は，従業員，顧客，取引先，債権者，地域社会をはじめとする様々なステークホルダーによるリソースの提供や貢献の結果であることを十分に認識し，これらのステークホルダーとの適切な協働に努めるべきである。

取締役会・経営陣は，これらのステークホルダーの権利・立場や健全な事業活動倫理を尊重する企業文化・風土の醸成に向けてリーダーシップを発揮すべきである。

【適切な情報開示と透明性の確保】
3．上場会社は，会社の財政状態・経営成績等の財務情報や，経営戦略・経営課題，リスクやガバナンスに係る情報等の非財務情報について，

法令に基づく開示を適切に行うとともに，法令に基づく開示以外の情報提供にも主体的に取り組むべきである。

その際，取締役会は，開示・提供される情報が株主との間で建設的な対話を行う上での基盤となることも踏まえ，そうした情報（とりわけ非財務情報）が，正確で利用者にとって分かりやすく，情報として有用性の高いものとなるようにすべきである。

【取締役会等の責務】

4．上場会社の取締役会は，株主に対する受託者責任・説明責任を踏まえ，会社の持続的成長と中長期的な企業価値の向上を促し，収益力・資本効率等の改善を図るべく，
  (1) 企業戦略等の大きな方向性を示すこと
  (2) 経営陣幹部による適切なリスクテイクを支える環境整備を行うこと
  (3) 独立した客観的な立場から，経営陣（執行役及びいわゆる執行役員を含む）・取締役に対する実効性の高い監督を行うこと
をはじめとする役割・責務を適切に果たすべきである。

こうした役割・責務は，監査役会設置会社（その役割・責務の一部は監査役及び監査役会が担うこととなる），指名委員会等設置会社，監査等委員会設置会社など，いずれの機関設計を採用する場合にも，等しく適切に果たされるべきである。

【株主との対話】

5．上場会社は，その持続的な成長と中長期的な企業価値の向上に資するため，株主総会の場以外においても，株主との間で建設的な対話を行うべきである。

経営陣幹部・取締役（社外取締役を含む）は，こうした対話を通じて株主の声に耳を傾け，その関心・懸念に正当な関心を払うとともに，自らの経営方針を株主に分かりやすい形で明確に説明しその理解を得る努力を行い，株主を含むステークホルダーの立場に関するバランスのとれた理解と，そうした理解を踏まえた適切な対応に努めるべきである。

第1章　株主の権利・平等性の確保

【基本原則1】
　上場会社は，株主の権利が実質的に確保されるよう適切な対応を行うとともに，株主がその権利を適切に行使することができる環境の整備を行うべきである。
　また，上場会社は，株主の実質的な平等性を確保すべきである。
　少数株主や外国人株主については，株主の権利の実質的な確保，権利行使に係る環境や実質的な平等性の確保に課題や懸念が生じやすい面があることから，十分に配慮を行うべきである。

考え方
　上場会社には，株主を含む多様なステークホルダーが存在しており，こうしたステークホルダーとの適切な協働を欠いては，その持続的な成長を実現することは困難である。その際，資本提供者は重要な要であり，株主はコーポレートガバナンスの規律における主要な起点でもある。上場会社には，株主が有する様々な権利が実質的に確保されるよう，その円滑な行使に配慮することにより，株主との適切な協働を確保し，持続的な成長に向けた取組みに邁進することが求められる。
　また，上場会社は，自らの株主を，その有する株式の内容及び数に応じて平等に取り扱う会社法上の義務を負っているところ，この点を実質的にも確保していることについて広く株主から信認を得ることは，資本提供者からの支持の基盤を強化することにも資するものである。

【原則1-1．株主の権利の確保】
　上場会社は，株主総会における議決権をはじめとする株主の権利が実質的に確保されるよう，適切な対応を行うべきである。

補充原則
1-1① 　取締役会は，株主総会において可決には至ったものの相当数の反対票が投じられた会社提案議案があったと認めるときは，反対の理由や反対

票が多くなった原因の分析を行い，株主との対話その他の対応の要否について検討を行うべきである。

1-1② 上場会社は，総会決議事項の一部を取締役会に委任するよう株主総会に提案するに当たっては，自らの取締役会においてコーポレートガバナンスに関する役割・責務を十分に果たし得るような体制が整っているか否かを考慮すべきである。他方で，上場会社において，そうした体制がしっかりと整っていると判断する場合には，上記の提案を行うことが，経営判断の機動性・専門性の確保の観点から望ましい場合があることを考慮に入れるべきである。

〔背景説明〕

　一般に我が国の上場会社は，他国の上場会社に比して幅広い事項を株主総会にかけているとされる。しかしながら，上場会社に係る重要な意思決定については，これを株主の直接投票で決することが常に望ましいわけではなく，株主に対する受託者責任を十分に果たし得る取締役会が存在する場合には，会社法が認める選択肢の中でその意思決定の一部を取締役会に委任することは，経営判断に求められる機動性・専門性を確保する観点から合理的な場合がある。このような委任が適切であるか否かは，取締役会においてコーポレートガバナンスに関する役割・責務を十分に果たし得るような体制が整っているか否かに左右される部分が大きいと考えられる。

1-1③ 上場会社は，株主の権利の重要性を踏まえ，その権利行使を事実上妨げることのないよう配慮すべきである。とりわけ，少数株主にも認められている上場会社及びその役員に対する特別な権利（違法行為の差止めや代表訴訟提起に係る権利等）については，その権利行使の確保に課題や懸念が生じやすい面があることから，十分に配慮を行うべきである。

【原則1-2. 株主総会における権利行使】

　上場会社は，株主総会が株主との建設的な対話の場であることを認識し，株主の視点に立って，株主総会における権利行使に係る適切な環境整備を行うべきである。

補充原則

1-2①　上場会社は，株主総会において株主が適切な判断を行うことに資すると考えられる情報については，必要に応じ適確に提供すべきである。

1-2②　上場会社は，株主が総会議案の十分な検討期間を確保することができるよう，招集通知に記載する情報の正確性を担保しつつその早期発送に努めるべきであり，また，招集通知に記載する情報は，株主総会の招集に係る取締役会決議から招集通知を発送するまでの間に，TDnetや自社のウェブサイトにより電子的に公表すべきである。

1-2③　上場会社は，株主との建設的な対話の充実や，そのための正確な情報提供等の観点を考慮し，株主総会開催日をはじめとする株主総会関連の日程の適切な設定を行うべきである。

〔背景説明〕
　株主総会開催手続きについては，本有識者会議において，以下の議論があった。
　・基準日から株主総会開催日までの期間は，ガバナンスの実効性を確保する観点から，できるだけ短いことが望ましい（英国では，2日間以内）。
　・招集通知から株主総会開催日までの期間は，熟慮のため，できるだけ長いことが望ましい（英国では，約4週間以上）。
　・決算期末から，会計監査証明までの期間は，不正リスクに対応した実効性ある会計監査確保の観点から，一定の期間を確保する必要がある。
　・以上に対応するため，必要があれば，株主総会開催日を7月（3月期決算の会社の場合）にすることも検討されることが考えられるが，業績評価に基づく株主総会の意思決定との観点から，決算期末から株主総会開催日までの期間が長くなりすぎることは避ける必要がある。
　なお，以上の方向で考える場合，（監査済財務情報の提供時期や株主総会の開催時期が後倒しになることが考えられることから）決算短信によるタイムリーな情報提供が一層重要となることや，例外的な事象が生じた場合も視野に入れた他の制度との整合性の検討が必要となることなどにも留

意が必要である。本問題については，本コード（原案）に寄せられるパブリック・コメント等の内容も踏まえつつ，必要に応じ，本有識者会議において引き続き議論を行い，東京証券取引所における最終的なコードの策定に反映される必要があるか否かを検討することとする。

1-2④　上場会社は，自社の株主における機関投資家や海外投資家の比率等も踏まえ，議決権の電子行使を可能とするための環境作り（議決権電子行使プラットフォームの利用等）や招集通知の英訳を進めるべきである。

1-2⑤　信託銀行等の名義で株式を保有する機関投資家等が，株主総会において，信託銀行等に代わって自ら議決権の行使等を行うことをあらかじめ希望する場合に対応するため，上場会社は，信託銀行等と協議しつつ検討を行うべきである。

【原則 1-3.　資本政策の基本的な方針】
　上場会社は，資本政策の動向が株主の利益に重要な影響を与え得ることを踏まえ，中長期的な資本政策の基本的な方針を策定し，公表について説明を行うべきである。

【原則 1-4.　いわゆる政策保有株式】
　上場会社がいわゆる政策保有株式として上場株式を保有する場合には，政策保有に関する方針を開示すべきである。また，毎年，取締役会で主要な政策保有についてそのリターンとリスクなどを踏まえた中長期的な経済合理性や将来の見通しを検証し，これを反映した保有のねらい・合理性について具体的な説明を行うべきである。
　上場会社は，政策保有株式に係る議決権の行使について，適切な対応を確保するための基準を策定・開示すべきである。

【原則 1-5.　いわゆる買収防衛策】
　買収防衛の効果をもたらすことを企図してとられる方策は，経営陣・取締役会の保身を目的とするものであってはならない。その導入・運用については，取締役会・監査役は，株主に対する受託者責任を全うする

観点から、その必要性・合理性をしっかりと検討し、適正な手続を確保するとともに、株主に十分な説明を行うべきである。

補充原則

1-5①　上場会社は、自社の株式が公開買付けに付された場合には、取締役会としての考え方（対抗提案があればその内容を含む）を明確に説明すべきであり、また、株主が公開買付けに応じて株式を手放す権利を不当に妨げる措置を講じるべきではない。

【原則1-6. 株主の利益を害する可能性のある資本政策】
　支配権の変動や大規模な希釈化をもたらす資本政策（増資、MBO等を含む）については、既存株主を不当に害することのないよう、取締役会・監査役は、株主に対する受託者責任を全うする観点から、その必要性・合理性をしっかりと検討し、適正な手続を確保するとともに、株主に十分な説明を行うべきである。

【原則1-7. 関連当事者間の取引】
　上場会社がその役員や主要株主等との取引（関連当事者間の取引）を行う場合には、そうした取引が会社や株主共同の利益を害することのないよう、また、そうした懸念を惹起することのないよう、取締役会は、あらかじめ、取引の重要性やその性質に応じた適切な手続を定めてその枠組みを開示するとともに、その手続を踏まえた監視（取引の承認を含む）を行うべきである。

第2章　株主以外のステークホルダーとの適切な協働

【基本原則2】
　上場会社は、会社の持続的な成長と中長期的な企業価値の創出は、従業員、顧客、取引先、債権者、地域社会をはじめとする様々なステークホルダーによるリソースの提供や貢献の結果であることを十分に認識し、これらのステークホルダーとの適切な協働に努めるべきである。

> 　取締役会・経営陣は，これらのステークホルダーの権利・立場や健全な事業活動倫理を尊重する企業文化・風土の醸成に向けてリーダーシップを発揮すべきである。

考え方
　上場会社には，株主以外にも重要なステークホルダーが数多く存在する。これらのステークホルダーには，従業員をはじめとする社内の関係者や，顧客・取引先・債権者等の社外の関係者，更には，地域社会のように会社の存続・活動の基盤をなす主体が含まれる。上場会社は，自らの持続的な成長と中長期的な企業価値の創出を達成するためには，これらのステークホルダーとの適切な協働が不可欠であることを十分に認識すべきである。また，近時のグローバルな社会・環境問題等に対する関心の高まりを踏まえれば，いわゆるESG（環境，社会，統治）問題への積極的・能動的な対応をこれらに含めることも考えられる。
　上場会社が，こうした認識を踏まえて適切な対応を行うことは，社会・経済全体に利益を及ぼすとともに，その結果として，会社自身にもさらに利益がもたらされる，という好循環の実現に資するものである。

【原則2-1．中長期的な企業価値向上の基礎となる経営理念の策定】
　上場会社は，自らが担う社会的な責任についての考え方を踏まえ，様々なステークホルダーへの価値創造に配慮した経営を行いつつ中長期的な企業価値向上を図るべきであり，こうした活動の基礎となる経営理念を策定すべきである。

【原則2-2．会社の行動準則の策定・実践】
　上場会社は，ステークホルダーとの適切な協働やその利益の尊重，健全な事業活動倫理などについて，会社としての価値観を示しその構成員が従うべき行動準則を定め，実践すべきである。取締役会は，行動準則の策定・改訂の責務を担い，これが国内外の事業活動の第一線にまで広く浸透し，遵守されるようにすべきである。

補充原則

2-2①　取締役会は、行動準則が広く実践されているか否かについて、適宜または定期的にレビューを行うべきである。その際には、実質的に行動準則の趣旨・精神を尊重する企業文化・風土が存在するか否かに重点を置くべきであり、形式的な遵守確認に終始すべきではない。

〔背景説明〕
　上記の行動準則は、倫理基準、行動規範等と呼称されることもある。

【原則2-3．社会・環境問題をはじめとするサステナビリティーを巡る課題】
　上場会社は、社会・環境問題をはじめとするサステナビリティー（持続可能性）を巡る課題について、適切な対応を行うべきである。

補充原則

2-3①　上場会社の取締役会は、サステナビリティー（持続可能性）を巡る課題への対応は重要なリスク管理の一部であると認識し、適確に対処するとともに、近時、こうした課題に対する要請・関心が大きく高まりつつあることを勘案し、これらの課題に積極的・能動的に取り組むよう検討すべきである。

【原則2-4．女性の活躍促進を含む社内の多様性の確保】
　上場会社は、社内に異なる経験・技能・属性を反映した多様な視点や価値観が存在することは、会社の持続的な成長を確保する上での強みとなり得る、との認識に立ち、社内における女性の活躍促進を含む多様性の確保を推進すべきである。

【原則2-5．内部通報】
　上場会社は、その従業員等が、不利益を被る危険を懸念することなく、違法または不適切な行為・情報開示に関する情報や真摯な疑念を伝

えることができるよう，また，伝えられた情報や疑念が客観的に検証され適切に活用されるよう，内部通報に係る適切な体制整備を行うべきである。取締役会は，こうした体制整備を実現する責務を負うとともに，その運用状況を監督すべきである。

補充原則

2-5①　上場会社は，内部通報に係る体制整備の一環として，経営陣から独立した窓口の設置（例えば，社外取締役と監査役による合議体を窓口とする等）を行うべきであり，また，情報提供者の秘匿と不利益取扱の禁止に関する規律を整備すべきである。

第3章　適切な情報開示と透明性の確保

【基本原則3】

　上場会社は，会社の財政状態・経営成績等の財務情報や，経営戦略・経営課題，リスクやガバナンスに係る情報等の非財務情報について，法令に基づく開示を適切に行うとともに，法令に基づく開示以外の情報提供にも主体的に取り組むべきである。その際，取締役会は，開示・提供される情報が株主との間で建設的な対話を行う上での基盤となることも踏まえ，そうした情報（とりわけ非財務情報）が，正確で利用者にとって分かりやすく，情報として有用性の高いものとなるようにすべきである。

考え方

　上場会社には，様々な情報を開示することが求められている。これらの情報が法令に基づき適時適切に開示されることは，投資家保護や資本市場の信頼性確保の観点から不可欠の要請であり，取締役会・監査役・監査役会・外部会計監査人は，この点に関し財務情報に係る内部統制体制の適切な整備をはじめとする重要な責務を負っている。

　また，上場会社は，法令に基づく開示以外の情報提供にも主体的に取り組むべきである。

　更に，我が国の上場会社による情報開示は，計表等については，様式・作成要領などが詳細に定められており比較可能性に優れている一方で，定性的

な説明等のいわゆる非財務情報を巡っては，ひな型的な記述や具体性を欠く記述となっており付加価値に乏しい場合が少なくない，との指摘もある。取締役会は，こうした情報を含め，開示・提供される情報が可能な限り利用者にとって有益な記載となるよう積極的に関与を行う必要がある。

　法令に基づく開示であれそれ以外の場合であれ，適切な情報の開示・提供は，上場会社の外側にいて情報の非対称性の下におかれている株主等のステークホルダーと認識を共有し，その理解を得るための有力な手段となり得るものであり，「『責任ある機関投資家』の諸原則《(日本版スチュワードシップ・コード)》」を踏まえた建設的な対話にも資するものである。

【原則3-1. 情報開示の充実】
　上場会社は，法令に基づく開示を適切に行うことに加え，会社の意思決定の透明性・公正性を確保し，実効的なコーポレートガバナンスを実現するとの観点から，（本コード（原案）の各原則において開示を求めている事項のほか，）以下の事項について開示し，主体的な情報発信を行うべきである。
　(ⅰ) 会社の目指すところ（経営理念等）や経営戦略，中長期的な経営計画
　(ⅱ) 本コード（原案）のそれぞれの原則を踏まえた，コーポレートガバナンスに関する基本的な考え方と基本方針
　(ⅲ) 取締役会が経営陣幹部・取締役の報酬を決定するに当たっての方針と手続
　(ⅳ) 取締役会が経営陣幹部の選任と取締役・監査役候補の指名を行うに当たっての方針と手続
　(ⅴ) 取締役会が上記(ⅳ)を踏まえて経営陣幹部の選任と取締役・監査役候補の指名を行う際の，個々の選任・指名についての理由説明

補充原則

3-1① 上記の情報の開示に当たっても，取締役会は，ひな型的な記述や具体性を欠く記述を避け，利用者にとって付加価値の高い記載となるようにすべきである。

3-1② 上場会社は，自社の株主における海外投資家等の比率も踏まえ，合理的な範囲において，英語での情報の開示・提供を進めるべきである。

【原則3-2. 外部会計監査人】
　外部会計監査人及び上場会社は，外部会計監査人が株主・投資家に対して責務を負っていることを認識し，適正な監査の確保に向けて適切な対応を行うべきである。

補充原則

3-2① 監査役会は，少なくとも下記の対応を行うべきである。
 (i) 外部会計監査人候補を適切に選定し外部会計監査人を適切に評価するための基準の策定
 (ii) 外部会計監査人に求められる独立性と専門性を有しているか否かについての確認
3-2② 取締役会及び監査役会は，少なくとも下記の対応を行うべきである。
 (i) 高品質な監査を可能とする十分な監査時間の確保
 (ii) 外部会計監査人からCEO・CFO等の経営陣幹部へのアクセス（面談等）の確保
 (iii) 外部会計監査人と監査役（監査役会への出席を含む），内部監査部門や社外取締役との十分な連携の確保
 (iv) 外部会計監査人が不正を発見し適切な対応を求めた場合や，不備・問題点を指摘した場合の会社側の対応体制の確立

第4章　取締役会等の責務

【基本原則4】
　上場会社の取締役会は，株主に対する受託者責任・説明責任を踏まえ，会社の持続的成長と中長期的な企業価値の向上を促し，収益力・資本効率等の改善を図るべく，
　(1) 企業戦略等の大きな方向性を示すこと
　(2) 経営陣幹部による適切なリスクテイクを支える環境整備を行うこ

> (3) 独立した客観的な立場から，経営陣（執行役及びいわゆる執行役員を含む）・取締役に対する実効性の高い監督を行うこと
>
> をはじめとする役割・責務を適切に果たすべきである。
>
> 　こうした役割・責務は，監査役会設置会社（その役割・責務の一部は監査役及び監査役会が担うこととなる），指名委員会等設置会社，監査等委員会設置会社など，いずれの機関設計を採用する場合にも，等しく適切に果たされるべきである。

考え方

　上場会社は，通常，会社法（平成26年改正後）が規定する機関設計のうち主要な3種類（監査役会設置会社，指名委員会等設置会社，監査等委員会設置会社）のいずれかを選択することとされている。後者の2つは，取締役会に委員会を設置して一定の役割を担わせることにより監督機能の強化を目指すものであるという点において，諸外国にも類例が見られる制度である。前者（監査役会設置会社）は，取締役会と監査役・監査役会に統治機能を担わせる我が国独自の制度である。その制度では，監査役は，取締役・経営陣等の職務執行の監査を行うこととされており，法律に基づく調査権限が付与されている。また，独立性と高度な情報収集能力の双方を確保すべく，監査役（株主総会で選任）の半数以上は社外監査役とし，かつ常勤の監査役を置くこととされている。後者の2つは，取締役会に委員会を設置して一定の役割を担わせることにより監督機能の強化を目指すものであるという点において，諸外国にも類例が見られる制度である。上記の3種類の機関設計のいずれを採用する場合でも，重要なことは，創意工夫を施すことによりそれぞれの機関の機能を実質的かつ十分に発揮させることである。

　また，本コード（原案）を策定する大きな目的の一つは，上場会社による透明・公正かつ迅速・果断な意思決定を促すことにあるが，上場会社の意思決定のうちには，外部環境の変化その他の事情により，結果として会社に損害を生じさせることとなるものが無いとは言い切れない。その場合，経営陣・取締役が損害賠償責任を負うか否かの判断に際しては，一般的に，その意思決定の時点における意思決定過程の合理性が重要な考慮要素の一つとなるものと考えられるが，本コード（原案）には，ここでいう意思決定過程の合理性を担保することに寄与すると考えられる内容が含まれており，本コー

ド（原案）は，上場会社の透明・公正かつ迅速・果断な意思決定を促す効果を持つこととなるものと期待している。

> 【原則4-1．取締役会の役割・責務（1）】
> 　取締役会は，会社の目指すところ（経営理念等）を確立し，戦略的な方向付けを行うことを主要な役割・責務の一つと捉え，具体的な経営戦略や中長期の経営計画等について建設的な議論を行うべきであり，重要な業務執行の決定を行う場合には，上記の戦略的な方向付けを踏まえるべきである。

補充原則

4-1①　取締役会は，取締役会自身として何を判断・決定し，何を経営陣に委ねるのかに関連して，経営陣に対する委任の範囲を明確に定め，その概要を開示すべきである。

4-1②　取締役会・経営陣幹部は，中期経営計画も株主に対するコミットメントの一つであるとの認識に立ち，その実現に向けて最善の努力を行うべきである。仮に，中期経営計画が目標未達に終わった場合には，その原因や自社が行った対応の内容を十分に分析し，株主に説明を行うとともに，その分析を次期以降の計画に反映させるべきである。

4-1③　取締役会は，会社の目指すところ（経営理念等）や具体的な経営戦略を踏まえ，最高経営責任者等の後継者の計画を承認し，について適切に監督を行うべきである。

> 【原則4-2．取締役会の役割・責務（2）】
> 　取締役会は，経営陣幹部による適切なリスクテイクを支える環境整備を行うことを主要な役割・責務の一つと捉え，経営陣からの健全な企業家精神に基づく提案を歓迎しつつ，説明責任の確保に向けて，そうした提案について独立した客観的な立場において多角的かつ十分な検討を行うとともに，承認した提案が実行される際には，経営陣幹部の迅速・果断な意思決定を支援すべきである。

また、経営陣の報酬については、中長期的な会社の業績や潜在的リスクを反映させ、健全な企業家精神の発揮に資するようなインセンティブ付けを行うべきである。

補充原則

4-2①　経営陣の報酬は、持続的な成長に向けた健全なインセンティブの一つとして機能するよう、中長期的な業績と連動する報酬の割合や、現金報酬と自社株報酬との割合を適切に設定すべきである。

【原則 4-3．取締役会の役割・責務 (3)】
　取締役会は、独立した客観的な立場から、経営陣・取締役に対する実効性の高い監督を行うことを主要な役割・責務の一つと捉え、適切に会社の業績等の評価を行い、その評価を経営陣幹部の人事に適切に反映すべきである。
　また、取締役会は、適時かつ正確な情報開示が行われるよう監督を行うとともに、内部統制やリスク管理体制を適切に整備すべきである。
　更に、取締役会は、経営陣・支配株主等の関連当事者と会社との間に生じ得る利益相反を適切に管理すべきである。

補充原則

4-3①　取締役会は、経営陣幹部の選任や解任について、会社の業績等の評価を踏まえ、公正かつ透明性の高い手続に従い、適切に実行すべきである。

4-3②　コンプライアンスや財務報告に係る内部統制や先を見越したリスク管理体制の整備は、適切なリスクテイクの裏付けとなり得るものであるが、取締役会は、これらの体制の適切な構築や、その運用が有効に行われているか否かの監督に重点を置くべきであり、個別の業務執行に係るコンプライアンスの審査に終始すべきではない。

【原則 4-4．監査役及び監査役会の役割・責務】

監査役及び監査役会は，取締役の職務の執行の監査，外部会計監査人の選解任や監査報酬に係る権限の行使などの役割・責務を果たすに当たって，株主に対する受託者責任を踏まえ，独立した客観的な立場において適切な判断を行うべきである。

　また，監査役及び監査役会に期待される重要な役割・責務には，業務監査・会計監査をはじめとするいわば「守りの機能」があるが，こうした機能を含め，その役割・責務を十分に果たすためには，自らの守備範囲を過度に狭く捉えることは適切でなく，能動的・積極的に権限を行使し，取締役会においてあるいは経営陣に対して適切に意見を述べるべきである。

補充原則

4-4①　監査役会は，会社法により，その半数以上を社外監査役とすること及び常勤の監査役を置くことの双方が求められていることを踏まえ，その役割・責務を十分に果たすとの観点から，前者に由来する強固な独立性と，後者が保有する高度な情報収集力とを有機的に組み合わせて実効性を高めるべきである。また，監査役または監査役会は，社外取締役が，その独立性に影響を受けることなく情報収集力の強化を図ることができるよう，社外取締役との連携を確保すべきである。

【原則4-5．取締役・監査役等の受託者責任】
　上場会社の取締役・監査役及び経営陣は，それぞれが株主に対する受託者責任を負っていることを認識し，ステークホルダーとの適切な協働を確保しつつ，会社や株主共同の利益のために行動すべきである。

【原則4-6．経営の監督と執行】
　上場会社は，取締役会による独立かつ客観的な経営の監督の実効性を確保すべく，業務の執行には携わらない，業務の執行と一定の距離を置く取締役の活用について検討すべきである。

【原則4-7．独立社外取締役の役割・責務】

上場会社は，独立社外取締役には，特に以下の役割・責務を果たすことが期待されることに留意しつつ，その有効な活用を図るべきである。
 (i) 経営の方針や経営改善について，自らの知見に基づき，会社の持続的な成長を促し中長期的な企業価値の向上を図る，との観点からの助言を行うこと
 (ii) 経営陣幹部の評価・選解任その他の取締役会の重要な意思決定を通じ，経営の監督を行うこと
 (iii) 会社と経営陣・支配株主等との間の利益相反を監督すること
 (iv) 経営陣・支配株主から独立した立場で，少数株主をはじめとするステークホルダーの意見を取締役会に適切に反映させること

【原則4-8．独立社外取締役の有効な活用】
　独立社外取締役は企業会社の持続的な成長と中長期的な企業価値の向上に寄与するように役割・責務を果たすべきであり，上場会社はそのような資質を十分に備えた独立社外取締役を少なくとも2名以上選任すべきである。
　また，業種・規模・事業特性・機関設計・会社をとりまく環境等を総合的に勘案して，自主的な判断により，少なくとも3分の1以上の独立社外取締役を選任することが必要と考える上場会社は，上記にかかわらず，そのための取組み方針を開示すべきである。

〔背景説明〕
　独立社外取締役を巡っては様々な議論があるが，単にこれを設置しさえすれば会社の成長が図られる，という捉え方は適切ではない。独立社外取締役を置く場合には，その期待される役割・責務に照らし，その存在を活かすような対応がとられるか否かが成否の重要な鍵となると考えられる。(独立)社外取締役については，既に会社法（平成26年改正後）や上場規則が1名以上の設置に関連する規定を置いており，実務上もこれに沿った対応が見られるが，本コード（原案）では，独立社外取締役を複数名設置すればその存在が十分に活かされる可能性が大きく高まる，という観点から，「少なくとも2名以上」との記載を行っている。
　なお，本有識者会議において，関係団体の中には，独立役員の円滑な選

任を促進する観点から，その候補に関する情報の蓄積・更新・提供をするなどの取組みを行っている団体もあり，今後，こうした取組みが更に広範に進められていくことが期待される，との指摘があった。

補充原則

4-8① 独立社外取締役は，取締役会における議論に積極的に貢献するとの観点から，例えば，独立社外者のみを構成員とする会合を定期的に開催するなど，独立した客観的な立場に基づく情報交換・認識共有を図るべきである。

〔背景説明〕

独立社外者のみを構成員とする会合については，その構成員を独立社外取締役のみとすることや，これに独立社外監査役を加えることが考えられる。

4-8② 独立社外取締役は，例えば，互選により「筆頭独立社外取締役」を決定することなどにより，経営陣との連絡・調整や監査役または監査役会との連携に係る体制整備を図るべきである。

【原則4-9．独立社外取締役の独立性判断基準及び資質】

取締役会は，金融商品取引所が定める独立性基準を踏まえ，独立社外取締役となる者の独立性をその実質面において担保することに主眼を置いた独立性判断基準を策定・開示すべきである。

また，取締役会は，取締役会における率直・活発で建設的な検討への貢献が期待できる人物を独立社外取締役の候補者として選定するよう努めるべきである。

〔背景説明〕

金融商品取引所が定める独立性基準やこれに関連する開示基準については，その内容が抽象的で解釈に幅を生じさせる余地があるとの見方がある。これについては，適用における柔軟性が確保されているとの評価がある一方で，機関投資家や議決権行使助言会社による解釈が様々に行われ

結果，上場会社が保守的な適用を行うという弊害が生じているとの指摘もある。また，これらの基準には，幾つかの点において，諸外国の基準との差異も存在するところである。本有識者会議としては，今後の状況の進展等を踏まえつつ，金融商品取引所において，必要に応じ，適切な検討が行われることを期待する。

【原則 4-10. 任意の仕組みの活用】
　上場会社は，会社法が定める会社の機関設計のうち会社の特性に応じて最も適切な形態を採用するに当たり，必要に応じて任意の仕組みを活用することにより，統治機能の更なる充実を図るべきである。

補充原則

4-10①　上場会社が監査役会設置会社または監査等委員会設置会社であって，独立社外取締役が取締役会の過半数に達していない場合には，経営陣幹部・取締役の指名・報酬などに係る取締役会の機能の独立性・客観性と説明責任を強化するため，例えば，取締役会の下に独立社外取締役を主要な構成員とする任意の諮問委員会を設置することなどにより，指名・報酬などの特に重要な事項に関する検討に当たり独立社外取締役の適切な関与・助言を得るべきである。

〔背景説明〕
　取締役会に期待される説明責任の確保や実効性の高い監督といった役割・責務に関しては，監査や指名・報酬に係る機能の重要性が指摘されている。また，諸外国では，こうした機能に関しては特に独立した客観的な立場からの判断を求めている例も多い。こうした機能（監査役会・監査等委員会が関与する監査を除く）の独立性・客観性を強化する手法としては，例えば，任意の諮問委員会を活用することや，監査等委員会設置会社である場合には，取締役の指名・報酬について株主総会における意見陳述権が付与されている監査等委員会を活用することなどが考えられる。その際には，コーポレートガバナンスに関連する様々な事項（例えば，関連当事者間の取引に関する事項や監査役の指名に関する事項等）を，こうした委員会に併せて検討させるなど，会社の実情に応じた多様な対応を行うことが

考えられる。

> 【原則4-11. 取締役会・監査役会の実効性確保のための前提条件】
> 　取締役会は，その役割・責務を実効的に果たすための知識・経験・能力を全体としてバランス良く備え，多様性と適正規模を両立させる形で構成されるべきである。また，監査役には，財務・会計に関する適切な知見を有している者が1名以上選任されるべきである。
> 　取締役会は，取締役会全体としての実効性に関する分析・評価を行うことなどにより，その機能の向上を図るべきである。

補充原則

4-11① 取締役会は，取締役会の全体としての知識・経験・能力のバランス，多様性及び規模に関する考え方を定め，取締役の選任に関する方針・手続と併せて開示すべきである。

4-11② 社外取締役・社外監査役をはじめ，取締役・監査役は，その役割・責務を適切に果たすために必要となる時間・労力を取締役・監査役の業務に振り向けるべきである。こうした観点から，例えば，取締役・監査役が他の上場会社の役員を兼任する場合には，その数は合理的な範囲にとどめるべきであり，上場会社は，その兼任状況を毎年開示すべきである。

4-11③ 取締役会は，毎年，各取締役の自己評価なども参考にしつつ，取締役会全体の実効性について分析・評価を行い，その結果の概要を開示すべきである。

> 【原則4-12. 取締役会における審議の活性化】
> 　取締役会は，社外取締役による問題提起を含め自由闊達で建設的な議論・意見交換を尊ぶ気風の醸成に努めるべきである。

補充原則

4-12① 取締役会は，会議運営に関する下記の取扱いを確保しつつ，その審議の活性化を図るべきである。
(i) 取締役会の資料が，会日に十分に先立って配布されるようにすること
(ii) 取締役会の資料以外にも，必要に応じ，会社から取締役に対して十分な情報が（適切な場合には，要点を把握しやすいように整理・分析された形で）提供されるようにすること
(iii) 年間の取締役会開催スケジュールや予想される審議事項について決定しておくこと
(iv) 審議項目数や開催頻度を適切に設定すること
(v) 審議時間を十分に確保すること

【原則4-13．情報入手と支援体制】
　取締役・監査役は，その役割・責務を実効的に果たすために，能動的に情報を入手すべきであり，必要に応じ，会社に対して追加の情報提供を求めるべきである。
　また，上場会社は，人員面を含む取締役・監査役の支援体制を整えるべきである。
　取締役会・監査役会は，各取締役・監査役が求める情報の円滑な提供が確保されているかどうかを確認すべきである。

補充原則

4-13① 社外取締役を含む取締役は，透明・公正かつ迅速・果断な会社の意思決定に資するとの観点から，必要と考える場合には，会社に対して追加の情報提供を求めるべきである。また，社外監査役をはじめとする監査役は，法令に基づく調査権限を行使することを含め，適切に情報入手を行うべきである。

4-13② 取締役・監査役は，必要と考える場合には，会社の費用において外部の専門家の助言を得ることも考慮すべきである。

4-13③ 上場会社は，内部監査部門と取締役・監査役との連携を確保すべきである。また，上場会社は，例えば，社外取締役・社外監査役の指示を

受けて会社の情報を適確に提供できるよう社内との連絡・調整にあたる者の選任など，社外取締役や社外監査役に必要な情報を適確に提供するための工夫を行うべきである。

【原則4-14．取締役・監査役のトレーニング】
　新任者をはじめとする取締役・監査役は，上場会社の重要な統治機関の一翼を担う者として期待される役割・責務を適切に果たすため，その役割・責務に係る理解を深めるとともに，必要な知識の習得や適切な更新等の研鑽に努めるべきである。このため，上場会社は，個々の取締役・監査役に適合したトレーニングの機会の提供・斡旋やその費用の支援を行うべきであり，取締役会は，こうした対応が適切にとられているか否かを確認すべきである。

補充原則

4-14① 　社外取締役・社外監査役を含む取締役・監査役は，就任の際には，会社の事業・財務・組織等に関する必要な知識を取得し，取締役・監査役に求められる役割と責務（法的責任を含む）を十分に理解する機会を得るべきであり，就任後においても，必要に応じ，これらを継続的に更新する機会を得るべきである。

4-14② 　上場会社は，取締役・監査役に対するトレーニングの方針について開示を行うべきである。

第5章　株主との対話

【基本原則5】
　上場会社は，その持続的な成長と中長期的な企業価値の向上に資するため，株主総会の場以外においても，株主との間で建設的な対話を行うべきである。
　経営陣幹部・取締役（社外取締役を含む）は，こうした対話を通じて株主の声に耳を傾け，その関心・懸念に正当な関心を払うとともに，自

> らの経営方針を株主に分かりやすい形で明確に説明しその理解を得る努力を行い，株主を含むステークホルダーの立場に関するバランスのとれた理解と，そうした理解を踏まえた適切な対応に努めるべきである。

考え方

「『責任ある機関投資家』の諸原則《（日本版スチュワードシップ・コード）》」の策定を受け，機関投資家には，投資先企業やその事業環境等に関する深い理解に基づく建設的な「目的を持った対話」（エンゲージメント）を行うことが求められている。上場会社にとっても，株主と平素から対話を行い，具体的な経営戦略や中長期の経営計画などに対する理解を得るとともに懸念があれば適切に対応を講じることは，経営の正統性の基盤を強化し，持続的な成長に向けた取組みに邁進するうえで極めて有益である。また，一般に，上場会社の経営陣・取締役は，従業員・取引先・金融機関とは日常的に接触し，その意見に触れる機会には恵まれているが，これらはいずれも賃金債権，貸付債権等の債権者であり，株主と接する機会は限られている。経営陣幹部・取締役が，株主との対話を通じてその声に耳を傾けることは，資本提供者の目線からの経営分析や意見を吸収し，持続的な成長に向けた健全な企業家精神を喚起する機会を得る，ということも意味する。

> 【原則5-1．株主との建設的な対話に関する方針】
> 　上場会社は，株主からの対話（面談）の申込みに対しては，会社の持続的な成長と中長期的な企業価値の向上に資するよう，合理的な範囲で前向きに対応すべきである。取締役会は，株主との建設的な対話を促進するための体制整備・取組みに関する方針を検討・承認し，開示すべきである。

補充原則

5-1① 株主との実際の対話（面談）の対応者については，株主の希望と面談の主な関心事項も踏まえた上うえで，合理的な範囲で，経営陣幹部または取締役（社外取締役を含む）が面談に臨むことを基本とすべきである。

5-1② 株主との建設的な対話を促進するための方針には，少なくとも以下の点を記載すべきである。
  (ⅰ) 株主との対話全般について，下記ⅱ～ⅴに記載する事項を含めその統括を行い，建設的な対話が実現するように目配りを行う経営陣または取締役の指定
  (ⅱ) 対話を補助する社内のIR担当，経営企画，総務，財務，経理，法務部門等の有機的な連携のための方策
  (ⅲ) 個別面談以外の対話の手段（例えば，投資家説明会やIR活動）の充実に関する取組み
  (ⅳ) 対話において把握された株主の意見・懸念の経営陣幹部や取締役会に対する適切かつ効果的なフィードバックのための方策
  (ⅴ) 対話に際してのインサイダー情報の管理に関する方策

5-1③ 上場会社は，必要に応じ，自らの株主構造の把握に努めるべきであり，株主も，こうした把握作業にできる出来る限り協力することが望ましい。

【原則5-2．経営戦略や中長期の経営計画の策定・公表】
　経営戦略や中長期の経営計画の策定・公表に当たっては，中長期的な収益計画や資本政策の基本的な方針を示すとともに，収益力・資本効率等に関する目標を提示し，その実現のために，経営資源の配分等に関し具体的に何を実行するのかについて，株主に分かりやすい言葉・論理で明確に説明を行うべきである。

第2部
実践コーポレートガバナンス・コードの作り方

I．はじめに

(1) 次のIIの「コーポレートガバナンス・コードの具体例」を参考にして，自社の置かれている業種・規模・事業特性・機関設計・経営環境・企業文化などを踏まえ，適宜，変更し，独自性のある自社のコーポレートガバナンス・コードを作成されたい。

特に，重要な考え方として，第1部にあるように本コード（原案）は，
① 会社の目指すところ（経営理念等）や経営戦略の方向性を示すこと
② 経営陣幹部による適切なリスクテイクを支える環境整備を行うこと
③ 独立した客観的な立場から，経営陣・取締役に対する実効性の高い監督を行うこと

など「攻めの経営」を上場会社に期待している。このことを肝に銘じて「top management の考え方」を，先ずまとめ・発信されたい。全てのコードを遵守したが，企業価値が向上しないでは全く意味をなさない。

また，第8回有識者会議議事録にあるように，「本コードは，経営トップとか本当に経営を担う方が，経営の視点から中身を書いてほしい」とある。従って，法務・総務・経営企画・社長室等の社内関係者や社外に丸投げすることは本意ではなく，企業における行動指針として，企業統治改革に活用できるよう，また，機関投資家との建設的な「目的ある対話（エンゲージメント）」に資することができるような内容のものを作り，活用されたい。本書はその支援をするものである。

(2) 2015年2月24日付け東証の「コーポレートガバナンス・コードの策定に伴う上場制度の整備について」によると，本コード（原案）は基本原則，原則，補充原則の3部構成（東証の企業行動規範の「遵守事項」に規定されている：巻末「参考－6」を参照）からなっているが，「市場一部・二部（約2400社）」には全てが適用される。「マザーズ・JASDAQ（約1000社）」には，コードの内，基本原則部分を実施しない場合にのみ，そ

の理由の開示が求められる。

(3) 進め方は，先ず，自社のコーポレートガバナンス・コードを作成することから始める。次に，次のⅡの「コーポレートガバナンス・コードの具体例」の「総則の第3条（コーポレートガバナンスの基本的な考え方）」に記載されているように，

「第3条　当社は，常に最良のコーポレートガバナンスを追求し，その改善に継続的に取り組み，「コンプライ・オア・エクスプレイン」のコンプライの部分を増やすように努力する。このため，未実施の条項についてのみ，今後の取り組み予定・実施時期の目処を極く簡単に各条項の後に付し，エクスプレインを行う。」とし，詳細は別途ウェブサイトにリンクさせて説明するか，「コーポレートガバナンスに関する報告書記載要領要旨（巻末「参考－7」を参照）」において行うかのいずれかの方法が効率的である。この点については，2015年2月24日付け東証の「コーポレートガバナンス・コードの策定に伴う上場制度の整備について」において，「開示について，コーポレートガバナンス報告書に別途，欄を新設して記載するものとします。この場合には，他の開示・公表書類における記載場所を明示することで，記載に代えることができるものとします。」とある。なお，次頁以降で述べる11項目の開示要請項目以外は，原則として，未実施ならばエクスプレインの対象と考えた方がよい。

コードの原則を実施せず，その理由の説明もしない場合には，論理的には企業行動規範違反として実効性確保措置の対象となり，東証が罰則（社名を公表するほか，悪質と判断したものに違約金を課す）を適用する。但し，刑事罰はない。また，11項目の開示要請項目の開示時期は「2015年6月以後最初に開催する定時株主総会後速やかに提出することとし，遅くともその6カ月後までに提出するものとする。」ことになるので，「コーポレートガバナンスに関する報告書」の提出までには約6カ月のゆとりがあるが，関連部門は，2015年5月1日からの改正会社法への対応に加え，6

月1日より「東証コード」が適用されることへの準備，定時株主総会招集通知・株主総会参考書類・事業報告等の作成，機関投資家とのエンゲージメント，定時株主総会の実施，独立役員届出書（新様式に変更の要有り），有価証券報告書等の作成・提出までの約2カ月間は，超多忙であり，その準備作業は社内において相当混乱する恐れがなくはない。絶えず，慎重に作成し取締役会の承認を受けた自社のコーポレートガバナンス・コードを企業統治指針の中心に置き，各種書類・報告書等の記述や行動において齟齬をきたさないように，留意しなくてはならない。特に，定時株主総会や機関投資家とのエンゲージメントにおけるQ&Aは6月1日以降待ったなしであり，独立社外取締役の複数化，株式持合い基準，経営戦略・中期経営計画，取締役会構成の女性を含む多様性，サステナビリティー（持続可能性）への適切な対応等については，その考え方や実施時期などを予め準備しておく必要があるでしょう。

(4) 次に以下の項目を準備してない会社は，各々を順序だてて，作成してゆかなくてはならない。

  1)「会社の目指すところ」について

  経営理念，行動準則（含む倫理規範），中期経営計画，経営戦略・経営計画，サステナビリティー（CSRレポートまたは統合報告書等）の主要項目については，以下に示す，Ⅱの「コーポレートガバナンス・コード具体例」の文中においてアンダーラインを付すと共に，その後に（注）として，作成の参考とすべき「部」「章」を明示してある。各々は紙面をとるので，作成された項目を自社のウェブサイトなどで別途開示した方が効率的である。

  2）東証の開示事項

  2015年2月24日付け東証の「コーポレートガバナンス・コードの策定に伴う上場制度の整備について」の別紙2にある，下記の①〜⑪までの11項目の開示すべき方針・基準については，以下に示す次節Ⅱの「コー

ポレートガバナンス・コード具体例」の文中においてアンダーラインを付すと共に，その後に（注）として作成の参考とすべき「部」「章」や参考資料を明示してある。各々，各社のウェブサイトや「コーポレートガバナンスに関する報告書」などで別途開示した方が効率的である。これら11項目の「エクスプレイン内容」についても，取締役会の承認を受けるべきである。以下にその概要を示す。

① 原則1-4, 政策保有株に関する方針及び議決権行使の基準
② 原則1-7, 利益相反取引（関連当事者間の取引）に関わる手続きとその枠組み
③ 原則3-1,
　(i) 経営理念等・経営戦略・経営計画,
　(ii) コーポレートガバナンスに関する基本的考え方と基本方針,
　(iii) 取締役会による経営陣幹部・取締役の報酬決定方針と手続き,
　(iv) 取締役会による経営陣幹部の選任と取締役・監査役候補の指名に係る方針・手続き
　(v) 個々の選任・指名についての説明
④ 補充原則4-1①, 取締役会による経営陣に対する委任の範囲
⑤ 原則4-8, 独立社外取締役は会社の持続的な成長と中長期的な企業価値の向上に寄与するように役割・責務を果たすべきであり，上場会社はそのような資質を十分に備えた独立社外取締役を少なくとも2名以上選任すべきである。少なくとも3分の1以上の独立取締役を選任することが必要と考える上場会社の取組み方針 **（東証3月5日付け修正版による）**
⑥ 原則4-9, 取締役会が策定する独立取締役の独立性判断基準
⑦ 補充原則4-11①, 取締役会の全体バランス・多様性・規模に関する考え方と取締役の選任方針・手続き,
⑧ 補充原則の4-11②, 取締役・監査役の上場会社役員の兼任状況
⑨ 補充原則の4-11③, 取締役会の実効性の分析・評価及びその結果の概要
⑩ 補充原則の4-14②, 取締役・監査役に対するトレーニング方針
⑪ 原則5-1, 取締役会による株主との建設的な対話を促進するための体制整備・取組に関する方針

⑸　次節に示すⅡの「コーポレートガバナンス・コード具体例」の項目には，本コードの基本原則⑸・原則（30）・補充原則（38）の合計73コードに，明確には記載されてないが，コーポレートガバナンス・コードとして，入れておいた方が良い項目が入っている。

　例えば，第4条（本コードの位置付け），第7条（株主還元）の一部，第13条（取締役の役割・責務）の大部分，第16条（代表執行役CEOの役割・責務）の大部分，第20条（例外措置），第21条（改正）に係わる条項等である。

⑹　以下「本コード」とは金融庁・東証による最終回の有識者会議で承認されたコーポレートガバナンス・コード（原案）を意味する。また，会社とは，上場会社を意味する。

⑺　次のⅡの「コーポレートガバナンス・コードの具体例」の後には括弧書きで，関連する本コードの基本原則，原則，補充原則の番号を参考までに付してあるが，具体例のコード案には必ずしも本コードと同一表現でなく簡略化した項目もある。また，補充原則の1-1②，1-1③，1-5①，3-1①のような「──に配慮すべき」という指導的・教育的項目は除かれているが，それら以外は全て網羅されている。

⑻　以下の項目は，機関設計の相違から読み替えを行ってください。
　　①　機関設計が指名委員会等設置会社及び監査等委員会設置会社の場合には，下記に記載の監査役及び監査役会のところを，監査委員及び監査委員会と各々読み替えていただきたい。
　　②　機関設計が指名委員会等設置会社の場合には，「任意の指名諮問委員会及び報酬諮問委員会」のところから「任意」と「諮問」を削除されたい。

　また，監査等委員会設置会については，第3部第3章「監査等委員会設置会社とは何か」を参照されたい。

Ⅱ．コーポレートガバナンス・コードの具体例
（監査役設置会社を前提とする）

第 1 章　総　　則

（目的）
第 1 条　本コードは，＊＊＊株式会社（以下「当社」という）が，定める次の経営理念の実現を通じて，持続的成長と中長期的な企業価値の向上をはかり，以って株主をはじめとするステークホルダーの皆様からの信認が得られるよう，最良のコーポレートガバナンスを実現することを目的とする（基本原則 2 と基本原則 4）。

（経営理念・中期経営計画・倫理規範・行動準則等）
第 2 条　当会社は，「――――――」という経営理念を定め，この経営理念のもと「――――」というビジョンや中期経営計画（含む資本政策の基本方針）・経営戦略・経営計画を定める。これらを実現する企業を目指し，株主様を含む全ステークホルダー様共通の企業価値向上に努めます（原則 2-1，原則 1-3，原則 3-1(ⅰ)，基本原則 4 の(1)，原則 4-1，原則 5-2）。
（注：第 5 部第 1 章「経営理念の作り方」及第 3 章「中期経営計画の作り方」参照。なお，中期経営計画は東証の開示要請項目に入ってないが，持続的成長と中長期の企業価値向上に重要であり，機関投資家の関心事であるので，アンダーラインを付してある。）

2．当会社は，リスクテイクを支える環境整備を行い，コンプライアンス（法令・規則・定款及び社会規範等の遵守）を含む倫理規範と行動準則を定め，これを日々の活動の基礎とし，社会的責任の遂行につとめ，これが国内外の事業活動の第一線まで広く浸透し，遵守されるようにする（原則 2-2，補充原則 2-2①，基本原則 4-(2)，原則 4-2 の前段，原則 4-3 の後段，補充原則 4-3②）。

(注：第5部第2章「倫理規範・行動準則の作り方」参照。なお倫理規範と行動準則についても東証の開示項目に入ってないが，「会社の目指すところの」一部とみなしアンダーラインを付してある。）

（コーポレートガバナンスの基本的な考え方）
第3条　当社は，常に最良のコーポレートガバナンスを追求し，その改善に継続的に取り組み，年々「コンプライ・オア・エクスプレイン」のコンプライの部分を増やすように努力する。
　このため，未実施の条項についてのみ，今後の取り組み予定・実施時期の目処を各条項の後に極く簡潔に付し，エクスプレインを行うものとする。詳細は当社のウェブサイトないし「コーポレートガバナンスに関する報告書」による（原則3-1(ⅱ)）。

2．当社は，株主の皆様の権利を尊重し，経営の公正性・透明性を確保すると共に，経営の活力を増大させることがコーポレートガバナンスの要諦であると考え，次の基本方針に従って，コーポレートガバナンスの充実を実現する（原則3-1(ⅱ)）。
　(1)　株主の皆様との関係
　　　1）株主の皆様の権利・平等性を確保する（基本原則1，原則1-1）。
　　　2）株主様との間で建設的な目的を持った対話を行う（基本原則5）
　　　3）株主の皆様及びその他のステークホルダー様との良好な関係を構築する（基本原則2）。
　　　4）財務情報・非財務情報を適切に開示し，透明性を確保する（基本原則3）。

　(2)　コーポレートガバナンスの基本的体制
　　　1）当社は監査役会設置会社（例示）とする。
　　　2）取締役会は，法令が認める範囲内で業務執行の意思決定を，できるだけ執行役に委任し，経営の監督機能に重点化する。

その委任範囲は,「取締役会付議事項・報告事項」によるが, その概要を開示する（補充原則4-1①, 原則4-6）。
(注：巻末にある参考－2の(1)監査役設置会社の取締役会規則及び取締役会細則の一般的事例参照)

3）取締役の人数は定款によるが, 取締役会構成においては, 少なくとも2名以上の独立社外取締役を選任する。また, 少なくとも3分の1以上の独立社外取締役を選任することを中長期的に検討する。そのための取り組み方針を開示する（原則4-8）。
(注：第3部「2名以上の独立社外取締役について」参照)

4）取締役会は, その役割・責務を実効的に果たすための知識・経験・能力を全体としてバランス良く備え, 多様性と適正規模を両立させる形で構成する考え方を定め, 取締役の選任に関する方針・手続きと併せ開示する。また, 監査役には, 財務・会計に関する適切な知見を有している者を1名以上選任する（原則4-11, 補充原則4-11①）。
(注：第7部「多様性（ダイバーシティ）について」参照)

5）当社は代表執行役CEOが取締役会の議長を兼務するが, 筆頭独立社外取締役を互選し, 議長や経営陣との連絡・調整や監査役または監査役会との連携に係る体制整備に当たらせる（補充原則4-8②）。

6）取締役会は, 任意の指名諮問委員会, 報酬諮問委員会を設け, 可能なかぎり独立社外取締役をこれらの委員会メンバーに選任する（原則4-10, 補充原則4-10①）。

7）取締役会は, リスク・マネジメント＆コンプライアンス体制を強化するため任意のリスク＆コンプライアンス諮問委員会を設ける。

また，CSR（社会的責任）を国内外の事業活動の第一線まで広く認識・浸透させ，全社挙げて誠実に対応するため，任意のCSR諮問委員会を設ける。（原則4-2前段，原則4-3の後段，原則2-3）。

（本コードの位置付け）
第4条　本コードは，会社法，関連法令及び定款に次ぐ上位規程であり，その他の規程に優先して適用されるものとする。

第2章　株主の皆様との関係

（議決権の尊重）
第5条　当社は，株主総会が株主様との対話の場であることを認識し，株主様の視点に立って，株主の皆様の権利行使が適切に行使できるように努める（基本原則1，原則1-1，原則1-2）。

2．当会社は，株主様からの対話（面談）の申込みに対しては，会社の持続的な成長と中長期的な企業価値の向上に資するよう，合理的な範囲で前向きに対応する。取締役会は，株主様との建設的な対話を促進するための体制整備・取組みに関する方針を検討・承認し，公表する（基本原則5，原則5-1，）。（注：下記3項と4項参照）

3．株主様との実際の対話（面談）の対応者については，株主様の希望と面談の主な関心事項も踏まえた上うえで，合理的な範囲で，経営陣幹部または取締役（社外取締役を含む）が面談に臨むことを基本とする（補充原則5-1①）。

4．株主様との建設的な対話を促進するための方針には，少なくとも以下の点を記載する（補充原則5-1②）。
　(1)　株主様との対話全般について，下記(2)〜(5)に記載する事項を含めそ

の統括を行い，建設的な対話が実現するように目配りを行う経営陣または取締役を指定する。
(2) 対話を補助する社内のIR，経営企画，総務，財務，経理，法務，CSRなどの部門等の有機的な連携を図る。
(3) 個別面談以外の対話の手段（例えば，投資家説明会やIR活動）の充実に関する取組みを行う。
(4) 対話において把握された株主様の意見・懸念について経営陣幹部や取締役会に対する適切かつ効果的なフィードバックを行う取締役を指定する。
(5) 対話に際してのインサイダー情報の管理に関する方針を定める。

5．当社は，株主の皆様が適切に議決権を行使できるようにするため，株主総会招集通知，参考書類等を早期に送付する。また，株主総会の招集に係わる取締役会決議から招集通知を発送するまでの間に，総会招集通知の内容が既に固まっているのであるならば，TDnetや自社のウェブサイトにより電子的にその情報を公表し，その内容の検討時間を確保する（補充原則1-2①，1-2②）。

6．当社は，自社の株主様における機関投資家や海外投資家の比率等も踏まえ，議決権の電子行使を可能とするための環境作り（議決権電子行使プラットフォームの利用等）や招集通知の英訳を進める（補充原則1-2④）。

7．信託銀行等の名義で株式を保有する機関投資家等が，株主総会において，信託銀行等に代わって自ら議決権の行使等を行うことをあらかじめ希望する場合に対応するため，当社は，信託銀行等と協議しつつ検討を行う（補充原則1-2⑤）。
（注：実務的には傍聴なのか出席なのかを区別した上で，出席であるならば議決権行使のダブル・カウントを防ぐための事前措置，たとえば株主確認書と名義株主から

の委任状などの一定のプロセス，それから受付現場での実務周りなどを詰める必要がある。商事法務 No. 2056, 11 頁参照）

（株主総会）
第6条　当社は，より多くの株主の皆様が株主総会に出席いただき，株主の皆様の意思をより反映できるように，開催日時，開催場所等を設定する（補充原則1-2③）。

2．株主総会において可決には至ったものの相当数の反対票が投じられた会社提案議案があったと認めるときは，取締役会は，反対の理由や反対票が多くなった原因の分析を行い，株主との対話その他の対応の要否について検討を行う（補充原則1-1①）。

3．取締役および執行役は，株主の皆様との信頼関係を醸成するために，株主総会において，株主の皆様に充分な説明を行い，質疑応答を尽くす（原則1-1，原則1-2）。

（株主還元）
第7条　利益分配を受ける権利は株主の皆様の権利であり，当社は剰余金の配当等の株主還元に関する基本方針を決定・説明する（原則1-3）。

2．剰余金の配当は，定款の定めに従い取締役会で決議し，機動的に実施する。

（株主の権利・平等性の確保）
第8条　支配権の変動や大規模な希釈化をもたらす資本政策（増資，MBO等を含む）については，既存株主様を不当に害することのないよう，取締役会・監査役は，株主様に対する受託者責任を全うする観点から，その必要性・合理性をしっかりと検討し，適正な手続を確保するとともに，

株主の皆様に十分な説明を行う（原則1-6）。

2．会社が，いわゆる政策保有株式として上場株式を保有する場合には，政策保有に関する方針を開示する。また，毎年，取締役会で主要な政策保有についてそのリターンとリスクなどを踏まえた中長期的な経済合理性や将来の見通しを検証し，これを反映した保有のねらい・合理性について具体的な説明を行う。

　会社は，政策保有株式に係る議決権の行使について，適切な対応を確保するための基準を策定・開示する（原則1-4）。
（注：第4部「株式の持合い（政策保有株）について」参照）

3．買収防衛の効果をもたらすことを企図してとられる方策は，経営陣・取締役会の保身目的と取られないように，その導入・運用については，取締役会・監査役は，株主様に対する受託者責任を全うする観点から，その必要性・合理性をしっかりと検討し，適正な手続を確保するとともに，株主様に十分な説明を行う（原則1-5）。

4．当社は，特定の株主様に対し，財産上の利益の供与などの特別な利益の提供を行わない。

（株主の利益に反する取引の防止）
第9条　当社は，株主の皆様の利益を保護するため，取締役，執行役，従業員などの当社関係者がその立場を濫用して，当社や株主の皆様の利益に反する取引を行うことを防止することに努める（原則4-3（後段：利益相反））。

2．取締役および執行役は，会社法に基づく取締役会の承認を得なければ，利益相反取引および競業取引を行ってはならない（原則4-3（後段：利益相反））。

3．当社は，前項に定める取引について重要な事実を適切に開示する（基本原則3，原則4-3（後段：利益相反））。

4．当社は，当社関係者が内部者取引を行うことを未然に防止するため，未公表の重要事実の取り扱いに関する規則を定め，これを厳格に運用する（原則4-3（後段：利益相反））。

5．当社は，その役員や主要株主等との取引（関連当事者間の取引）を行う場合には，そうした取引が会社及び株主共同の利益を害することのないよう，取締役会は，あらかじめ，取引の重要性やその性質に応じた<u>適切な手続を定めてその枠組みを開示する</u>。また，その手続を踏まえた監視（取引の承認を含む）を行う（原則1-7）。
（注：巻末の参考－3「取締役の利益相反取引の制限」参照）

第3章　株主以外のステークホルダーとの適切な協働

第10条　当社は，会社の持続的な成長と中長期的な企業価値の創出は，顧客，取引先，債権者，従業員，地域社会をはじめとする様々なステークホルダー様によるリソースの提供または貢献の結果であることを十分に認識し，これらのステークホルダー様との適切な協働に努める。

　取締役会・経営陣は，これらのステークホルダー様の権利・立場や健全な事業に係る倫理規範を尊重する企業文化・風土の醸成に向けてリーダーシップを発揮する（基本原則2）。

2．当社は，社会・環境問題をはじめとするサステナビリティー（持続可能性）を巡る課題について，株主・顧客・取引先・従業員・債権者・地域社会等のステークホルダーからの共感が得られるような明確な方針（例えば，ISO26000などの国際規格に準じた方針）を設定し，国内外の事業活動の第一線にまで広く浸透させ，全社挙げて，誠実・公正な対応

を行う（原則 2-3，補充原則 2-3 ①）。
(注：第 6 部「CSR 報告書及び統合報告書の作り方」参照)

3．当社は，社内に異なる経験・技能・属性を反映した多様な視点や価値観が存在することが，会社の持続的な成長を確保する上での強みとなり得る，との認識に立ち，社内における女性の活躍促進を含む多様性の確保を推進する（原則 2-4）。
(注：第 7 部「取締役会構成における多様性（ダイバーシティ）について」参照)

4．当社は，その従業員等が，不利益を被る危険を懸念することなく，違法または不適切な行為・情報開示に関する情報や真摯な疑念を伝えることができるよう，また，伝えられた情報や疑念が客観的に検証され適切に活用されるよう，内部通報に係る適切な体制整備（例えば，社外取締役と監査役による合議体を窓口とする等）を行う。取締役会は，こうした体制整備を実現する責務を負うとともに，その運用状況を監督するため，情報提供者の秘匿や不利益取扱の禁止に関する規律などを設ける（原則 2-5，補充原則 2-5 ①）。
(注) 改正会社法施行規則 100 条 3 項四号で，「会社・子会社の役員・使用人等が監査役に報告するための体制，同 5 号では前号の報告を行ったことを理由として不利な取扱いを受けないことを確保するための体制」が入ったので，これが施行される 2015 年 5 月 1 日以降は，この部分については，コンプライせざるをえなくなるので留意されたい（本件経過措置なし）。

第 4 章　適切な情報開示と透明性の確保

第 11 条　当社は，株主の皆様に対し，経営に関する重要な情報を，ポジティブな情報，ネガティブな情報にかかわらず，積極的かつ適時・適切に開示する。

2．当社は，重要な経営情報（非財務情報を含む）等の情報開示のポリ

シーを決定するとともに，その体制を整備する（基本原則3）。
(注：第6部第2章3「統合報告書の作り方」参照)

3．取締役会が経営陣幹部・取締役の報酬を決定するに当たっての方針と手続を開示する（原則3-1の(iii)）。
(注：巻末にある「参考－1　資生堂の役員報酬制度」参照)

4．経営陣の報酬は，持続的な成長に向けた健全なインセンティブの一つとして機能するよう，中長期的な業績と連動する報酬の割合や，現金報酬と自社株報酬との割合を適切に設定する（原則4-2の後段，補充原則4-2①）。
(注：巻末にある「参考－1　資生堂の役員報酬制度」参照)

5．取締役会が経営陣幹部の選任と取締役・監査役候補の指名を行うに当たっての方針と手続を開示する。これを踏まえて経営陣幹部の選任と取締役・監査役候補の指名を行う際の，個々の選任・指名について説明する（原則3-1の(iv)，(v)）。
(注：巻末にある「参考－2の2監査役設置会社の任意の指名諮問委員会規則の一般的事例」参照)

6．当社は，自社の株主構成における海外投資家の比率を踏まえ，合理的な範囲において，英語での情報の開示・提供を進める（補充原則3-1②）。

第5章　取締役会等の責務

（取締役会の役割・責務）
第12条　取締役会は，会社の目指すところ（経営理念等）を確立し，戦略的な方向付けを行うことを主要な役割・責務の一つと捉え，具体的な経営戦略や中長期の経営計画等について建設的な議論を行う。重要な業務執

行の決定を行う場合には，上記の戦略的な方向付けを踏まえる。中長期の経営計画が未達の場合には，その原因を分析し，株主に説明し，その分析を次期以降の計画に反映させる（基本原則4，原則4-1，補充原則4-1②）。
（注：第5部第3章「中期経営計画の作り方」参照）

2．取締役会は，独立した客観的な立場から，経営陣・取締役に対する実効性の高い監督を行うことを主要な役割・責務の一つと捉え，適切に会社の業績等の評価を行い，その評価を経営陣幹部の人事に適切に反映する。

　また，取締役会は，適時かつ正確な情報開示が行われるよう監督を行うとともに，内部統制やリスク管理体制を適切に整備する（原則4-3）。

3．取締役会で代表執行役CEO等を選定するために，任意の指名諮問委員会は，代表執行役CEO等の後継者の計画（プランニング）について，その情報を共有し適切に監督を行う（補充原則4-1③，原則4-10）。

4．取締役会は，社外取締役による問題提起を含め自由闊達で建設的な議論・意見交換を尊ぶ気風の醸成に努める（原則4-12）。

5．取締役会は，会議運営に関する下記の取扱いを確保しつつ，その審議の活性化を図る（補充原則4-12①）。
(1) 取締役会の資料を，会日に十分に先立って配布する
(2) 取締役会の資料以外にも，必要に応じ，会社から取締役に対して十分な情報を（要点を把握しやすいように整理・分析された形で）提供する
(3) 年間の取締役会開催スケジュールや予想される審議事項について決定しておく
(4) 審議項目数や開催頻度を適切に設定する
(5) 審議時間を十分に確保する

6．取締役会は，毎年，各取締役の自己評価なども参考にしつつ，取締役会全体の実効性について分析・評価を行い，その結果の<u>概要を開示</u>する（原則4-11後段，補充原則4-11③）。
（注：巻末にある参考－4「取締役会の評価項目」参照）

（取締役の役割・責務）
第13条　取締役は，その任期を1年とし，毎年，株主総会で選任される。

2．取締役は，善管注意義務および忠実義務を負う。

3．取締役は，その職務を執行するにあたり，充分な情報を収集することに最大の注意を払い，取締役会において説明を求め，互いに積極的に意見を表明して議論を尽くし，意思決定過程が合理的であることを確認してから，議決権を行使する。

4．取締役は，取締役会の議題を提案する権利（原則4-12）および取締役会の招集を求める権利を適時・適切に行使することにより，知り得た当社の経営課題の解決をはかる。

（取締役・監査役共通の役割・責務）
第14条　取締役・監査役（特に社外取締役・社外監査役）は，その役割・責務を適切に果たすために必要となる時間・労力を取締役・監査役の業務に振り向けなくてはならない。取締役・監査役が他の上場会社の役員を兼任する場合には，その数は合理的な範囲にとどめるべきであり，当会社は，その<u>兼任状況を毎年開示</u>する（補充原則4-11②）。
（注：兼任が多すぎて出席率に影響すると，ISSは「前会計年度における取締役会の出席率が75％未満の社外取締役の選任に反対する」旨述べているので留意が必要。詳細は第3部第2章「ISSの新基準」参照）

2．取締役・監査役は，その役割・責務を実効的に果たすために，必要に応じ，会社に対して追加の情報提供を求めることができる。また，当会社は，人員面を含む取締役・監査役の支援体制を整える（原則 4-13，補充原則 4-13 ①）。

(注) 改正会社法施行規則 100 条 3 項三号において，「監査役の補助使用人に対する指示の実効性確保」に関する事項が，また，同四号において，「会社・子会社の役員・使用人等が，監査役に報告するための体制」が追加されたので，これが施行される 2015 年 5 月 1 日以降はコンプライせざるを得ないので留意が必要（本件経過措置なし）。

3．取締役・監査役は，必要と考える場合には，当会社の費用において外部の専門家の助言を得ることができる（補充原則 4-13 ②）。

(注) 改正会社法施行規則 100 条 3 項六号において，「監査役の職務執行について生じる費用の前払い・償還の手続きその他の当該職務執行について生じる費用・債務の処理に係る方針に関わる事項」が追加されたので，2015 年 5 月 1 日以降はコンプライせざるを得ないので留意が必要（本件経過措置なし）。

4．当会社は，取締役・監査役と内部監査部門との連携を確保する。また，例えば，社外取締役・社外監査役の指示を受けて会社の情報を適確に提供できるよう社内との連絡・調整にあたる者を選任する（補充原則 4-13 ③）。

5．当会社は，新任者をはじめとする取締役・監査役に適合したトレーニングの機会の提供・斡旋やその費用の支援を行う。就任後においても継続的に更新の機会を得る。取締役会は，こうした対応が適切にとられているか否かを確認するとともに，トレーニング方針を開示する（原則 4-14，補充原則 4-14 ①，②）。

(注：第 3 部第 1 章の 1 の(2)で紹介している，筆者が関与している社外役員研修・推薦団体である①特定非営利活動法人日本コーポレート・ガバナンス・ネットワーク，②一般社団法人ディレクトフォース（DIRECTFORCE），③株式会社プロネッド

(ProNed Inc.) においても，取締役・監査役大学講座とかボード・アカデミーとか各種研修会を設けているので，参考にされたい。）

（独立社外取締役の役割・責務）
第15条　当会社は，独立社外取締役には，特に以下の役割・責務を果たすことを期待し，その有効な活用を図る（原則4-7）。
　(1)　経営の方針や経営改善について，自らの知見に基づき会社の持続的な成長を促し中長期的な企業価値の向上を図る，との観点からの助言を行うこと
　(2)　経営陣幹部の評価・選解任その他の取締役会の重要な意思決定を通じ，経営の監督を行うこと
　(3)　会社と経営陣・支配株主等との間の利益相反を監督すること
　(4)　経営陣・支配株主から独立した立場で，少数株主をはじめとするステークホルダーの意見を取締役会に適切に反映させること

2．取締役会は，金融商品取引所が定める独立性基準を踏まえ，独立社外取締役となる者の独立性をその実質面において担保することに主眼を置いた<u>独立性判断基準を策定・公表</u>する。
　　また，取締役会は，取締役会における率直・活発で建設的な検討への貢献が期待できる人物を独立社外取締役の候補者として選定するよう努める（原則4-9）。
　（注：第3部第4章の4「独立性の高い社外役員の選任基準について」参照）

3．取締役・監査役（社外取締役・社外監査役を含む）は，当社の企業理念，企業文化，経営環境の変化などの状況について，取締役会事務局を通じて継続的な情報提供を受ける。また，取締役会・監査役会は円滑な情報提供ができているかを確認する（原則4-13）。

4．独立社外取締役は，当社のコーポレートガバナンスおよびビジネスに

関する事項等について，毎年，独立社外役員のみで構成するミーティングを開催し，自由に議論することができる（補充原則 4-8 ①）。

(代表執行役 CEO の役割・責務)
第 16 条　代表執行役 CEO は，取締役会から委任された業務執行に関する権限を有する最高経営責任者であり，当社の経営理念の実現，持続的な成長と中期的な企業価値の向上に向けた最善の業務執行に関する意思決定を行い，経営戦略を実行しなければならない。

2. 代表執行役 CEO は，業務執行の状況に関して取締役会に充分な説明を行う。このため，代表執行役 CEO は取締役を兼任する。

3. 代表執行役 CEO は，社会的責任を組織全体に浸透させると共に，法令遵守（含む行動準則）体制およびリスク管理を含む内部統制システムを構築し，その実効性を評価するとともに，常にその改善をはかる（原則 2-2，原則 2-3，原則 4-3 後段，補充原則 4-3 ②）。

(監査役及び監査役会の役割・責務)
第 17 条　監査役及び監査役会は，取締役の職務の執行の監査，外部会計監査人の選解任や監査報酬に係る権限の行使などの役割・責務を果たすに当たって，株主に対する受託者責任を踏まえ，独立した客観的な立場において適切な判断を行う。また，監査役及び監査役会に期待される重要な役割・責務には，業務監査・会計監査をはじめとするいわば「守りの機能」があるが，自らの守備範囲を過度に狭く捉えることは適切でなく，能動的・積極的に権限を行使し，取締役会においてあるいは経営陣に対して適切に意見を述べる（原則 4-4）。
　また，監査役または監査役会は，社外取締役が，その独立性に影響を受けることなく情報収集力の強化を図ることができるよう，社外取締役との連携を確保する（補充原則 4-4 ①後段）。

2．監査役会は，取締役および執行役の職務執行の監査に必要な事項に関し，当社グループの取締役，執行役，使用人および会計監査人から適時・適切に報告を受けるとともに，会計監査人および内部監査部門と必要な情報を共有するなど，監査の質の向上と効率的な監査の実現に努める（原則 4-13，補充原則 4-13③）。

3．監査役会は，その職務を執行するために必要な基本方針，規則，手続等を定める。

4．監査役会の決議および監査役の指示に基づき職務を遂行する監査室スタッフは，監査の客観性を確保するために，業務の指揮命令および人事評価等について執行役からの独立性が保障される。

（内部統制体制の整備）
第18条　当社グループ全体の内部統制（含む行動準則）の充実は，株主の皆様を含む全ステークホルダー様の信頼を得る重要な要素であり，取締役会は，会社法・施行規則，「金商法」，監査役監査基準等に基づき，「監査役会の職務の執行のために必要な事項に関する規則」および「執行役の職務の執行の適正を確保するために必要な体制の整備に関する規則」を定める（原則 4-3 後段，補充原則 4-3②）。
（注）改正会社法 362 条 4 項六で「当該株式会社及びその子会社からなる企業集団の業務の適正を確保するために必要のものとして法務省例で定める体制の整備」が入ったのでコンプライせざるを得ないので留意が必要。（経過措置なし。）但し，本件は会社法施行規則からの格上げであるので，殆どの会社は従来から行っていたと推定する。

2．内部統制に関連した取締役会決議に基づき，担当執行役は，法令と倫理規範・行動準則の遵守，事業の有効性・効率性および財務報告の信頼性のために必要な体制を整備し，これを国内外の事業活動の第一線まで有効に機能させる（原則 2-2，原則 4-3 後段）。

（外部会計監査人）

第19条　外部会計監査人及び当社は，外部会計監査人が株主・投資家に対して責務を負っていることを認識し，適正な監査の確保に向けて次の対応を行う（原則3-2）。

・監査役会は，下記の対応を行う（補充原則3-2①）。
　(1)　外部会計監査人候補を適切に選定し外部会計監査人を適切に評価するための基準の策定
　(2)　外部会計監査人に求められる独立性と専門性を有しているか否かについての確認

・取締役会・監査役会は下記の対応を行う（補充原則3-2②）。
　(1)　高品質な監査を可能とする十分な監査時間の確保
　(2)　外部会計監査人からのCEO・CFO等の経営陣幹部へのアクセス（面談等）の確保
　(3)　外部会計監査人と監査役（監査役会への出席を含む），内部監査部門や社外取締役との十分な連携の確保
　(4)　外部会計監査人が不正を発見し適切な対応を求めた場合や，不備・問題点を指摘した場合の会社側の対応体制の確立

第6章　その他

（例外措置）

第20条　取締役会は，本コードの例外措置を講ずる必要が生じた場合には，その理由を明確にするとともに，本コードの趣旨に鑑み，適正な措置をとっていることを明らかにしなければならない。

（改正）

第21条　本コードは，取締役会の決議により改正される。

58　第2部　実践コーポレートガバナンス・コードの作り方

図表 2-1　コーポレートガバナンス・コード一覧表

1. 株主の権利・平等性の確保	2. 株主以外のステークホルダーとの適切な協働	3. 適切な情報開示と透明性の確保	4. 取締役会等の責務	5. 株主との対話
1-1 株主の権利の確保（①～③）	2-1 中長期的な企業価値向上の基礎となる経営理念の策定	3-1 情報開示の充実（①、②経営戦略・報酬の方針・指名・報酬等の手続き）	4-1 取締役会の役割・責務（①～③委託の範囲、中期経営計画、後継者計画等）	5-1 株主との対話に関する方針（①、②建設的な対話促進体制）
1-2 株主総会における権利行使（①～⑤早期発送・開催日・英訳等）	2-2 会社の行動準則（含む倫理基準）の策定・実践（①）	3-2 外部会計監査人（①②）	4-2 取締役会の役割・責務（2）（①リスクテイクの環境整備）	5-2 経営戦略や経営計画の策定・公表
1-3 資本政策の基本方針	2-3 社会・環境問題等のサステナビリティーを巡る課題（①）		4-3 取締役会の役割・責務（3）（①②経営陣の選解任等）	
1-4 いわゆる政策保有株式	2-4 女性の活躍促進を含む多様性の確保		4-4 監査役及び監査役会の役割・責務（①）	
1-5 いわゆる買収防衛策（①）	2-5 内部通報（①）		4-5 取締役・監査役の受託者責任	
1-6 増資・MBO 等の資本政策			4-6 経営の監督と執行	
1-7 利益相反取引に関わる枠組みの開示			4-7 独立社外取締役の役割・責務	4-8 独立社外取締役の有効な活用（①②少なくとも 2 名以上の選任、自主判断で 1/3 以上）
			4-9 独立社外取締役の独立性判断基準・資質	
			4-10 任意の取り組み（①）	
			4-11 取締役会・監査役会の実効性確保の前提条件（①～③バランス・多様性）	
			4-12 取締役会の審議の活性化（①）	
			4-13 情報入手と支援体制（①～③）	
			4-14 取締役・監査役のトレーニング方針（①②）	

（注）1. 最上段は基本原則。2. 下線は東証のコーポレートガバナンス報告書での開示要請項目。3. シャドー部分は筆者が重要と考える項目。

Ⅲ．まとめ

　東証の開示要請項目は11コードあるが，必ずしも筆者の重要項目と重ならない。特に，本コード4-8「独立社外取締役の有効な活用（少なくとも2名以上の選任，自主判断で1/3以上）」において，「少なくとも2名以上の選任」に開示要請下線がなく，「自主判断で1/3以上」に下線があるのは，逆ではないかと思える。また，1-3「資本政策の基本方針」や4-1②の「中期経営計画の策定・未達分析」は重要であり，開示要請項目に入れたほうが良いのではないかと思う。とはいえ，機関投資家によるエンゲージメントの場ではどちらも一緒である。

第3部
2名以上の独立社外取締役選任について

第1章
「独立社外取締役を少なくとも2名以上選任すべき」等について

（出典：本コード【原則 4-8. 独立社外取締役の有効な活用】より）

1．複数選任制の留意点

　2015年2月24日の東証による「コーポレートガバナンス・コードの策定に伴う上場制度の整備について」の(2)コードを実施しない場合の理由の説明媒体の別紙2の「開示を求める諸原則」に原則の4-8として，「独立社外取締役は会社の持続的な成長と中長期的な企業価値の向上に寄与するように役割・責務を果たすべきであり，上場会社はそのような資質を十分に備えた独立社外取締役を少なくとも2名以上選任すべきである。」とある。本件開示項目としての表示がなく当初（略）と省略されていた。金融庁油布志行企業開発課長に3月6日（某講演会のQ&Aで）確認したところ，エクスプレインの対象である旨，回答を頂いた。また，東証も同日修正版を出した。従って，他の開示項目と同様に株主総会後6カ月の猶予が与えられていると解する。

　どこの上場会社も突然いわれれば，当面「――の資質の方を求めているが，適任者確保に難点があるので，目下，人選も含め鋭意努力中」などのエクスプレインを行わざるを得ない。しかしながら，幾つかの留意すべき点がある。

(1) 「ISS の新基準」に留意

　第2章で詳細に紹介するが，日米など10カ国に拠点を持ち，約1700の機関投資家を顧客にもつ議決権行使助言会社の大手である ISS（Institutional Shareholder Services）は，2016年2月より，総会後の取締役会に複数名の社外取締役がいない企業の経営トップに反対を推奨している。

　「独立性は問わず社外取締役2名を求める」，または，「社外取締を2名のうち最低1名は独立社外取締役（ISS の基準において―後出）であることを求める」，などの基準が考えられるが，「具体的な基準は，コーポレートガバナンス・コードの最終内容なども踏まえた上で2015年秋に決定する」とある。ISS のポリシー導入当初は，適用対象会社の範囲を東証の基準とあわせるであろうから「市場一部・二部」とするものと考えられる。

　経営トップは社長を指すが，会長や他の代表取締役が対象となることもある。従って，特に外人持ち株比率の高い会社などにおける時間的猶予は2016年2月までしかないことになる。悠長に構えていると，社長（会長）の取締役選任議案のみが否決されるという珍事が起りかねないので，細心の注意が必要である。

　また，ISS は過去5期の平均 ROE が5％未満（ただし，直近の会計年度の ROE が5％以上ある場合を除く）でも，例外扱い無しで，社長（会長）の取締役選任議案に反対するとのことであるので留意が必要である。

　他の議決権行使助言会社であるグラス・ルイスは「監査役設置会社の取締役会の独立社外取締役が2名以上かつ20％以上いない場合，会長もしくは社長の選任に反対を推奨する」（『法と経済のジャーナル』依馬直義（2014）「株主総会議案の否決リスクが高まる機関投資家の動向」）としている。

(2) 3,000人超の独立社外取締役候補が必要

　2015年2月25日付け日本経済新聞（以下，日経新聞）によると，東証の新ルールを全ての企業に適用すれば，延べ3,000人超の取締役候補が必要になる旨述べている。東証基準でエクスプレインが6カ月繰り延べに

なったとはいえ、真剣に、独立社外取締役をお探しの会社は、人材難に悩むかもしれない。筆者が関係する独立役員養成・推薦機関だけでも1,000人以上の候補者が存在する。例えば、

① 特定非営利活動法人日本コーポレート・ガバナンス・ネットワーク
　理事長：牛島　信，会長：田村達也
　電話：03-5473-8038

② 一般社団法人ディレクトフォース（DIRECTFORCE）
　代表理事：真瀬宏司，企業ガバナンス部会長兼Eサーチ、
　事業部長：宮崎泰雄
　電話：03-5288-7560，E-mail：info@directforce.org

③ 株式会社プロネッド（ProNed Inc.）
　会長：芦田邦弘，代表取締役社長：酒井　功
　電話：03-6268-8186

などである。
　上記の団体のウェブサイトよりアクセスし、ご希望の資質の社外取締役の探索依頼を出すことを参考までにお奨めする。

　本コード【原則4-8. 独立社外取締役の有効な活用】の背景説明の後段で、「なお、本有識者会議において、関係団体の中には、独立役員の円滑な選任を促進する観点から、その候補に関する情報の蓄積・更新・提供をするなどの取組みを行っている団体もあり、今後、こうした取組みが更に広範に進められていくことが期待される、との指摘があった。」と述べている。

(3) 独立社外取締役の資質・役割・責務

次の留意点は，独立社外取締役の役割・責務が以下のように明示された。ここで特筆されることは，4番目に「ステークホルダーの意見を取締役会に適切に反映させること」が新たに入ったことである。従って，独立社外取締役は，機関投資家とのエンゲージメントやステークホルダーとの対話集会・工場見学会等に積極的に参加することや情報収集が求めれる。

【原則 4-7．独立社外取締役の役割・責務】

上場会社は，独立社外取締役には，特に以下の役割・責務を果たすことが期待されることに留意しつつ，その有効な活用を図るべきである。

(ⅰ) 経営の方針や経営改善について，自らの知見に基づき，会社の持続的な成長を促し中長期的な企業価値の向上を図る，との観点からの助言を行うこと
(ⅱ) 経営陣幹部の評価・選解任その他の取締役会の重要な意思決定を通じ，経営の監督を行うこと
(ⅲ) 会社と経営陣・支配株主等との間の利益相反を監督すること
(ⅳ) 経営陣・支配株主から独立した立場で，少数株主をはじめとするステークホルダーの意見を取締役会に適切に反映させること

また，本コード【原則 4-8．独立社外取締役の有効な活用】で述べているように，「──上場会社はそのような資質を十分に備えた独立社外取締役を少なくとも2名以上選任すべきである」とある。従って，それぞれの会社は置かれている業種，事業環境などを踏まえ，どのような資質の社外取締役候補を探索しなくてはならないか，真剣にかつ，慎重に考えなくてはならない。

A．グローバル企業，海外 M&A 積極化企業，ポートフォリオ事業戦略展開中企業（多角化企業）等に必要とされる独立社外取締役の資質
　① 海外経営経験のある方，外国人経営者

② 海外の法律（米国腐敗行為防止法，海外独占禁止法など）に知見のある方
③ 臆さず物の言える方
④ 分析力とぶれない判断力のある方
⑤ 結果への責任感と倫理的価値観を持っている方など

B．成熟企業，BtoC企業（自動車・家電・化粧品等），カリスマ経営者企業等に必要とされる独立社外取締役の資質
① 計画に照らしての業績分析・評価・監督能力のある方
② コンプライアンス，リスクマネジメント能力のある方
③ 消費者等ステークホルダーの元代表
④ 臆さず物の言える方，倫理的価値観のある方など

C．ベンチャー企業，ファミリー企業，親会社傘下の兄弟会社・子会社，被買収会社等の株主資本の支配力が相対的に強い企業等に必要とされる独立社外取締役の資質
① その業種・企業特有の専門知識・経験のある方
② コンプライアンス能力のある方
③ 臆さず物の言える方
④ 少数株主の意見を代表できる方など

　これらの探索には日時が掛かるが，前述の如く，専門サーチ会社や団体も増えてきている。
　（第3部第4章「独立社外取締役の必要性・役割・機能・要件等」参照）

(4) 「監査等委員会設置会社」へ機関設定の変更検討
　「独立社外取締役を少なくとも2名以上選任すべき」といわれ，監査役会設置会社の場合，改正会社法で新設された「監査等委員会設置会社」へ機関設定の変更を検討される会社も出てくるでしょう。従来「監査役会設

置会社」には半数以上の社外監査役が義務化されており，その上に独立社外取締役を少なくとも2名以上選任すると，社外役員の過剰感が出て来るかもしれない。従って，「監査等委員会設置会社」へ機関設定の変更を検討されている会社にとっては，今回の本コード【原則4-8．独立社外取締役の有効な活用】による，「独立社外取締役を少なくとも2名以上選任すべき」は背中を押すことになるでしょう。なぜならば，この新制度は従来の2名以上いる社外監査役を社外取締役に「横滑り」することができるからです。因みに，「2014年6月までに18社が監査等委員会設置会社への移行を表明し，355社が検討中としている（商事法務No.2054）」旨述べている。2015年4月25日付け日経新聞は「すでに80社以上の上場会社が監査等委員会設置会社への意向を表明済み」と報道している。しかし，問題点もある。

本件に関しては，次の第3章「監査等委員会設置会社とは何か」を検討の参照にされたい。

2．3分の1以上の独立社外取締役を選任する会社

本コード【原則4-8．独立社外取締役の有効な活用】の後段で，「業種・規模・事業特性・機関設計・会社をとりまく環境等を総合的に勘案して，自主的な判断により，少なくとも3分の1以上の独立社外取締役を選任することが必要と考える上場会社は，上記にかかわらず，そのための取組み方針を開示すべきである。」とある。これは東証の開示要請項目に入っている。勿論そのような必要性を感じない会社は開示する必要はないが，必要と考える上場会社はどのような会社であろうか。

⑴　必要な業種・業態

先ず，この章の1の⑶「独立社外取締役の資質・役割・責務」のAで述べたグローバル企業，海外M&A積極化企業，ポートフォリオ事業戦略展開中（多角化）企業，更にBtoC企業（自動車・家電・化粧品等）等

の多くの助言を必要としている企業であろう。(宮島：2015 参照)

(2) **国内外の機関投資家の持ち分比率が高い会社**

野村証券金融経済研究所の西山賢吾の，「会社法制見直し中間試案と企業統治」よると，東証1部上場の約1,600社を対象とした調査で，外国人や機関投資家の持ち分比率が高い会社のROEは，平均より高く，社外取締役比率も高い。ROEの高い会社への投資は，外国人や機関投資家が選好する，またその結果として社外取締役の選任割合が高い。」と述べている。(第3部第4章の3参照)

第2章
ISSの新基準（2015年2月1日施行）

　日米10カ国に拠点を持ち約1,700の機関投資家を顧客に持つ議決権行使助言会社の大手であるISS（Institutional Shareholder Services）の石田猛行（2014）「ISSの2015年議決権行使助言に関するポリシーおよび方向性」より「取締役選任」について抜粋。(http://www.issgovermence.com/file/policy/2015japanvoteingguidelines-japanese.pdf)

1．取締役選任
　ISSは会社の機関設計（監査役設置会社，指名委員会等設置会社，監査等委員会設置会社）により，異なる助言基準を持つ。

(1) 監査役設置会社
　監査役設置会社においては，下記のいずれかに該当する場合，原則として反対を推奨する。
> 資本生産性が低く（過去5期平均の自己資本利益率（ROE）が5％を下回り）かつ改善傾向（注1）にない場合（注2），経営トップ（注3）である取締役
> 総会後の取締役会に社外取締役（注4）が1人もいない場合，経営トップである取締役
> 親会社や支配株主を持つ会社において，ISSの独立性基準を満たす社外取締役が2名未満の場合，経営トップである取締役
> 前会計年度における取締役会の出席率が75％未満の社外取締役（注5）
> 少数株主にとって望ましいと判断される株主提案が過半数（注6）の支持を得たにもかかわらず，その提案内容を実行しない，あるいは類似の内容

を翌年の株主総会で会社側提案として提案しない場合，経営トップである取締役

(2) 指名委員会等設置会社

指名委員会等設置会社（board with three committee structure）においては，監査役設置会社向け基準に加え，さらに下記のいずれかに該当する場合，原則として反対を推奨する。
> 株主総会後の取締役会の過半数が独立していない場合，ISSの独立性基準を満たさない社外取締役
> 親会社や支配株主を持つ会社において，ISSの独立性基準を満たす社外取締役が2名未満の場合，指名委員である取締役（注7）

(3) 監査等委員会設置会社

監査等委員会設置会社（board with audit committee structure）においては，監査役設置会社向け基準に加え，さらに下記に該当する場合，原則として反対を推奨する。
> ISSの独立性基準を満たさない監査等委員である社外取締役（注8）

また，特別な状況においては，統治機構に関わらず，下記のような理由から，個別の取締役，委員会の委員，あるいはすべての取締役に反対することがある。
> ガバナンス，受託者としての責任，リスク管理などに重大な問題が認められる場合（注9）
> 経営陣の入替えが必要とされるにもかかわらず，それを怠った場合
> 他社での取締役や監査役としての行動に重大な懸念があり，当会社の取締役としての適性に大きな懸念がある場合

(4) 取締役会構成基準の厳格化（2016年導入予定）

上記に加え2016年2月より，統治機構に関わらず下記に該当する場合，原則として反対を推奨する。
> 総会後の取締役会に複数名の社外取締役（注10）がいない場合（注11），経営トップである取締役

(5) 独立性基準

　ISSの独立性の基本的な考え方は「会社と社外取締役や社外監査役の間に，社外取締役や社外監査役として選任される以外に関係がないこと」である。日本企業においては，例えば，下記のケースでは多くの場合，独立していないと判断される。

＞会社の大株主である組織において，勤務経験がある
＞会社のメインバンクや主要な借入先において，勤務経験がある
＞会社の主幹事証券において，勤務経験がある
＞会社の主要な（注12）取引先である組織において，勤務経験がある
＞会社の監査法人において勤務経験があった
＞コンサルティングや顧問契約などの重要な取引関係が現在ある，もしくは過去にあった
＞親戚が会社に勤務している
＞会社に勤務経験がある

（注）
1　過去5期の平均ROEが5％未満でも，直近の会計年度のROEが5％以上ある場合を指す。
2　このROE基準は最低水準であり，日本企業が目指すべきゴールとの位置づけではない。
3　経営トップとは通常，社長と会長を指す。
4　独立性は問わない。
5　日本では，出席率が開示されるのは社外取締役および社外監査役のみであり，社内者の出席率は開示されない。
6　日本では，多くの株主提案が特別決議事項である定款変更の形を取るため，過半数ではなく3分の2の支持を得なければ，株主提案は可決しない。
7　ただし，指名委員が独立性基準を満たす社外取締役の場合を除く。
8　監査等委員ではない「それ以外の社外取締役」には，ISSの独立性基準を満たさない場合でも，それを理由に反対を推奨しない。
9　株価の極端な下落や業績の大幅な悪化など経営の失敗が明らかな場合，企業不祥事が発生した場合，株主の利益に反する行為に責任があると判断される場合をさす。
10　独立性は問わず社外取締役2名を求める，社外取締役2名のうち最低1名は独立社外取締役であることを求める，などの基準が考えられるが，具体的な基準は，コーポレートガバナンス・コードの内容なども踏まえた上で2015年秋に決定する。
11　基準導入当初は適用を一部の企業に限定することも考えられる。
12　主要かどうかは会社と取引先の双方から見た取引の規模，重要性から判断される。取引規模が具体的に開示されないと（例えば取引の有無しか開示されていない場合や，取引規模が単に「稀少」としか開示されない場合），主要な取引先と判断せざるを得ない。

(6) 解説
1）資本生産性基準

　日本企業の資本生産性は欧米企業と比べて一般的に低く，これは日本における株式投資の収益性が数十年にわたり低く推移している一因とも言われている。資本生産性が低い要因としては，過大な内部留保，株式持合い，事業再編への消極姿勢などが挙げられる。日本の規制当局や，すでにROEを取締役選任議案の賛否判断に取り入れている機関投資家の多くは，資本生産性の低迷を深刻な問題として認識している。

　経済産業省が発表した伊藤レポートによれば，2012年の日本企業の平均ROEは5.3％に過ぎず，アメリカ企業の22.6％やヨーロッパ企業の15.0％を大幅に下回っている。同レポートでは日本企業のROEについて「最低ラインとして8％を超えるという水準を意識し，さらに自社に適した形で水準を高め，持続的な成長につなげていくことが重要である。」と提言している。

　資本生産性が低くかつ改善傾向にない場合に，経営トップに反対をするポリシーの導入は，この状況に対応するものだ。ROEの基準を5％と定めたのは，日本企業に投資する機関投資家との議論に基づき，日本の株式市場のリスクプレミアム等を考慮し，投資家が許容できる最低限の資本生産性の水準との判断による。ROE5％の水準は最低水準であり，日本企業が目指すべきゴールという位置づけではない。測定期間（5期）は，企業が短期的な業績にとらわれることなく，中長期的な成長に必要な投資を積極的に行えるように，との観点から選択された。

　他国のように取締役会が監督機関たる構成を持つなら，経営トップを評価し交代の必要性を判断するのは株主ではなく取締役会の役割といえる。しかし実態として，日本企業の取締役会の主な機能は経営執行である。よって，株主が経営トップの評価と交代の判断を行うことは合理的といえる。

2）監査役設置会社

　取締役会の過半数が独立社外取締役で構成され，監督機能に特化したアメリカの取締役会と異なり，ほとんどの日本の取締役会は実質的に業務執行者による経営会議体であり，最低限の監督機能しか持ち合わせていない。日本

の上場企業の98％を占める監査役設置会社では，社外取締役の選任義務はなく，かつては社外取締役を選任しないことが一般的だった。一方，指名委員会等設置会社や監査等委員会設置会社には，最低でも2名の社外取締役の選任義務がある。日本企業の取締役会の独立性の低さは長い間批判されてきた。独立性の低さは透明性の低さでもある。他市場との比較において，日本の取締役会の独立性の低さは際立っている。

しかし，この状況は近年変化しつつある。2010年に始めて過半数の日本企業で少なくとも社外取締役が1人は選任されるようになった。2014年にはそれはさらに上昇し71％となり，今や多くの日本企業で少なくとも1人の社外取締役が選任されている。会社法の改正により，社外取締役を導入しない日本企業はcomply or explain ruleの考え方に基づき「社外取締役を置くことが相当ではない理由」（注：単に社外取締役を置かない理由ではなく，社外取締役を置くことが「相当でない」理由の説明が求められる）の説明が，要求されることになる。このような環境の変化を考慮すれば，もはや社外取締役の導入は，日本の企業社会に馴染まない異質な考え方とは言えない。

監査役設置会社の経営トップを対象としたポリシー（総会後の取締役会に社外取締役が1人もいない場合，経営トップである取締役に反対）は前述の状況に対応する。指名委員会等設置会社と異なり，監査役設置会社においては，取締役候補者の選定に責任を負う指名委員会の設置義務はない。そのため，監査役設置会社では，経営トップが取締役候補者選定における実質的な意思決定者である。よって，取締役会の構成に懸念があれば，経営トップへの反対が合理的である。

機関投資家の一部は，独立性に懸念のある社外取締役に反対する。社外取締役は独立であるべき，との原則論に基づく投票と推察されるが，それはむしろ逆効果といえる。そもそも，監査役設置会社には，社外取締役を選任する義務はない。そのため，社外取締役への反対率がそれ以外の取締役より高い場合，会社が社外取締役を持つこと自体をやめてしまう可能性がある。そうなると，取締役会は内部者だけで構成されることになり，そのような事態が株主利益につながるとは言いがたい。そのため，ISSは監査役設置会社において，独立性がないという理由だけで，社外取締役に反対することはない。

3）指名委員会等設置会社

　指名委員会等設置会社は海外で普及した制度であるため，海外の投資家に理解されやすい利点がある。この統治形態を採用すれば，最低でも2名の社外取締役を選任する法的義務が生じる。そのため，社外取締役に独立性を求めることは妥当である。ISS は株主総会後の取締役会の過半数が独立していない場合，ISS の独立性基準を満たさない社外取締役に反対を推奨する。

4）監査等委員会設置会社

　会社法改正に伴い導入される監査等委員会設置会社制度は，従来の監査役を取締役に置き換え，取締役会での議決権を付与することで，監督機能を充実させることを目的とした制度と解釈できる。

　監査委員会のみを設置し，指名委員会や報酬委員会を設置しない委員会型の企業統治機構は新興国を中心に普及している。監査役設置会社と異なり，監査委員会のみを設置するスタイルは，日本特有の制度ではなく，監査等委員会設置会社の取締役会を，例えば"board with an audit committee"のように実態面に着目して翻訳し，説明すれば，海外で普及した制度と類似の制度であることが明確となり，海外の投資家の混乱を避けることが期待できる。

　監査等委員会設置会社では，「監査等委員である取締役」と「それ以外の取締役」を区別して選任することが求められる。「監査等委員である取締役」のうち最低でも2名は社外取締役を選任する義務があるのに対して，「それ以外の取締役」に社外取締役を選任する義務はない。

　そのため，監査役選任に対するポリシーの考え方を準用し，社外取締役の選任が義務付けられている「監査等委員である社外取締役」には独立性に懸念がある場合は反対を推奨する一方，社外取締役の選任が義務付けられていない「それ以外の社外取締役」に対して独立性の懸念を理由に反対を推奨することは，「それ以外の取締役」に社外取締役を選任するインセンティブを減じ，ガバナンスの向上には逆効果となるため，反対は推奨しない。

5）取締役構成基準の厳格化（2016年導入予定）

　日本の大企業の過半数が，複数の社外取締役をすでに選任している。2014

年9月時点で日経225構成銘柄のうち72%の企業が複数の社外取締役を選任しており，JPX日経400構成銘柄では55%の企業で複数の社外取締役が選任されている。また金融庁と東京証券取引所を中心に議論されたコーポレートガバナンス・コードでは，複数の独立した社外取締役を求めることが検討され，2015年6月にはコーポレートガバナンス・コードを盛り込んだ上場規則改正の施行が予定されている。取締役構成基準を厳格化し，大企業に複数の社外取締役を求めることは，日本の規制当局，発行体や機関投資家によるコーポレートガバナンス改善に向けた取り組みとの整合的だ。

こうした状況を鑑み，2016年2月より取締役会に複数名の社外取締役がいない企業の経営トップに反対を推奨する。この取締役会構成基準の厳格化のポリシー改定案は他の改定と異なり，1年後の2016年2月まで施行されない。1年間の猶予期間は，企業が適任の社外取締役を選任するために，十分な時間を確保することを目的としている。よって，2016年1月までは従来どおり，社外取締役が1人いれば経営トップへの反対は推奨しない。

今回の改定案を実行すれば，数多くの会社で経営トップに反対を推奨する可能性がある。そこで基準導入当初は，適用対象企業を大企業である日経225構成銘柄やJPX日経400構成銘柄などに限定，もしくはコーポレートガバナンス・コードが例外なく適用される予定の東証1部・2部構成銘柄を対象とすることが検討されている。

6）親会社や支配株主を持つ会社
　親会社や支配株主を持つ会社において，総会後の取締役会にISSの独立性基準を満たす社外取締役が2名未満の場合，経営トップである取締役の再任に反対を推奨する。親会社や支配株主を持つ会社の場合，少数株主の保護が特に重要であり，このポリシーは少数株主の保護を目的とする。

　さらに，指名委員会等設置会社が親会社や支配株主を持つ場合，総会後の取締役会にISSの独立性基準を満たす社外取締役が2名未満の場合，指名委員である取締役（ただし，指名委員が独立性基準を満たす社外取締役の場合を除く）の再任に反対を推奨する。指名委員は取締役会の独立性の欠如に責任があるからである。

7）出席率

　社外取締役が経営に対する監督として効果的に機能するには，積極的に取締役会の議論に参加する必要がある。そのため，ISSは社外取締役の取締役会への出席率に注視する。合理的な理由（「多忙」や「海外在住」などは合理的な理由とは認められない）がなく，社外取締役の取締役会への出席率が75％未満の場合，原則として再任に反対を推奨する。

8）業績不振や企業不祥事

　株価の極端な下落や業績の大幅な悪化など経営の失敗が明らかな場合や，不正や犯罪行為などの不祥事があった場合など，株主価値が毀損したと判断される場合は，取締役候補者に反対を推奨することを検討する。財務への影響，当局や証券取引所による処分，株価の反応や企業の評判への影響などを考慮する。

9）株主の利益に反する行為

　取締役選任議案を検討する際には，下記のような株主の利益に反する行為も考慮する。
＞株主総会決議のない買収防衛策の導入
＞株主総会決議のない過大な希薄化を伴う第三者割当増資
＞合理的な説明のない大規模な公募増資

第3章
「監査等委員会設置会社とは何か」

　改正会社法第2編第4章第9節の二において，当初「監査・監督委員会設置会社」と呼称されていた名称は「監査等委員会設置会社」に変更された。

　更に，現行の「委員会設置会社」は「指名委員会等設置会社」と呼称されることとなる。

　新設の「監査等委員会設置会社」の「監査等委員会」の構成員は，全員取締役（議決権あり），で人数は3人以上，社外取締役が過半数必要，「指名委員会」と「報酬委員会」不要，常勤者不要，解任は株主総会の特別決議，株主総会へ法令違反の報告義務あり，等である。以下に制度間の比較をおこなう。

(1) 「監査等委員会」の「等」の意味

(太田順司（2014）「改正会社法と監査役制度」17頁，平成26年4月3日，監査役懇話会より）

> 監査権以外に次の権限がある。
> ① 経営の基本方針決定（議決権）
> ② 取締役の選・解任及び報酬についての意見表明権
> ③ 利益相反取引の承認（任務懈怠推定解除）

の権限が含まれる。この内，②と③は相当重い責任を伴うものであり，監査等委員の資質が問われることになる。単に，コスト増大を抑制するために，監査役が横滑りすればよいというものではない。

図表 3-1　監査役会設置会社，指名委員会等設置会社，監査等委員会設置会社の比較

	監査役会	指名委員会等	監査等委員会
監査役・監査委員会委員・監査等委員会委員の選解任と任期	監査役は株主総会で選任，解任は特別決議を要す。	監査委員会委員である取締役は株主総会，各委員は取締役会で選定	監査等委員である取締役は株主総会，但し，それ以外の取締役と区別して選任し，解任は特別決議を要す。
	4年	1年	2年
他の一般取締役の任期	2年以下（⇒1年にして459条の規律も可能）	1年	1年
独任制	あり	なし	なし
常勤の有無	常勤1名以上	常勤不要（任意）	常勤監査等委員は任意，但し，理由の開示必要
監査の対象	違法性監査，但し，妥当性監査の法的義務なし	違法性監査と妥当性監査	違法性監査と妥当性監査
選解任等への意見陳述権	監査役についてのみ意見陳述権あり	なし	監査等委員になる取締役及び他の取締役の選解任，報酬等に関して，意見陳述権あり
解任・辞任後の意見陳述権	あり（345条4項）	なし	あり
報酬規制	定款又は株主総会決議による	報酬委員会による	他の取締役とは別に定款又は株主総会決議による
取締役会が委任可能な職務範囲	362条4項の範囲内	重要な事項（416条4項但書）を除き，執行役に広く委任可能	362条4項の事項も委任可能（注の①～③）
423条の推定規定（利益相反取引）	必ず適用	必ず適用	監査等委員会の事前承認で任務懈怠の推定規定が不適用（注の④）

(出所) 浜辺陽一郎（2012）「会社法制の見直しの動向と企業実務への影響」『会社法務A2Z』14-17頁，及び『商事法務』No. 2054, 47頁を基に筆者作成。

監査等委員会設置会社の甘味剤について，今回の制度には以下の点が現在の日本の経営者にとっていわば甘味剤となるのではないかと推量される。即ち，図表3-1の①〜④の注を下記に示す。
(注)
①　監査等委員会設置会の取締役会は，第362条第4項各号に掲げる事項その他の重要な業務執行の決定を取締役に委任することができないものとする。
②　①にかかわらず，監査等委員会設置会社の取締役の過半数が社外取締役である場合には，当該監査等委員会設置会の取締役会は，その決議によって，重要な業務執行（委員会設置会社において，執行役に決定の委任をすることができないものとされている事項を除く。）の決定を取締役に委任することができる。
③　①および②にかかわらず，監査等委員会設置会は取締役会の決議によって，重要な業務執行（委員会設置会社において，執行役に決定の委任をすることができないものとされている事項を除く。）の全部又は一部の決定を取締役に委任することができる旨を定款で定めることができるものとする。
④　監査等委員会制度の甘味剤として，監査委員会が「事前に」承認をすると会社法第423条第3項に定められた取締役の任務懈怠の推定規定が適用されない。その会社法第423条第3項とは「第356条（競業及び利益相反取引の制限）第一項第二号または第三号（これらの規定を第419条第二項において準用する場合を含む。）の取引によって株式会社に損害が生じたときは，次に掲げる取締役または執行役は，その任務を怠ったものと推定する。
一，第356条第一項（第419条第二項において準用する場合を含む。）の取締役又は執行役
二，株式会社が当該取引をすることを決定した取締役又は執行役
三，当該取引に関する取締役会の承認に賛成した取締役（指名委員会等設置会社においては，当該取引が指名委員会等設置会社と取締役との間の取引又は指名委員会等設置会社と取締役との利益が相反する取引である場合に限る。）

(2) 監査等委員会設置会社のメリット

①　先に述べたように，新たな社外取締役候補を選任しなくても，複数の社外取締役を確保できる。

②　監査等委員は取締役であるので，取締役会で議決権と議案提案権をもつ。

③　上記の定款変更により，取締役会決議により，重要な業務執行の決定を取締役に委任でき，業務執行の迅速化が可能。

④ 「KANSAYAKUが分りにくいという」外国人には，監査等委員が議決権を持つので，分りやすいかもしれない。また，新興国で普通に見られる機関設計である。

(3) 監査等委員会設置会社のデメリット
① 定款変更，諸規則の改正などにかなりの手間・暇が掛かる
② 監査役と取締役では役割・責務が異なる。従って，しっかりした勉強・研修が必要である。
③ 監査役設置会社からの変更の場合，独任性がなくなる。
④ 常勤の監査等委員が法定されてない。
⑤ 監査等委員会の事前承認により利益相反取引に起因する任務懈怠の推定規定は適用されないが，この事前承認は相当重い意思決定である。監査等委員の資質が問われる。
⑥ 監査等委員会による取締役の選・解任及び報酬についての意見表明権についても相当重い権限である。監査等委員の資質が問われる。
⑦ 監査権と議決権の両方を持つため，場合によっては自己監査の問題が発生するリスクがある。

(4) 監査等委員会設置会社への移行に伴う実務対応
　監査等委員会設置会社への移行する定款変更の際には，既存の監査役（会）に関する規定の廃止や，監査等委員（会）に関する規定の新設を行い，また必要に応じて取締役会決議により重要な業務執行の決定の全部または一部を取締役に委任できる旨の規定を設けることになる。さらに，これらの定款変更と合わせて，取締役の責任減免の規定や，責任限定契約の締結範囲を拡張する旨の定款変更を行うことが考えられる。ただし，これ等の議案の提出に当たっては，監査役設置会社であれば各監査役の同意を，指名委員会等設置会社であれば各監査委員の同意を得る必要がある（改正会社法426条二項，427条三項，425条三項一号・三号）。監査等委員会を置く旨の定款変更を行った場合，当該定款変更の効力発生時に，取締役及び

監査役の任期が満了する（改正会社法332条7項一号，336条4項二号）。したがって，監査等委員会設置会社への移行の際には，その定款変更と同時に，監査等委員である取締役のみならず，その他の取締役も全員選任し直す必要がある。監査等委員会設置会社においては，監査等委員である取締役と，それ以外の取締役とを区別して報酬を定めなくてはならない（改正会社法361条二項）したがって，監査等委員会設置会社に移行する際には，監査等委員である取締役を選任するのと同時に，その報酬等についても株主総会決議を得ておくことになる（『商事法務』No. 2056「コーポレート・ガバナンスに関する規律の見直し」34頁参照）。

第4章
独立社外取締役の必要性・役割・機能・要件等

1. 独立社外取締役の必要性

　我が国のマネジメント・ボードにおいて，代表取締役（社長）等の職務執行を監督しようとしても，社外取締役を除くほぼ全取締役が，社長を頂点としたヒエラルキーの一員（監督と執行の不分離による）であるため，その頂点にいる社長を効果的に監督することは，事実上困難で，逆に社長から監督され指揮命令を受けており，取締役の独立性に問題がある。その根本には，我が国特有の終身雇用制による，会社への忠誠心が経営トップへの忠誠心と混同されがちとなり，また共同体意識（ムラ社会意識）等が存在し，強い上下関係や否定しない文化につながっている。取締役会において，カリスマ経営者のもとで，一定時間内に合意に至ろうとするプレッシャーのために，物事を多様な視点から，批判的に評価する能力が欠ける「集団愚考（社会心理学 group-think）の罠」即ち，「まあいいか症候群（筆者による命名）」に陥りやすくなる。内なる論理，企業内常識の非常識，同質性等の打破が必要となる。，従って，社内役員だけで構成された時に，株主やその他のステークホルダーに対し，何らかの利益の不一致が，必然的・不可避的に生じるリスクが大である。そこに取締役会の正当性は存在しえないのではないか。例えば，業績不振でも止めないし（久保：2012は「3年連続赤字で経営者交代があったのは7.6%」94頁），役員報酬も下げない。内部留保を溜め込むだけで新規事業に投資しない等である。即ち，「経営トップは神様ではない。自分で自分を監督できない（石

田：2013）」。従って，「社外の眼」である独立社外取締役に聞いてみることが重要である。

2．独立社外取締役の役割・機能とは何か

本コードの【原則4-7．独立社外取締役の役割・責務】において，
　「上場会社は，独立社外取締役には，特に以下の役割・責務を果たすことが期待されることに留意しつつ，その有効な活用を図るべきである。
(ⅰ) 経営の方針や経営改善について，自らの知見に基づき，会社の持続的な成長を促し中長期的な企業価値の向上を図る，との観点からの助言を行うこと
(ⅱ) 経営陣幹部の評価・選解任その他の取締役会の重要な意思決定を通じ，経営の監督を行うこと
(ⅲ) 会社と経営陣・支配株主等との間の利益相反を監督すること
(ⅳ) 経営陣・支配株主から独立した立場で，少数株主をはじめとするステークホルダーの意見を取締役会に適切に反映させること」である。

これ等の機能の内，助言機能は当然であるが，監督機能の中心は，社長（CEO）が策定した経営基本計画の審議・承認とその成果の検証・評価である。久保（2010）の指摘のように3年連続赤字でもやめない状態が継続するようでは困る。また，利益相反に係る監督機能としては，経営陣と株主等との利益相反（政財界活動にうつつを抜かすとか，豪華な本社ビルに，不必要に多くのスタッフを抱え込むとか，会社の費用でゴルフばっかりやっているとか等の各種モラルハザード）の監視を独立社外取締役に期待したい。次に重要なことは，少数株主をはじめとするステークホルダーの意見を取締役会に適切に反映させる機能である。

グローバル時代における独立社外取締役の果たすべき重要機能は，2006年に国連責任投資原則（PRI：Principles for Responsible Investment）において，初めて提唱された投資評価基準であるESG（Environment

Society Governance）という概念である。それは持続的企業価値向上を目指すためには，単に経済価値を向上させるだけでなく，環境価値，社会価値を向上させ，それらを具体化させるようなガバナンス・システムが重要であると述べている。即ち，現在及び将来の投資家を含む全てのステークホルダーに配慮した企業価値・環境価値・社会価値の最大化が考慮されるべきである。かかる観点から，経営陣の同質性を排し，独立社外取締役を含む多様性，異質性，専門性が尊重されねばならない。日本版スチュワードシップに啓発された国内外の機関投資家や一般株主等による議決権行使の結果，選任された独立社外取締役の存在が重要になる。そのような独立社外取締役を含む取締役会には，取締役会の正当性（権威・社会的信認）が存在する。又，次の項目で述べるように，改正会社法における社外性の定義の強化，及び東証規則における独立性の強化等により，独立社外取締役は，東証の定義（一般株主と利益相反が生じる恐れのない社外取締役または社外監査役）を超えて，会社や社長からの独立性も持たなくてはならない。従って，わが国において，今後たとえ時間がかかっても，本コードの【原則4-8．独立社外取締役の有効な活用】の後段にある「また，業種・規模・事業特性・機関設計・会社をとりまく環境等を総合的に勘案して，自主的な判断により，少なくとも3分の1以上の独立社外取締役を選任することが必要と考える上場会社は，上記にかかわらず，そのための取組み方針を開示すべきである」を進めなくてはならない。

3．独立社外取締役の義務化の根拠

　現在，米・英・欧州各国及びインド，中国，韓国を始めアセアンの殆どの国が上場会社において法律や規則（先進国に多い）で，独立社外取締役を義務づけており，グローバル・スタンダードになりつつある。一方，わが国では，
　① 2014年2月の東証における独立役員である社外取締役の導入の努力義務化

② 2015年5月1日からの改正会社法の施行による社外取締役の実質義務化
③ 本コードの【原則4-8. 独立社外取締役の有効な活用】で,「独立社外取締役は企業会社の持続的な成長と中長期的な企業価値の向上に寄与するように役割・責務を果たすべきであり,上場会社はそのような資質を十分に備えた独立社外取締役を少なくとも2名以上選任すべきである。また,業種・規模・事業特性・機関設計・会社をとりまく環境等を総合的に勘案して,自主的な判断により,少なくとも3分の1以上の独立社外取締役を選任することが必要と考える上場会社は,上記にかかわらず,そのための取組み方針を開示すべきである」としたことは,正に,画期的なことである。

その論拠
① 経済産業省が発表した伊藤レポートによれば,2012年の日本企業の平均ROEは5.3%に過ぎず,アメリカ企業の22.6%やヨーロッパ企業の15.0%を大幅に下回っている。同レポートでは日本企業のROEについて「最低ラインとして8%を超えるという水準を意識し,さらに自社に適した形で水準を高め,持続的な成長につなげていくことが重要である。」と提言している。マネジメント・ボード(社内取締役)を中心としてきた我が国のROEは極めて低い。

② 独立社外取締役導入と企業価値の向上との相関関係は,英国・韓国での実証研究では,規制による社外取締役の強制導入を支持するものとなっているが,米国では,一般に取締役会独立性を高めるほど,企業価値が高くなるという傾向は観察されてない。

③ 斉藤(2010)は「社外取締役を導入した企業は,導入と非導入グループ間にある様々な企業特性の差,平均への回帰をコントロールしても,導入しなかった企業よりも,利益率が上昇していることを意味してお

り，社外取締役の導入が，企業の利益率に貢献していることを示している（宮島英昭（2011）『日本の企業統治』（斉藤卓爾の実証研究を含む）東洋経新報社，207-208頁）」）との実証研究を日経500社について12年間（1997年〜2008年）追跡統計を駆使して示した。「内田（2009）も社外取締役ゼロの企業が社外取締役を導入した際，トービンのQ（|株式時価総額＋負債時価総額|÷総資産時価総額）が有意に上昇したと報告している。また，宮島＝小川（2012）は，情報獲得コストの低い企業においてのみ，社外取締役比率が企業パフォーマンスに正の影響を与えることを指摘している。」即ち，特に事業が複雑でない助言機能が発揮し易い企業や研究集約度が高くない企業において，企業価値が引き上げられる可能性を強く示唆している。

④　野村証券金融経済研究所の西山賢吾の，「会社法制見直し中間試案と企業統治」によると，東証1部上場の約1,600社を対象とした調査で，外国人や機関投資家の持ち分比率が高い会社のROEは，平均より高く，社外取締役比率も高い。ROEの高い会社への投資は，外国人や機関投資家が選好する，またその結果として社外取締役の選任割合が高い。

⑤　東証上場部企画グループ課長の渡邊浩司の「独立社外取締役の選任とROEとの関係（『商事法務』No. 2007，42頁）」によると，
　イ　2012年で，独立取締役が過半数の企業10社の平均ROEは12.75％，1/3以上いる企業60社平均で4.67％，1/3未満しかいない企業2114社平均では1.17％，
　ロ　売上高利益率でも，同様に過半数のケースで，4.77％，1/3以上のケースで4.14％，1/3未満のケースで3.53％であった。（以下全部で7ケースについて分析あり，詳細省略）等のデータから，
・独立社外取締役を選任しているほうが，ROEが高い。
・独立社外取締役を複数名選任しているほうが，ROEが高いとはいえない。
・独立社外取締役の割合が高いほうが，ROEが高い。

・独立社外取締役を選任している，複数名選任している，割合が高いほうが財務レバレッジ（総資産／自己資本）が高い。
・独立社外取締役を選任しているほうが，売上高利益率が高いとは言えないが，複数名選任している，割合が高いほうが売上高利益率が高い。
・独立社外取締役を選任しているほうが，総資産回転率が高い。
・独立性の高い社外取締役を選任しているほうが，ROE が高い。

　これらの調査から「コーポレート・ガバナンスを向上，具体的には独立社外取締役を選任することで，資本効率の低い日本企業の現状を改善することができるのではないか」との興味ある調査結果をまとめている。

⑥　取締役会の構成と規模は，CEO の交代，企業買収の交渉，ポイゾン・ピルの採用，役員報酬の決定といった取締役会の判断の質に影響を与えるとの米国における実証研究がある。(Benjamin E Hermalin & Michel S. weibach：2003, *Boards of Directors as an Endogenously Determined Institution:A Survey of the Economic Literature*)

⑦　会社の業績が悪化した場合に CEO が更迭される可能性と社外取締役が過半数を占める取締役会は有意の関係が見られるとの米国における実証研究がある。(Michel S. Weibach：1988, *Outside Directors and CEO turnover*)

⑧　利益操作や会計不正の抑制においても，独立取締役が有効な機能を果たすとの米国における実証研究がある。Klein（2002）は社外取締役が取締役会の過半数を占める企業では超過裁量会計発生高が低いことを示し，Xie et al.（2003）は独立的かつ上場企業での執行役員経験のある取締役の割合が超過裁量会計発生高と負の関係にあることを指摘している。Cornett et al.（2009）は銀行を対象に，独立取締役割合が高くなるほど利益操作が小さくなることを示している。また，Beasley（1996）は会計不正を行った企業はそうでない企業に比べて社外取締役比割合が

低いこと，Agrawal and Chadeha（2005）は修正決算報告（restatement）を行った企業にはファイナンスの専門知識を持った独立取締役が少ないことを示している。（内田：2013「日本企業の取締役会の進化と国際的特徴」『商事法務』No. 2007，43頁）

⑨ 企業買収される立場に立った経営陣は，株主の利害を離れ，自己保身的となりがちである。この場合，独立社外取締役が第三者的立場で意見を述べ利益相反を緩和する必要がある。

以上のように，独立社外取締役と企業価値向上については，なお多くの実証研究の積み重ねが期待されるが，企業価値向上以外の他の項目については，殆ど検証されており，独立社外取締役の義務化の根拠は，整備されつつあるといえる。

4．独立性の高い社外役員の選任基準について

(1) はじめに

本コードの【原則4-9．独立社外取締役の独立性判断基準及び資質】
「取締役会は，金融商品取引所が定める独立性基準を踏まえ，独立社外取締役となる者の独立性をその実質面において担保することに主眼を置いた独立性判断基準を策定・開示すべきである。
　また，取締役会は，取締役会における率直・活発で建設的な検討への貢献が期待できる人物を独立社外取締役の候補者として選定するよう努めるべきである」とある。

(2) 東証におけるこれまでの基準について

2009年12月29日東証の企業行動規範に「独立役員の確保義務」（規程第436条の2）が定められた。その定義は「一般株主と利益相反が生じる恐れのない社外取締役または社外監査役」で，これが実質的基準である。

しかし実態は，2014年版株主総会白書（『商事法務』No. 2051）によると，社外監査役を独立役員として事業報告の独立役員に含めて記載をおこなっている会社が全体の90％弱となっており，社外監査役を独立役員に読み替えただけであり未だ実効性は余り向上してない。また，その独立役員の該当規程については「事前相談を要請する要件」及び「コーポレート・ガバナンス報告書開示要件」で形式的基準が述べられているが，随所に「主要な取引先」，「多額の金銭」，「主要株主」，「最近まで」等の定性的表現が多い。最終的には独立役員として指定した理由を「コーポレート・ガバナンス報告書」において客観的かつ合理的に説明しなさいとしている。また，オリンパス等の事例や独立役員の監督・監視機能を勘案すれば，東証の定義である「一般株主と利益相反が生じる恐れのない社外取締役または社外監査役」だけではなく，会社及び経営者からの独立性の視点の方が更に重要である。東証は批判に応えるべく，独立役員の更なる情報開示を拡大し「独立性の見える化」を進めていることは前進である。例えば，東証は，上場規則等を改正し（平成24年5月10日施行），独立役員・社外役員に関する情報開示の拡充のため，「上場会社は，独立役員に関する情報と社外取締役の独立性に関する情報を，株主総会における議決権行使に資する方法により，株主に提供するよう努めるものとする」という努力義務を定めた（上場規程445条の6）。また，

① 独立役員が取引先の出身者である場合には，その旨及び関連事項の概要を，
② 社外役員の相互就任の関係にある先（いわゆる「社外役員の持ち合い」）の出身者の場合にはその旨，及び
③ 寄付を行っている先または出身者である場合にはその旨，及び寄付の概要を，それぞれ，属性情報として独立役員届出書やコーポレート・ガバナンス報告書への記載を求めた（上場規程施行規則211条4項5号，226条4項5号）。

(3) 改正会社法における社外性の主たる改訂内容

改正会社法では，社外役員（社外取締役及び社外監査役）の社外条件厳格化の追加的規制として，「親会社及び兄弟会社の取締役等を外すことや取締役等の配偶者又は2親等内の親族を外すこと，及び社外取締役・社外監査役に就任前10年，当該会社及び子会社の役員等でないこと」等が盛り込まれたことは前進であるが，「重要な使用人」等の定性的表現もまだ見られる。以下に改正会社法の詳細を記す。

会社法第二条の十五（社外取締役）

社外取締役

株式会社の取締役であって，次に掲げる要件のいずれにも該当するものをいう。

イ　当該株式会社またはその子会社の業務執行取締役（株式会社の第363条第一項各号に掲げる取締役及び当該株式会社の業務を執行したその他の取締役をいう。以下同じ）若しくは執行役又は支配人その他の使用人（以下「業務執行取締役等」という）でなく，かつ，その就任の前十年間当該株式会社又はその子会社の業務執行取締役等であったことがないこと。

ロ　その就任の前十年内のいずれかの時において当該株式会社またはその子会社の取締役，会計参与（会計参与が法人であるときは，その職務を行うべき社員）または監査役であったことがある者（業務執行取締役等であったことがあるものを除く）にあっては，当該取締役，会計参与又は監査役への就任の前十年間当該株式会社又はその子会社の業務執行取締役等であったことがないこと。

ハ　当該株式会社の親会社等（自然人であるものに限る）又は親会社等の取締役若しくは執行役若しくは支配人その他の使用人でないこと。

ニ　当該株式会社の親会社等の子会社等（当該株式会社及びその子会社を除く）の業務執行取締役等でないこと。

ホ　当該株式会社の取締役若しくは執行役若しくは支配人その他の重要な使用人又は親会社等（自然人であるものに限る）の配偶者又は二親等以内の親族でないこと。

> 会社法第二条の十六（社外監査役）
> 社外監査役
> 株式会社の監査役であって，次に掲げる要件のいずれにも該当するものをいう。
> イ　その就任の前十年間当該株式会社又はその子会社の取締役，会計参与（会計参与が法人であるときは，その職務を行うべき社員。ロにおいて同じ。）若しくは執行役若しくは支配人その他の使用人であったことがないこと。
> ロ　その就任の前十年内のいずれかの時において当該株式会社またはその子会社の監査役であっことがある者にあっては，当該監査役への就任の前十年間当該株式会社又はその子会社の取締役，会計参与若しく執行役又は支配人その他の使用人であったことがないこと。
> ハ　当該株式会社の親会社等（自然人であるものに限る）又は親会社等の取締役，監査役若しくは執行役若しくは支配人その他の使用人でないこと。
> ニ　当該株式会社の親会社等の子会社等（当該株式会社及びその子会社を除く）の業務執行取締役等でないこと。
> ホ　当該株式会社の取締役若しくは執行役若しくは支配人その他の重要な使用人又は親会社等（自然人であるものに限る）の配偶者又は二親等以内の親族でないこと。

　なお，本件に関わる経過措置の四条に「この法律の施行の際，現に旧会社法第二条第十五号に規定する社外取締役又は同十六号に規定する社外監査役を置く株式会社の社外取締役又は社外監査役については，この法律の施行後最初に終了する事業年度に関する定時株主総会の終結の時までは，新会社法第二条第十五号又は第十六号の規定にかかわらず，なお従前の例による。」とあるので1年間の猶予ができたことになる。

(4)　改正会社法を受けての東証の改訂

　これらを受けて，東証は2015年1月30日「平成26年会社法改正に伴う上場制度の整備について」を通知した。

「10年以上前に上場会社又はその子会社の業務執行者であった者について，独立役員に指定できることとし，指定する場合には，その旨及びその概要の開示を求めます。」

ここで留意しなくてはいけないことは，会社によってはこれまで「10年基準」ではなく「3年～5年基準」を使用しているケース，また，「二親等以内基準」ではなく「三親等以内基準」を使用している会社もあるので注意されたい。

また，この東証の緩和規定により，10年以上前にいた方を独立役員に指定する場合には，その旨及びその概要を開示しなくてはならないので留意が必要です。

(5) 東証の「コーポレートガバナンス・コードの策定に伴う上場制度の整備」の2.「独立役員の独立性に関する情報開示の見直し」について（2015年2月24日）

・上場会社が独立役員を指定する場合には，当該独立役員と上場会社との間の特定の関係の有無及びその概要を開示するものとします。

・これまで，主要な取引先の元業務執行者など過去において上場会社と特定な関係を有していた独立役員については，それでもなお独立性ありと判断した理由の説明（「いわゆる開示加重要件（注：解説参照）」）を求めてきたことを改め，すべての独立役員について等しく情報の開示を求めることにより，上場会社が独立性を判断する際における過度に保守的な運用を是正しようとする緩和規定である。

（解説）「開示加重要件」とは
有価証券上場規定の施行規則第211条第4項第5号aに列挙されている事由をいう。開示加重要件に該当する場合には，その事実を踏まえてもなお一般株主と利益相反のおそれがないと判断し，独立役員として指定する

第4章　独立社外取締役の必要性・役割・機能・要件等　93

図表 3-2　独立性に関する情報開示の見直しイメージ

×独立性なし
○独立性あるが属性情報報告あり
◎独立性あり報告義務なし

	上場会社・子会社の業務執行者（注3）	親会社・兄弟会社, 主要取引先, 多額の金銭を得ているコンサル等の業務執行者（注3）, 近親者	主要株主の業務執行者（注3）	主要でない取引先, 相互就任先, 寄付先の業務執行者（注3）
現在・最近	×	×	○（注2）	○
10年以内	×	○（注2）	○（注2）	○
10年超	○（注1）	○（注2）	○（注2）	◎

（注1）　この部分は，前頁の(4)にある 2015年1月30日付け「平成26年会社法改正に伴う上場制度の整備について」参照。
（注2）　この部分は，従来の「要説明」，即ち，「いわゆる開示加重要件」部分であるが，これを廃止し，「いわゆる属性情報」報告に統一するものである。2015年3月1日の日経ヴェリタスによると「東証は企業の元経営陣など民間出身の社外取締役がもっと増えてほしい（幹部）との思いから，独立性の定義を骨抜きにせず，社外取締役の候補不足に悩む企業の要請にこたえる微妙なバランスをねらった」旨，伝えている。
（注3）　業務執行者とは，会社法363条第一項各号に掲げる取締役及び当該株式会社の業務を執行したその他の取締役，若しくは執行役又は支配人その他の使用人をいう。
（出所）　東証の「コーポレートガバナンス・コードの策定に伴う上場制度の整備」より筆者作成。

理由を独立役員届出書やコーポレート・ガバナンス報告書において記載することが，これまでは必要であった。開示加重要件の大要は①過去に独立性基準に抵触していた場合又は②上場会社の主要株主である場合に開示加重要件に該当していた。

(6)　**日本取締役協会の「取締役会規則における独立取締役選任基準」の改訂版（2014年2月25日）**

米国では SOX 法 301 条で，監査委員会の全ては，独立取締役でなければならない。NYSE は指名及び報酬委員会は，全て独立取締役でなけれ

ばならない。一方，NASDAQ では報酬委員会は，全て独立取締役でなければならないが，指名委員会は，過半数が独立取締役で可となっている。ここで言う「独立している」とは，NYSE はコーポレート・ガバナンス規則で詳細を決めている。これら米国基準を参考にして，日本取締役協会は2014年2月25日「取締役会規則における独立取締役選任基準」の改訂版を出し，内容を定量的・具体的に定めている。例えば，主要株主とは議決権所有割合が10%以上，主要取引先とは直近の年間連結売上高の2%以上の支払いを当社から受けた者又は支払いを行っていた者などと定めた。但し，モニタリング・モデル（指名委員会等設置会社）を前提としているので，該当企業は参考にされたい。

次に資生堂（監査役設置会社）のケースは，注釈も含め良くできており，参考にされたい。

5．資生堂の社外役員の独立性に関する判断基準

（資生堂 http://www.shiseidogroup.jp/「コーポレートガバナンスに関する報告書」（2014年10月10日）の「独立役員関係」より）

当社は「社外役員の独立性に関する判断基準」（以下，判断基準という）およびこれに付随する「各種届出書類・開示書類における関係性記載の省略のための軽微基準」（以下，軽微基準という）を以下のとおり定めております。本報告書では，軽微基準にしたがい独立役員の兼務先と当社との関係性の記載を一部省略しています。

〈社外役員の独立性に関する判断基準〉
株式会社資生堂（以下，当社という）は，当社の社外取締役および社外監査役（以下，併せて「社外役員」という）または社外役員候補者が，当社において合理的に可能な範囲で調査した結果，次の各項目の要件を全て満たすと判断される場合に，当社は当該社外役員または当該社外役員候補者が当社に対する十分な独立性を有しているものと判断します。

1．現に当社および当社の関係会社（注1）（以下，併せて「当社グループ」という）の業務執行者（注2）ではなく，かつ過去においても業務執行者であったことが一度もないこと。

社外監査役にあっては，これらに加え，当社グループの業務執行を行わない取締役および会計参与（会計参与が法人の場合はその職務を行うべき社員）であったことが一度もないこと。

2．現事業年度および過去9事業年度（以下，これらの事業年度を「対象事業年度」という）において，以下の各号のいずれにも該当していないこと。

　1）当社グループを主要な取引先としている者（注3），またはその業務執行者（対象事業年度において一度でもその業務執行者であった者を含む。以下，本項の第2)号ないし第4)号において同じ）。

　2）当社グループの主要な取引先（注4），またはその業務執行者。

　3）当社の議決権の10％以上の議決権を直接または間接的に現に保有しもしくは対象事業年度において保有していた当社の大株主，またはその業務執行者。

　4）当社グループが総議決権の10％以上の議決権を直接または間接的に現に保有しもしくは対象事業年度において保有していた者の業務執行者。

　5）対象事業年度において当社グループから役員報酬以外に多額の金銭その他の財産（注5）を得ているコンサルタント，会計専門家および法律専門家。なお，これら者が法人，組合等の団体である場合は当該団体に所属する者（対象事業年度において一度でも当該団体に所属していた者を含む。以下，本項第6)号および第7)号において同じ）を含む。

　6）対象事業年度において当社グループから多額の金銭その他の財産（注5）による寄付を受けている者。なお，これらの者が法人，組合等の団体である場合は当該団体に所属する者を含む。

　7）当社の会計監査人（対象事業年度において一度でも当社の会計監査人であった者を含む）。なお，会計監査人が法人，組合等の団体である場合は当該団体に所属する者を含む。

3．以下の各号に掲げる者の配偶者，2親等内の親族，同居の親族または生計を共にする者ではないこと。ただし，本項の第2)号については，

社外監査役の独立性を判断する場合にのみ適用する。
  1）当社グループの業務執行者のうちの重要な者（注6）。
  2）当社グループのいずれかの会社の業務執行をしない取締役。
  3）第2項第1)号ないし第4)号に掲げる者。ただし，これらの業務執行者については，そのうちの重要な者（注6）に限る。
  4）第2項第5)号ないし第7)号に掲げる者。ただし，これらに所属する者については，そのうちの重要な者（注7）に限る。
 4．以下の各号に掲げる「役員等の相互就任」の状況のいずれにも該当していないこと。
  1）当社の社外役員本人または当社の社外役員候補者本人が現に当社以外の国内外の会社の業務執行者，社外取締役，監査役またはこれに準ずる役職（注8）に就いている場合において，当社グループの業務執行者，社外取締役，監査役（当該社外役員本人または社外役員候補者本人を除く）またはこれらに準ずる役職（注8）にある者が，当該会社の取締役（社外取締役を含む），執行役，監査役（社外監査役を含む），執行役員またはこれらに準ずる役職（注8）に就任している状況。
  2）当社の社外役員本人または当社の社外役員候補者本人が現に当社以外の法人（会社を除く），その他の団体の業務執行者，役員または役員に準ずる役職（注9）に就いている場合において，当社グループの業務執行者，社外取締役，監査役（当該社外役員本人または社外役員候補者本人を除く）またはこれらに準ずる役職（注8）にある者が，当該団体の役員または役員に準ずる役職（注9）に就任している状況。
 5．前記1．ないし4．の他，独立した社外役員としての職務を果たせないと合理的に判断される事情を有していないこと。
 6．現在において，今後前記1．ないし5．の定めに該当する予定がないこと。

（注）
1　「関係会社」とは，会社計算規則（第2条第3項第22号）に定める関係会社をいう。
2　「業務執行者」とは，株式会社の業務執行取締役，執行役，執行役員，持分会社の業務を執行する社員（当該社員が法人である場合は，会社法第598条第1項の職務を行うべき者その他これに相当する者），会社以外の法人・団体の業務を執行する者および会社を含む法人・団体の使用人（従業員等）をいう。

3 「当社グループを主要な取引先としている者」とは，次のいずれかに該当する者をいう。
  1：当社グループに対して製品もしくはサービスを提供している（または提供していた）取引先グループ（直接の取引先が属する連結グループに属する会社）であって，当社の各対象事業年度における当社グループと当該取引先グループの間の当該取引に係る総取引額が1事業年度につき1,000万円以上でかつ当該事業年度内に終了する当該取引先グループの連結会計年度における連結売上高（当該取引先グループが連結決算を実施していない場合にあっては，当該取引先単体の売上高）の2％を超える者。
  2：当社グループが負債を負っている（または負っていた）取引先グループであって，当社の各対象事業年度末における当社グループの当該取引先グループに対する負債の総額が1,000万円以上でかつ当該事業年度内に終了する当該取引先グループの連結会計年度における連結総資産（当該取引先グループが連結決算を実施していない場合にあっては，当該取引先単体の総資産）の2％を超える者。
4 「当社グループの主要な取引先」とは，次のいずれかに該当する者をいう。
  1：当社グループが製品もしくはサービスを提供している（または提供していた）取引先グループであって，当社の各対象事業年度における当社グループの当該取引先グループに対する当該取引に係る総取引額が1事業年度につき1,000万円以上でかつ当社グループの当該事業年度における連結売上高の2％を超える者。
  2：当社グループが売掛金，貸付金，その他の未収金（以下，「売掛金等」という）を有している（または有していた）取引先グループであって，当社の各対象事業年度末における当社グループの当該取引先グループに対する売掛金等の総額が1,000万円以上でかつ当社グループの当該事業年度末における連結総資産の2％を超える者。
  3：当社グループが借入れをしている（またはしていた）金融機関グループ（直接の借入先が属する連結グループに属する会社）であって，当社の各対象事業年度末における当社グループの当該金融機関グループからの借入金の総額が当社グループの当該事業年度末における連結総資産の2％を超える者。
5 「多額の金銭その他の財産」とは，その価額の総額が1事業年度につき1,000万円以上のものをいう。
6 業務執行者のうちの「重要な者」とは，取締役（社外取締役を除く），執行役，執行役員および部長格以上の上級管理職にある使用人をいう。
7 第2項第5)号ないし第7)号に掲げる「当該団体に所属する者」のうちの「重要な者」とは，監査法人または会計事務所に所属する者のうち公認会計士，法律事務所に所属する者のうち弁護士（いわゆるアソシエイトを含む），財団法人・社団法人・学校法人その他の法人（以下，「各種法人」という）に所属する者のうち評議員，理事および監事等の役員をいう。所属先が監査法人，会計事務所，法律事務所および各種法人のいずれにも該当しない場合には，当該所属先において本注釈前記に定める者と同等の重要性を持つと客観的・合理的に判断される者をいう。
8 「業務執行者，社外取締役，監査役またはこれらに準ずる役職」とは，注2に定める業務執行者，業務執行者以外の取締役（社外取締役を含む），監査役（社外監査役を含む）のほか，「相談役」，「顧問」等，取締役，監査役，執行役または執行役員を退任した者で会社に対し助言を行う立場にある役職を含む。
9 「役員または役員に準ずる役職」とは，理事，監事および評議員のほか，「相談役」，「顧問」等，理事，監事または評議員を退任した者で当該団体に対し助言を行う立場にある役職を含む。

〈各種届出書類・開示書類における関係性記載の省略のための軽微基準〉

　株式会社資生堂（以下，当社という）は，当社の定める「社外役員の独立性に関する判断基準」に付随して，下記のとおり「各種届出書類・開示書類における関係性記載の省略のための軽微基準」（以下，本基準という）を定める。本基準は，社外役員の独立性が十分に高いことが明らかであり，各種届出書類・開示書類（以下，届出書類等という）における詳細な記載を省略しても差し支えないと当社が判断する金額基準等を定めたものであり，届出書類等の社外役員の独立性に係る記載については，原則として本基準に該当するものを省略して記載するものとする。なお，以下において「対象事業年度」とは，当社の現事業年度および過去9事業年度をいう。

1．主要な取引先に関する記載

　各対象事業年度における次の金額が，いずれも1,000万円未満のものについては，当該事業年度におけるこれらの取引関係に関する記載を省略する。

　1）各対象事業年度における取引先グループから当社グループへの商品またはサービスの提供に係る取引の総取引額

　2）各対象事業年度末における当社グループの取引先グループに対する負債の総額

　3）各対象事業年度における当社グループから取引先グループへの商品またはサービスの提供に係る取引の総取引額

　4）各対象事業年度末における当社グループの取引先グループに対する売掛金等の総額

　5）各対象事業年度末における当社グループの金融機関グループからの借入金の総額

2．当社グループから役員報酬以外の金銭その他の財産を得ているコンサルタント，会計専門家および法律専門家に関する記載

　各対象事業年度において，当社グループが支払いまたは提供した金銭その他の財産の価額の総額が1,000万円未満のものについては，当該事業年度に係る記載を省略する。

3．当社グループから寄付を受けている者に関する記載

　各対象事業年度において，当社グループが支払いまたは提供した金銭その他の財産の価額の総額が500万円未満のものについては，当該事業年度に係る記載を省略する。

4．配偶者以外の親族に関する記載
　　4親等以上離れた者（ただし，同居の親族または生計を共にする者を除く）については，記載を省略する。
5．役員等の相互就任に関する記載
　　当社の社外役員がその出身会社の業務執行者，社外取締役，監査役もしくはこれらに準ずる役職者，またはその出身団体の業務執行者，役員もしくは役員に準ずる役職者に該当しなくなってから10年以上が経過しており，かつ，当該出身会社の取締役（社外取締役を含む），執行役，監査役（社外監査役を含む），執行役員もしくはこれらに準ずる役職，または当該出身団体の役員もしくは役員に準ずる役職を務める当社グループ出身者が当社グループの業務執行者，社外取締役，監査役またはこれらに準ずる役職者に該当しなくなってから10年以上が経過している場合については，記載を省略する。(2014/10/10)

第4部
株式の持合い（政策保有株）について

第1章
政策保有株の取り扱い基準について

1．【原則1-4．いわゆる政策保有株式】について

「上場会社がいわゆる政策保有株式として上場株式を保有する場合には，政策保有に関する方針を開示すべきである。また，毎年，取締役会で主要な政策保有についてそのリターンとリスクなどを踏まえた中長期的な経済合理性や将来の見通しを検証し，これを反映した保有のねらい・合理性について具体的な説明を行うべきである。

上場会社は，政策保有株式に係る議決権の行使について，適切な対応を確保するための基準を策定・開示すべきである。」

政策保有株式について，簡単に述べると，上場会社は平成22年内閣府令第12号に基づき「政策保有目的で議決権を有する上場株式で資本金の1％を超える銘柄の株数・金額・保有目的」を開示する義務がある。保有上場会社は，有価証券報告書で特定投資株式として開示しなければならない。

本コードの【原則1-4．いわゆる政策保有株式】における開示義務でのべている基準には共通性がある。政策保有株式に異変や，期待から外れたときどうするのかということである。その最低の基準を想定すると，

① ROEが過去5期平均で5％未満の株式（注：第3部第2章「ISSの新基準」参照。また，2015年3月18日の日経新聞によると伊藤レポートの座長の伊

邦雄教授は8％を最低ラインと述べている）
② 決算時著しい評価減や回復の可能性のない株式（実損を蒙った場合）
③ 不正や犯罪行為などの不祥事があった会社の株式（実損の有無に拘わらず）
④ 当局や証券取引所による処分があった株式
⑤ 社外取締役が一人もいない会社の株式

などが考えられる。このような基準に照らして，当該政策保有株式の保有比率の縮小を図るとか，議決権行使で取締役選任議案に反対をするか等の適切な判断をすべきであろう。

日本版スチュワードシップ・コードを受けて金融庁に登録した機関投資家の中には，「必要以上の金融資産を保有し，資本効率を悪化させている懸念がある場合等，企業価値向上の観点から問題がある場合」に議決権行使判断をする旨公表している機関投資家がある。

ISS も以下の場合，経営トップの選任議案に反対の推奨を検討すると述べている。

「株価の極端な下落や業績の大幅な悪化など経営の失敗が明らかな場合や，不正や犯罪行為などの不祥事があった場合など，株主価値が毀損したと判断される場合は，取締役候補者に反対を推奨することを検討する。財務への影響，当局や証券取引所による処分，株価の反応や企業の評判への影響などを考慮する。」

（注：【第3部第2章の「ISS の新基準」の(6)解説の8) 業績不振や企業不祥事】参照）

2．政策保有株式を巡る第3回有識者会議でのやり取り（抜粋）

神田秀樹メンバー
「例えば，株式の持ち合いを例にとります。利益相反取引も同じですし，防衛策も同じになると思うのですけれども。株式の持ち合いについ

て言うと、先ほどご紹介がありましたように、良い持ち合いと悪い持ち合いがあるということかと思いまして、その良いとか悪いというのはもちろん企業にとって、また株主の観点から見れば株主にとってということになるわけです。それでコードに、こういうものは良い、こういうものは悪いということを書くのかどうかということが問題になると思うのですけれども、企業とか株主の観点から見れば、どういうものが良い持ち合いで、どういうものが悪い持ち合いであるかということについては、おそらくある程度コンセンサスが得られると思います。」

この「良い持合い」と「悪い持合いがある」との議論に対して、スコット・キャロンメンバーが
「議決権行使においては、持ち合いというのは基本的に利益相反取引です。物々交換、バーターですね。御社の株を持っていて、御社のために賛成の議決権行使をするという仕組みですね。政策株というよりは癒着株ですね。それが、純粋株主、少数株主にとって大きな打撃である。（中略）「物言わぬ安定与党株主」として不祥事があっても経営問題があっても賛成票を入れます。この利益相反の議決権行使が株主民主主義を毀損する極めて大きな弊害になっていますので、持ち合いによる議決権行使においては、何らかの規制がなくてはいけない」。

第2章
株式持合いの現状と将来

1．安定株主とは

　主として国内機関投資家と事業法人等からなる安定株主比率は1985年頃からは減少しつつあるが，なかなか50％を割らない
　日本は事業法人等が20％と突出している。米国は殆どなし，イギリスは約3％である。

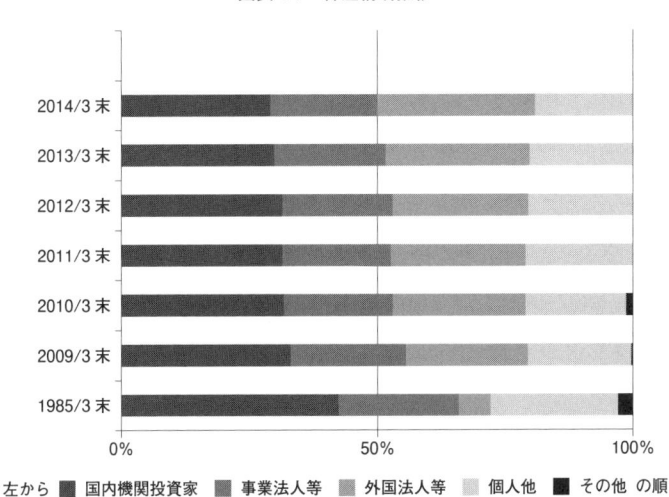

図表4-1　株主構成推移

左から ■ 国内機関投資家　■ 事業法人等　■ 外国法人等　■ 個人他　■ その他　の順

（出所）『商事法務』No. 2010を基に著者作成。

106　第4部　株式の持合い（政策保有株）について

図表 4-2　2012 年上場会社の安定株主比率

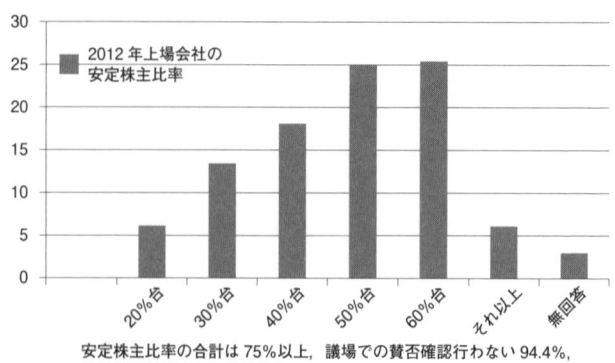

安定株主比率の合計は 75％以上，議場での賛否確認行わない 94.4％，
取締役選任議案の平均賛成率 95％

（出所）『商事法務』No. 2007 を基に著者作成。

図表 4-3　株式保有構造の比較

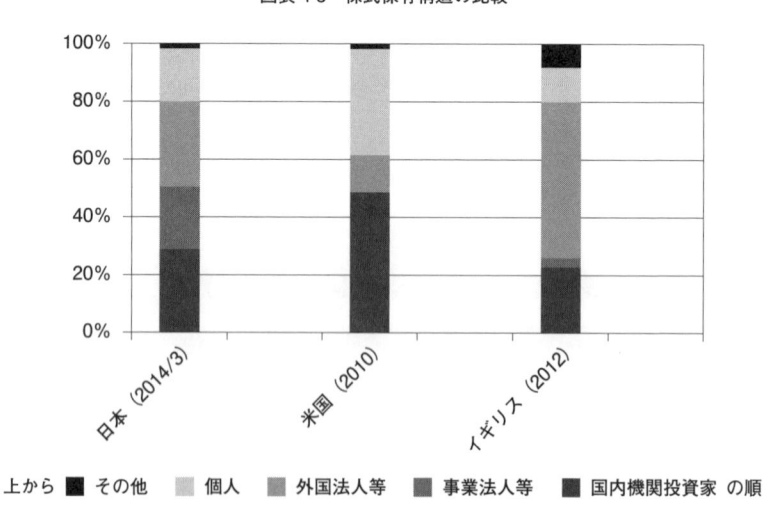

上から ■その他　■個人　■外国法人等　■事業法人等　■国内機関投資家　の順

（出所）FESE, CIRA 他より筆者作成。

2．「相互保有株式の議決権行使の制限」

「ある会社・組合等（A）の議決権の総数の四分の一以上を他の株式会

社（B）が有する場合に，Aが有するBの株式は議決権を有しない。その理由は「会社支配の公正の維持」である（江頭：2011『株式会社法，第4版』313-314頁に記載の会社法308条の1項による）。

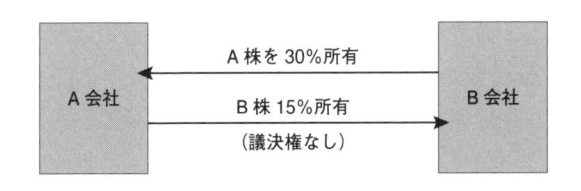

```
A会社 ←── A株を30％所有 ── B会社
      ── B株15％所有 ──→
         （議決権なし）
```

　この制限比率とは，日本やドイツは総議決権の25％と比較的高いが，スペイン，フランス10％，イタリアは2％と低い。その結果，株式の持合いは，フランス5％，イタリア3％，欧州全体で2％に過ぎない（藤田勉：2010『上場会社法制の国際比較』49-50頁参照）。

3．株式持合いの将来に影響するファクター

(1) IFRSの導入

　2015年3月4日の「日経新聞」によると，同年2月時点でIFRSの任意適用会社（予定会社を含め）は85社に増え，年内にも100社を超す予定であり，主要企業の標準になる可能性が出てきた。日本企業は潤沢な手持資金を使って海外企業の買収に動き始めている。IFRS適用会社の時価総額は全上場会社の2割を占める予定である。海外機関投資家の日本株式の保有率は30％を超えている。彼らはIFRSの導入を求めることが多い。金融庁は過去に2015年からの強制適用を検討したが，東日本大震災の影響で延期した。しかし，仮に金融庁が制度導入を決めるようなことがあれば，時価主義会計の進行により，株式持合い企業は株価の変動が最終利益や自己資本を直撃することが想定される。したがって，株価低迷株式を離さざるを得なくなる。

(2)「受取り配当金の益金不参入」基準の変更

　2015年度税制改正大綱が正式に決定され，現在34.62％の（標準課税）の法人実効税率が，15年度に2.51％，16年度に，さらに0.78％以上引き下げられる見通しである。数年で20％台を目標にしている。この財源捻出の一つとして，企業が株式を持っている企業から受取る配当金への課税強化である。これまで出資比率が25％以上の会社からの配当は非課税，同25％未満ならば，配当金の50％が課税対象（二重課税防止のため）であったが，15年度からは，出資比率が5％以下ならば，配当額に占める課税対象の割合が80％となる。同3分の1以下ならば50％が課税される。こうした制度変更は「日本企業の持ち合いの解消や事業再編が進むと期待される」と大和証券の守田氏はいう旨を，2015年2月8日付け「日経ヴェリタス」は伝える。今後，株式持合いに伴う配当金利回り率は，更に悪化することとなる。

(3)　金融機関の動向

　企業が株式持合いを止めれば，「伊藤レポート（第8部参照）」が目指すROEの8％など簡単に達成できるとの話もある。事実，東京ガスは持合い株150億円を売却し，「稼げる資産」に経営資源を集中する。主なる株式持合いの片方と見做される金融機関は自己資本強化の観点から，本音では法律で「株式持合い規制」が定められた方が，公平感があり，やりやすいとの話もある。世界的な金融機関の自己資本比率規制（注）において，「低価法適用会社はTier2の有価証券評価益の45％を補完的項目として算入することになっている。時価主義会社は評価差額が資本の部に直接計上される。また，評価損については税効果調整後の全額を控除する（金融庁広報コーナー第3号による）。かかる意味において，この章の1で述べた5つの基準は最低線の基準であって，金融機関の政策保有株に関する基準・方針はかなり厳しいと想定される。特に政策保有株式に関わる「格付け」はリスクの観点から気になるところであろう。

(注）自己資本比率規制とは

　国際的に活動する銀行等に，信用リスク等を加味して一定以上の自己資本比率を求める国際的統一基準。累積債務問題等のリスクの増大等を背景に，国際銀行システムの健全性と安全性の強化を図ると共に，国際業務に携わる銀行間の競争上の不平等を軽減することが求められた。そこで，国際決済銀行（BIS）のバーゼル銀行監督委員会の報告書「自己資本の測定と基準に関する国際的統一化」に基づき，1988年に自己資本比率（BIS）規制が合意された。この合意の内容は，日本でも国内法として取り入れられた。現在，銀行法等の法令に基づき，信用リスクにマーケット・リスクを加味して，次のような規制がなされている。分母をリスク・アセット（資産の種類ごとにリスク率を乗じたものの合計）と，マーケット・リスクに12.5を乗じたものとの合計とし，分子を資本金・資本準備金等から算出されるTier1，劣後債・劣後ローンや有価証券評価益等から算出されるTier2，短期劣後債務から算出されるTier3の合計とし，その割合が8％以上であることが求められる。それは単体ベースのみならず，子会社を含めた連結ベースにおいても要求される（吉川満，㈱大和総研常務理事／2007年）。その後，リーマン・ショックを受け2013年3月期から新しい「バーゼル3」を順次導入している。現在自己資本比率規制の中で「保有資産の金利リスク」に備えた新たな規制を作ることが話し合われている。

第3章
「株式持合い」に関する先行研究

（1～3は三戸浩編：2011『バーリ＝ミーンズ』より要約）

1．奥村宏論の要旨（『法人資本主義の構造』1975年）

　戦後の我が国は，大企業の企業集団を中心に株式相互持合い構造をとっている。即ち「相互持合→相互所有→相互支配→相互信認→経営者支配」の論理に基づき，経営者は自社の相手企業に対する株式所有に基づいて自社を支配している。法人である会社のみが肥大化し，人間を押さえつけ，あらゆるものが「企業中心」となる。法人の，法人による，法人のための社会である。

2．西山忠範論の要旨（脱資本主義論『現代の支配構造』1975年）

　大企業において資本家は没落し，代わって企業がお互いに大株主になる相互持ち合いになっている。持ち合いはそれに相当する資本がないことから，相殺すべきである。相殺による所有の意義喪失であり，経営者は占有によって会社支配を行っている。

3．三戸公論の要旨（組織社会論『財産の終焉』1983年）

　現代は財産中心社会（資本の所有による会社支配）から組織中心社会（機関＝制度が所有者として登場）へ移行している。意思決定機関（器官）

としてのマネジメント機能の遂行こそが支配である。経営者が地位と能力により支配者になっている。株式持合いは企業間結合のためであるが，相互所有・相互支配・相互信認するための結合ではない。それは同族団＝家連合＝企業集団の結束を強め，集団的行動に出ようとするものである（150頁）。

4．加護野論要旨（『経営はだれのものか』2014年）
〜長期連帯株主を求めて

(1) 経営者による相互認証と相互監視の機能（プロの経営者による情報の交換と評価は正確である）
(2) 流通株の削減（自社株買いと同効果＝金庫株）
(3) 買収防衛の機能
(4) 短期株主のモラル・ハザードを避ける

但し，その比率には節度ある限界が必要。その理由として，
(1) 持ち合は，株主の必須の権利である議決権を形骸化させる恐れがある。
(2) 持ち合は，市場における価格形成をゆがめる可能性がある。
(3) 持ち合は，配当政策をゆがめる可能性がある。

と述べている。

第5部
経営理念・倫理規範・行動準則・中期経営計画等の作り方

第1章
経営理念の作り方

1. 経営理念は何故必要か

　P. Drucker の教え子，Jim Collins（2010年）の『Visionary Company ③衰退の5段階』によると，協力者約50人により，1995年から2005年の10年間，衰退企業11社対比較対象成功企業10社（例えば，HP 対 IBM，メルク対 J&J，モトローラ対 TI 等）の21社の分析から，「衰退の5段階」の法則と成功企業の基礎的要因として，「規律ある人材，規律ある考え，規律ある文化（価値観，責任の枠組みの中で自由に行動する文化），時代を超える基本的価値観と基本的存在理由の保持と，進歩を促す戦略・慣行」の4つを挙げている。これらを次のように解釈する。

(1)　「時代を超える基本的価値観・存在理由」とは経営理念のこと。
(2)　「規律ある人材，規律ある考え，規律ある行動」とは倫理規範・行動準則に基づいた考え・行動する人のこと。
(3)　意思決定のフレームワークに規律を与えるのがコーポレートガバナンス・コードである。
(4)　「進歩を促す戦略・慣行」とは経営戦略・経営計画のことである。
いずれも本コードの中に出てくることである。

　また，我が国では，伊丹（2013）が「経営者には，リーダー，代表者，設計者，という3つの役割の背後に，経営理念の策定者，経営理念の伝道

者としての役割があるのである。経営理念とは，組織の目的を理念として述べたものと，事業に関わる判断基準を述べたものの，二つの部分からなるだろう。経営理念の重要性を強調して止まなかった松下幸之助さんの言葉を借りれば，経営理念とは，「"この会社は何のために存在しているのか，この経営をどういう目的でまたどのようなやり方で行っていくのか"，についての基本の考え方」（松下幸之助『実践経営哲学』12頁）である。」と述べている。そして，経営理念を必要とする理由を三つあげている。

(1) 組織で働く人々が理念的なインセンティブを欲するからである。人はパンのみにて生きるにあらず，である。正しいと思える理念をもって人々が働く時，人々のモチベーションは一段と高まる。
(2) 理念は人々が行動をとり，判断するときの指針を与える。つまり判断基準としての理念を人々は欲するのである。
(3) 理念はコミュニケーションのベースを提供する。同じ理念を共有している人々の間でコミュニケーションが起きるので，伝えられるメッセージのもつ意味が正確に伝わるのである。

こうして，経営理念はモチベーションのベース，判断のベース，コミュニケーションのベースを提供するのである。だからこそ，そうした経営理念を経営者と働く人々は共有していれば，経営者の望む方向にいちいち細かな指示をださなくても働く人々が動いていくことになりやすい。それゆえに，「他人を通して事をなす」ために経営理念は非常に大切である（82-85頁）。と述べている。

2．経営理念所有企業の業績との関係

　我が国における，1986年～2000年までの15年間の128社（経営理念あり64社，なし64社）のパネルデータ（データの出所は「日経 NEEDS-Financial QUEST」による）（広田：2012, 286-298頁要旨）。

(1) 企業理念がある企業は，ない企業に比べて，利益率（特にROA）が有意に高いことが明らかになった。また，企業理念がある企業は，
    ① 従業員の勤続年数が長い
    ② 経営陣に占める内部者の割合が高い
    ③ 負債比率が低い
  傾向がある。
(2) 一方，米・英では，利益率への影響は一貫しない。株主価値の最大化を善とする傾向が高いことが理由としてある。

　経営理念は，これまでマスメディア等では大きな注目を浴びてきたが，経済学における伝統的な企業モデル，すなわち株主主権論型モデルの見地からは重要なものとしてとらえられてこなかった。しかし，現代の先進国の企業の描写としてより適切と思われる企業モデル，すなわちステークホルダー型モデルの観点からは，企業経営における理念の重要性が明らかになる。経営理念があってこそ，企業が進むべき方向（どのステークホルダーにどのような価値を生み出すか）がメンバー間で共有され，またそれに向かって組織全体のモチベーションを高めることができる。

　かかる観点からは，本コード【基本原則2】にあるように，
「上場会社は，会社の持続的な成長と中長期的な企業価値の創出は，従業員，顧客，取引先，債権者，地域社会をはじめとする様々なステークホルダーによるリソースの提供や貢献の結果であることを十分に認識し，これらのステークホルダーとの適切な協働に努めるべきである。
　取締役会・経営陣は，これらのステークホルダーの権利・立場や健全な事業活動倫理を尊重する企業文化・風土の醸成に向けてリーダーシップを発揮すべきである。」との考え方は，経営理念の意味づけの基礎を提供するものであるといえよう。

3．経営理念の作り方と事例

(1) 経営理念の作り方

　経営者は「会社は社会の公器である」との立場に立って，時代を超える基本的価値観・存在理由・目的意識などを言葉に纏めることは，さほど難しいことではない。通常は，以下の「経営理念作成フォーマット」に従って作成する。

　即ち，
① 誰が（WHO）――経営者自身のおもい・願望を，
② なぜ（WHY）――何故経営を進めるのか，
③ 何を（WHAT）――何を対象（目標・ミッション）にして経営を進めるのか，
④ 誰に（WHOM）――誰のために経営を進めるのか，
⑤ どこを（WHERE）――事業ドメインをどこに据えるのか
⑥ どうする（HOW）――どのような判断基準で経営を進めるのか
これ等の視点から，順序だてて作成していく。

　しかし，特に本書が対象にしている上場会社は，有価証券届出書を作成・提出して上場を許されている。その中には，「事業の状況」，「対処すべき課題」，「事業等のリスク」，「コーポレート・ガバナンス状況等」が含まれ，特に「コーポレート・ガバナンス状況等」の中に，「コーポレート・ガバナンスの基本方針」があり，この中で，経営理念や，内部統制の基本方針を記述している会社が殆どである。上場するに当たって，「経営者の思い・ミッション・事業ドメイン」などが全くない会社は上場できないと思う。従って，「経営理念作成フォーマット」のようなものに従って作成する必要はないと思うが，要は，経営理念は社内の判断のベース，モチベーションのベース，コミュニケーションのベースを提供するものであることを忘れないでほしい。また，本コードの【原則2-1．中長期的な企業価値向上の基礎となる経営理念の策定】において，

「上場会社は，自らが担う社会的な責任についての考え方を踏まえ，様々なステークホルダーへの価値創造に配慮した経営を行いつつ中長期的な企業価値向上を図るべきであり，こうした活動の基礎となる経営理念を策定すべきである。」と述べている。従って，「何を」は「社会的責任」，「誰に」は「ステークホルダーへの価値創造」，の側面からのアプローチを忘れるなと述べているに等しい。

但し，経営理念に係る用語は多種多彩である。

経営理念（あるべき基本の考え），
社是（会社が是，即ち正しいと思うこと），
社訓（会社が遵守すべき教え），
社憲（会社の憲法に相当する），
綱領（物事の要点や指針をまとめたもの），
信条（会社が信ずる道理），
ミッション（何のために，何をするのかの使命），
ビジョン（将来像），
バリュー（判断の基準となる価値観），

などあるが，これ等はみな，広い意味ですべて経営理念である。これを掘り下げていったものが，倫理規範であり，行動準則なのである。従って，これらは一体のものであり，ばらばらに分離してはならない。

日本経営倫理学会（注1）は創立されてから既に20年以上経過するが，その間，経営倫理に関する研究もかなり進んでいる。初代会長の水谷雅一（2008）（日本経営倫理学会編『経営倫理用語辞典』55頁）は次のように規定している。即ち，

「企業は他の組織体と違って，その目的を利益の極大化を志向するものとの考え方は，旧来からの工業化社会では当然だとして，そのために

は飽くなき競争と効率の追求が求められると考えられてきた。しかし，ポストモダン社会の今日では，企業も社会的存在として人間社会はもとより自然環境にいたる，あらゆるステークホルダーの各種ニーズを，企業が適切な対応を通じて充足させなければならない。今日 CSR が叫ばれているが，そのような状況は，まさに企業の経営倫理の価値観そのものに通底している。「競争」と「効率」による利益も重要であるが，企業活動が「人間」や「社会」をも重視するという4つの価値基準をバランスよく重視する企業経営が求められる。実践的にはこの価値観を経営理念や行動指針として企業内外に周知徹底させることが求められている。」

と述べている。
　即ち，競争性，効率性，人間性，社会性の4条件のバランスが重要であると述べている。これを補完する意味で，水尾論（2010）を次に紹介する。

　「経営理念には，経済価値に加えて，従業員の人間性を重視し協働（Co-working）の価値観を共有する『人間価値』，そして一方で環境問題，メセナや企業文化，社会貢献活動など，企業の社会的責任意識の高まりから，企業と社会との共生を目的とした『社会価値』とのバランスのとれた企業価値を包含することがもとめられる。」

と述べている。また，企業倫理は大別して二つあるという。

　「一つは，『予防倫理』の領域であり，これは社会を様々なリスクから保護する活動であり，不祥事の発生を未然に防ぐ活動である。」

これは，企業にとって，「いかにマイナスを減らすか（武井：2012）」の問題でもある。

「もう一つは『積極倫理』である。これは，社会における企業が目指す存在領域と，『社会そのものの健全な発展が一体となる目的』を達成するために，積極的支援をする『積極倫理』の領域である。それは企業が社会的存在として認められ，地域や社会に存在する一市民としての企業市民の活動であり，個人が社会に貢献すると同様に企業が社会的公器として存在意義を発揮する重要な意義をもつものである。しかもその活動を積極的に社会へ開示する活動も重要である。」

これは，「社会から信頼される企業」になるために必要な「積極倫理」を述べている。水尾（2012）が活動の中心においているCSRはその一環である。

他方，漠然と理念らしきものはあるが明確ではないので，真にこれからその肉付けを考えていこうとする会社は，その社長の思いをトップのリーダークラスを巻き込んで半年ぐらいかけて，じっくりと作りこむ方が，参加意欲が湧くことと，その後の企業の末端までの浸透と全従業員のベクトルあわせのためには良いでしょう。専門のコンサルタント会社に支援してもらうこともあるかもしれないが，あくまでも支援であって主体ではない。また，経営環境の激変に伴い，創業者や前任者の作った経営理念を見直し，変更することも良いでしょう。実際に，経営トップの提言を踏まえ，52人のリーダーを中心にして纏め上げ，その後，再建を成し遂げた次の日本航空（JAL）のケースは参考になるでしょう。

(2) 経営理念を多くのリーダーを巻き込んで作り上げた事例（日本航空（JAL）の事例）

1）リーダー教育開始

2010年2月には稲盛和夫京セラ名誉会長が，JAL取締役会長に就任し，最初に行ったのは「リーダー研修」である。リーダーとは，自ら動いて周囲を巻き込み，結果として企業価値を着実に高められる人材のことを言

う。言い換えれば，JAL の経営哲学とリーダーとしての行動規範等の「制度化」を行い，これを経営幹部から全社員に至るまで浸透・共有化させ，業務における判断・行動が同じ価値観のもとで展開されることをリーダー教育の目的とした（注2）。因みに，リーダーの役割10カ条とは，

① 事業の目的・意義を明確にし，部下に指し示すこと。
② 具体的な目標を掲げ，部下を巻き込みながら計画を立てる。
③ 強烈な願望を心に抱き続ける。
④ 誰にも負けない努力をする。
⑤ 強い意思を持つ。
⑥ 立派な人格を持つ。
⑦ どんな困難に遭遇しても決して諦めない。
⑧ 部下に愛情を持って接する。
⑨ 部下をモチベートし続ける。
⑩ 常に創造的でなければならない。

2010年6月，第1回リーダー教育が経営幹部52名を対象として，平日3日間プラス土曜日の終日で17回の集中カリキュラムが組まれた。リーダー教育は稲盛氏の経営哲学を具体化した上記の「リーダーの役割10カ条」及び「経営12カ条」「会計7原則」「6つの精進」（図表5-1）を中心としたが，講義後は各グループに分かれての討議と翌日までのレポート提出が義務づけられた。最初の頃は「製造業から来た老人の精神論に付き合

図表 5-1 稲盛氏の経営哲学を支える「経営 12 カ条」「会計 7 原則」「6 つの精進」

	稲盛経営哲学の具体的内容
①経営 12 カ条	事業の目的，意義を明確にする，具体的な目標を立てる，強烈な願望を心に抱く，誰にも負けない努力をする，売上を最大限に伸ばし，経費を最小限に抑える，値決めは経営，経営は強い意思で決まる，燃える闘魂，勇気をもって事にあたる，常に創造的な仕事をする，思いやりの心で誠実に，常に明るく前向きに，夢と希望を抱いて素直な心で。
②会計 7 原則	キャッシュベース経営の原則，一対一対応の原則，筋肉質経営の原則，完璧主義の原則，ダブルチェックの原則，採算向上の原則，ガラス張り経営の原則。
③6 つの精進	誰にも負けない努力をする，謙虚にして驕らず，反省のある毎日を送る，生きていることに感謝する，善行，利他行を積む，感性的な悩みをしない。

う暇は無い」との懐疑的空気が流れていたが，徐々に「会長の話は目から鱗のような話が多くて，すごく腑に落ちた」との声が聞こえ始めた。

2）JALグループ企業理念・フィロソフィー（企業行動規範）の作成・研修の開始

2010年8月には「JALフィロソフィ検討委員会」がリーダー研修を終えた経営幹部中心に立ち上がった。11回の検討会を経て4カ月後に「JALフィロソフィ」が完成された。

・JALグループの企業理念（企業理念とJALフィロソフィの下線部はJAL独自項目を表す）（注3）

> JALグループは，全社員の物心両面の幸福を追求し，①お客様に最高のサービスを提供します。②企業価値を高め，社会の進歩発展に貢献します。

お客様や社会貢献よりも，社員のことを最初に位置づけたことに対して，経営幹部から「社会貢献が一番ではないのか，何故一番に社員の幸福がくるのですか」との声が上がった。稲盛会長は「高邁な企業理念では社員にはわからんぞ。この会社で働き，幸せになりたいと思う社員がいて初めて，お客様へのサービスや企業価値，社会貢献が実現できる」と述べ，いかにJAL従業員の心がすさんでいたか，会社への忠誠心が薄れていたかを稲盛会長は既に洞察していた。これまでのJALでは想像も出来なかった企業理念が制定された。

・40項目のJALフィロソフィ（経営理念を実現するための心構え），（図表5-2参照）

行動規範は，全社員の心をひとつにして，一体感を持ってお客様に最高のサービスを提供することを究極の目標とするとともに，職業人としていかに生きるべきか，現場で判断に迷ったときどう対処するかを平易な言葉で綴ったものである。

図表 5-2　40 項目の JAL フィロソフィ（企業理念を実現するための心構え）

部・章	内容（下線部は JAL 独自のフィロソフィーを表す）
第1部	・すばらしい人生を送るために
第1章	・成功方程式：人生・仕事の結果＝考え方×熱意×能力
第2章	・正しい考え方をもつ。 人間として何が正しいかで判断する・常に謙虚に素直な心・小善は大悪に似たり，大善は非情に似たり・ものごとをシンプルにとらえる・美しい心を持つ・常に明るく前向きに・土俵の真ん中で相撲をとる・対極をあわせもつ
第3章	・熱意を持って地味な努力を続ける 真面目に一生懸命仕事に打ち込む・有意注意で仕事にあたる・パーフェクトを目指す・地味な努力を積み重ねる・自ら燃える
第4章	・能力は必ず進歩する
第2部	・すばらしい JAL となるために
第1章	・一人ひとりが JAL <u>一人ひとりが JAL</u>・率先垂範する・尊い命をお預かりする仕事・お客様視点を貫く・本音でぶつかれ・渦の中心になれ・感謝の気持ちを持つ
第2章	・採算意識を高める 売上を最大に，経費を最小に・公明正大に利益を追求する・採算意識を高める・正しい数字をもとに経営を行う
第3章	・心をひとつにする <u>最高のバトンタッチ</u>・現場主義に徹する・ベクトルを合わせる・実力主義に徹する
第4章	・燃える集団になる 強い持続した願望を持つ・有言実行でことにあたる・成功するまであきらめない・真の勇気をもつ
第5章	・常に創造する 昨日よりは今日，今日よりは明日・見えてくるまで考え抜く・果敢に挑戦する・楽観的に構想し，悲観的に計画し，楽観的に実行する・<u>スピード感をもって決断し行動する</u>・高い目標をもつ

第1部：すばらしい人生を送るために

　ここでは企業理念にある「全社員の物心両面の幸福を追求する」を実現するための，人としての心構えを示している。特に，「物心」の「物の幸福」とは賃金・賞与等であるが，「心の幸福」とは，全社員のモチベーション向上のため，心に火をつけることを考えた。

第2部：すばらしい JAL となるために

　第2部では，経営理念にある「お客様に最高のサービスを提供する」「企業価値を高め社会の進歩発展に貢献する」を実現するための，JAL グループ社員としての心構えを示している。最も重要なポイントは第2章にある

「正しい考え方をもつ」即ち,「人間として何が正しいかで判断する」ことであると述べている。

　JALフィロソフィ策定と同時に,社長を委員長とするJALフィロソフィ委員会が発足した。メンバーは各本部長を中心に構成され,年4回開催されている。委員会では,JALフィロソフィ浸透についての全社方針を策定するとともに,各現場の現状報告が毎年なされている。社員の受け止め方は「フィロソフィによって,戻るべき原点が出来たことは大きい」とか「すごく浸透してきているので,忘れてしまうことはないといった自信が,なぜかあります」と率直な感想をのべている。

3）部門別採算制度（アメーバ経営（注4））による意識改革
・組織改編と採算責任の明確化
　① 2010年10月,これまで経営企画本部に集中していた権限を大幅に削減した。
　② 収益責任を負う事業部門として路線統括本部,旅客販売統括本部,貨物郵便本部を新設し,路線別収支の見える化を図ると同時に,航空運輸サービス部門にも利益概念を入れた（注5）。

・業績報告会による職場での創意工夫
　部門別採算制度導入に先立ち,業績報告会が始まった。1回／月,2日間開催され,役員全員・本部長・主要関連会社社長,支社長等120名が参加し,役員や本部長自らが前月の収支とその理由及び当月の予定・次月の見込み,現在取り組み中の施策・課題を発表するということは,嘗てのJALでは考えられないことであり,劇的な変化であった。破綻前は,月次実績は3カ月後であったが,1カ月後に出すことに稲盛氏はこだわった。このころ現場では,不思議な現象がおきていた。目標数値を大幅に上回るコスト削減が,毎月実現されていった。一連の仕組みにより現場は初めて経営に全員参加できる機会を与えられ,職場での創意工夫と目標達成に幸福感を感じ出した。確固たる「心の経営システム」と精緻な部門別採算制

度をベースとしたアメーバ経営により全員のベクトルが合い出した（注6）。

4）機長組合・乗員組合の変化

　破綻前，JAL の労使関係は緊張していた。なかでも戦闘的組合集団（8組合）の中でも機長組合・乗員組合はその急先鋒であった。しかし，破綻後，これらの組合は過去の姿から一変し，協力的になった。正に社長人事における「稲盛マジック」といっても過言ではない。これまで，国土交通省の官僚との交渉のため東大卒しかなれなかった社長に，機長出身でその後，運航本部長や路線統括本部長を歴任した植木義晴氏（航空大学卒，人望あり，親分肌，父は俳優の片岡知恵蔵）を，再建後の初代社長に抜擢した。このため機長組合は交渉のテーブルに着いた。

　その結果，組合側から
・会社側との話し合いの尊重
・給与などの待遇削減の受諾
・機長のタクシー通勤の中止

等の声明の公表とその実施がなされた（注7）。

5）JAL のコーポレートガバナンスの新基本方針・体制と再建

　JAL グループは，経営理念のもと JAL フィロソフィを定め，適切な経営判断を迅速に行うと同時に，高い経営の透明性と強い経営監視機能を発揮するコーポレートガバナンス体制を確立し，企業価値の向上に努め，説明責任を果たすことを，コーポレートガバナンスの基本方針として，監査役設置会社であるが，任意の指名委員会と報酬委員会を持つ。2012 年 2月現在の取締役会は 7 名，うち独立社外取締役 2 名，監査役会は 5 名，内 3 名が独立社外監査役と 40％以上が社外役員である。

　稲盛和夫と 52 名のリーダー達は，2010 年 1 月 19 日経営破綻した JAL を見事に再生し，2012 年 9 月 19 日，わずか 2 年半で再上場を果たした。「2010 年度の更正計画に基づく営業利益目標 641 億円に対して，実績は1884 億円であった。この改善額 1243 億円の内 403 億円の増益要因は JAL

財務担当者でも説明しがたい数字である（引頭：2013, 39 頁）」。この見えざる力の元になったのが経営理念と JAL フィロソフィーである。

(注)
1) 日本経営倫理学会：創立 1993 年 4 月，東京に本部（電話：03-3221-1477）がある。
　　学会の目的は，「本学会は，経営倫理問題に関する事項について，学術的かつ実際的な研究を行い，その研究成果の発表，診断指導技法の開発，国内及び諸外国における関連学会・研究団体との交流及び情報交換並びに連絡提携，関連資料等の刊行等の事業活動を通じて会員相互の協力と資質の向上を促進し，もってわが国における経営倫理問題の健全な発展に寄与することを目的とする。」である。2014 年 7 月現在 475 名の学会員が参加している。
　　テーマ別部会には「理念哲学研究部会」「監査・ガバナンス研究部会」「企業行動研究部会」「CSR 研究部会」「実証調査研究部会」「経営倫理教育研究部会」「関西地区研究部会」「中部地区研究部会」などがあり，活発な研究活動を行っている。国際的な経営倫理の学協会にも積極的に参加している。協力団体として「経営倫理実践研究センター（BERC）」及び「日本経営倫理士協会（ACBEE）」がある。現在，会長は高橋浩夫。2015 年 6 月からは梅津光弘が就任する。
2) 稲盛和夫（2012）「再び成長路線へ」「日経」2012 年 10 月 31 日，「日経」2013 年 2 月 18 日～21 日「日航・稲盛和夫 1～4」, PRESIDENT2013.3.18 号「稲盛和夫の叱り方」23-33 頁，引頭麻実（2013）『JAL 再生』61-67 頁参照。
3) 引頭麻実（2013）『JAL 再生』76-94 頁参照。
4) アメーバ経営とは「組織を小集団に分け，市場に直結した独立採算制により運営し，経営者意識を持ったリーダーを育成し，全従業員が経営に参画する「全員参加経営」を実現する経営手法です」。
5) 引頭麻実（2013）『JAL 再生』106-113 頁。
6) 同上，120-125 頁。
7) 同上，142-143 頁。

4．経営理念は経営に影響する

(1) フィルムの巨人コダック社（Eastman Kodak）凋落と富士フィルムの変身

1) はじめに

　1880 年，ジョージ・イーストマン（George Eastman）が創業。1888 年，力強くシャープな感じがすると同時に，ジョージのお気に入りでもあった

「K」でスタートするKODAKなる社名と黄色のマークを使用した。経営理念として，「妥協のないIntegrity，企業化精神（Entrepreurship），人間尊重，従業員尊重等」をもち，研究開発とマーケティング（特に，低コスト大量販売，国際販売，大規模広告，お客様重視）に尽力すると共に従業員思いであり，株式の一部を無償譲渡したり，従業員教育・研修に力を入れた。

1935年に世界初のカラーフィルムを発売し，世界を席巻したコダックは，ピーク時（1996年，売上高約160億ドル，1999年，利益25億ドルがピーク）株式時価総額は4兆円を超えていた。しかしながら，利益の過半を稼いでいた写真感光材料事業の総需は，日本（フォトマーケット調べ）を始め先進国では1992年～1993年以降に順次ピークを打ち，以降下降局面に入る。ハイテク企業への脱皮を急いだが，次の理由により成功しなかった。

2）研究開発力は抜群であったが，事業開発力がなかった
① デジタルカメラの失敗

1935年に世界初のカラーフィルムを発売し，世界を席巻したコダックは，その40年後の1975年には世界初のデジタルカメラを開発し，将来に対し磐石にみえた。とは申せその時のデジタルカメラはトースター並みの大きさでとてもカメラと言う代物ではなかった。本格的なデジタルカメラはその6年後の1981年にソニーが発表したマビカであった。コダックが一時的に成功したのは，2001年発売したEasyShare System（ドック式コンパクトデジタルカメラで，キャッチ・フレーズが『あなたはボタンを押すだけ，後はコダックが全部やります』）で，カメラは少々大きいが，撮影後，置かれたドックに付いているボタンを押せばパソコンを介して（1枚のソフトをPCに入れる）映像がコダック・ギャラリーにオンラインで飛び，全米にあるプリント申込者の住所の最寄りの現像所から申込者にメールオーダーでプリントが返送されて来るビジネス・モデルを構築した。これはカメラの販売利益とデジタルプリントの利益の囲い込みという意味で成功であった。しかし，日本の一眼5社（キャノン，ニコン，ソ

ニー，オリンパス。ペンタックス）の技術進歩についていけずやがて衰退していく。特に，近年，デジタルカメラ（約1億台／年）のマーケット市場にスマートフォン・タブレット型PC（約10億台／年）が侵入し，コンパクトデジタルカメラは激減し，遂に，コダックは2012年2月にデジタルカメラから事業撤退した。

② 有機EL事業の売却

1987年には有機EL発光素子を2人の技術者が開発した。有機EL事業はスマートフォン，タブレット型PC等の用途において，液晶部材事業に取って代わる未来技術である。将来の飯の種の事業部と知的財産権を韓国LG社に約500億円で2010年に売却した。貧すれば鈍するとはこのことか。

③ インクジェット・プリンター事業の失敗

HP社から招聘されたアントニオ・ペレツ（Antonio Perez）は2003年以降，新規にインクジェット・プリンター事業に乗り出す。彼はそのためにHP社から，当時のコダックの取締役会の決定により招聘されている。HPからの数十人の技術者も引き抜いたといわれている。そのため業務用のインクジェット・プリンターのヘッドには特徴があったといわれる。しかしながら，世界の家庭用プリンター市場（台数シェア）はHP，キャノン，セイコーエプソンで89.4％（2011年，出所：カートナー）を占める岩盤のような知的財産権と販売網に阻害されて，8年間かかっても僅か2.3％しか，マーケット・シェアをとれず，最大の赤字事業となる。何故この様な難しい事業分野への市場参入を決めたのか，その後，医療機器システム事業や有機EL事業を売却して得た原資をこの事業に投資し続けたのかが不思議であるが，因みに，当時の取締役会メンバーには社内取締役が一人もいなかったし，社外取締役には既存事業のわかる人がいなかった。即ち，取締役会構成の失敗である。

3）コスト管理不在・資金力不足

① ピークの1988年には145,000人いた従業員は，1997年に19,000人のリストラを行い，その後も人減らしを行ったが，高い人件費水準は直らなかった（2001年～2010年，10年間の年平均売上高人件費比率29％は驚くべき水準である）。

図表5-3　コダックの10年間の年平均売上高人件費比率

	2001年	2000年	200X年	2011年
人員	75,100	54,800	24,400	18,800
売上高人件費比率	28.9%	31.0%	22.7%	21.7%

② 経費管理の甘さ
隆盛時，一般従業員もファーストクラスに乗れた。

③ コダックは，1995年頃は約1兆円近い自己資本を保有していたが，次頁の図表5-4の左に隠れているが，内部留保より株主還元を優先し，1995年前後～2000年の6年間に約6,000億円の自社株購入により財政的基盤を著しく脆弱にした。債務超過の最大の要因の1つとなる。現在，我が国でROE，ROEと新聞紙上を賑わしているが，自社株買いの怖さはここにあるといえる。ROEは純利益を自己資本で除したものである。株主主権論に基づいて自社株買いを続けることは株主を喜ばせるが，危険な側面がある。また「借金で博打を打つ」リスクを伴うことも忘れてはならない。

「フィルムの巨人」「先駆者のおごり」が全社意識改革を鈍らせたのではないか。取締役会や経営トップに身命を賭して，何が何でも意識改革・コスト改革をやりぬくとの気概が見られなかった。また，しばらくの間，株主には我慢していただき，財務体質の健全化を優先する方策を採らなかった。取締役会の不作為・機能不全といわれてもしかたがない。

4) 救世主として，ハイテク企業から招聘したCEO（2名，延べ16年間

130　第5部　経営理念・倫理規範・行動準則・中期経営計画等の作り方

図表 5-4　コダック対富士フイルムの資本政策の比較

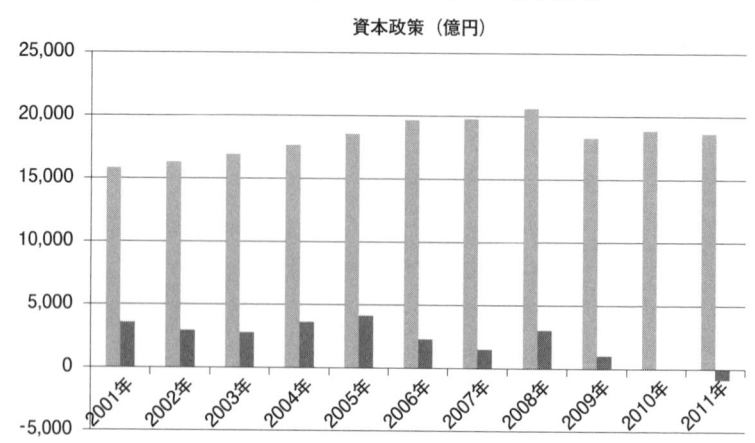

資本政策（億円）

- 富士フィルムは1990年代以降内部留保強化。
- 最近5年間の配当性向26%，株主還元性向78%。
  ▭ 富士フィルム自己資本
  ■ KODAK自己資本
- KODAKは〜2000年までの1,000億円／年の自己株式買い入れ，累計約6,000億円実施。
- 2005年〜2009年の5年間，−1,058億円の赤字なのに，配当金714億円支払った。

在籍）は成功だったのか？

① 1993年モトローラから日米構造協議で名を成したジョージ・フィッシャー（George Fisher）を招聘。

・1993年，コダックの取締役会が，日米構造協議（通信分野）で名を成したジョージ・フィッシャーを招聘した段階から，彼らは市場における健全な競争ではなく，何か別の方法・手段で競いかけてくるであろうことは想像に難くなかった。果たせるかな，1995年，コダックと米国USTRは「日本政府はFujifilm（FF）の組織的反競争行為を看過した」との理由で米通商法301条を発動した。これに対し富士フィルムは「歴史の改ざん（600頁）」なる反論書を発表するなど懸命な努力の結果，訴状に書かれていた事実関係が殆ど虚偽であることを立証した。その後，世界貿易機関（WTO）に場を移して争ってきた日米フィルム紛争において，富士フィルムは3年後の1998年，勝訴した。富士フィルムは勝訴したことを社外・社内とも報告会を実施せず，驕ることなく，

粛々と対処したことは当時の経営トップ層の人徳を表していると評されている。
・次にフィッシャーが行ったことは，1994年，6年前の1988年に約5,000億円で買収した医薬品会社 Stering Drug 社を，ばらばらにしてバイエル等に売却した。その理由は，債務の返済と写真事業への選択と集中を進めるためであった。既に先進国では写真事業のピーク（日本における写真感光材料の総需のピークは1992～1993年，レンズ付きフィルムを含むカラーロールフィルムの国内出荷量のピークは1997年であった。出典：フォトマーケット）が見えていたこの時期に，写真事業の利益率が未だ若干高いだけの理由で，写真事業に回帰することを認めたコダックの取締役会には，既存事業が分る人材が一人もいなかった。しかも，CEOをはじめ全員社外出身の取締役で構成されていた。
・1997～1999年，複写機メーカーのキヤノンやリコー等の日本企業の高品質・低価格攻勢に，音を上げた Kodak は，1975年から20年以上続けてきた複写機事業の営業・サービス部門を1997年，ダンカ・ビジネス・システムに，また，工場を1999年，ハイデルベルグに売却した（一方，同様の経営環境から2年連続赤字となった米国ゼロックス社（Xerox Corp.）は独自改革を進め default の淵から甦ることとなる）。
・前述の如く1995年前後～2000年，複写機事業等の売却代金約6,000億円を6年間に亘って，自社株買いに使用し，株主は喜ばせたが，財務体質を著しく弱体化させた。これは株主中心主義の弊害である。

② 2003年，HP社からアントニオ・ペレツ（Antonio Perez）を招聘（経営破綻するまで9年間在籍）
・前述の如く，2003年以降，IJプリンター事業に参入したが大幅なる赤字事業となる。
・2004年，Digital Scitex Printing 社とジョイント・ベンチャー（J/V）を作る。2005年，J/V の KODAK Polychrome Graphics 社を100％買収，Creo 社も買収し，印刷事業の基盤を固める。

・2007年，順調に運営されていた医療機器システム事業をカナダのファンドであるケア・ストリーム社に売却（約2,000億円）。
・2010年，前述の如く，有機EL事業部と特許を韓国LG電子に売却（約500億円）。（注：液晶パネル事業でLGは2012年トップシェアとなる）
・2012年1月19日，米連邦破産法11条の適用を申請した。

5）コダックと富士フイルムとの真逆の意思決定事例

　次頁以降にある図表5-5と図表5-6は富士フイルムとの比較において，コダックの取締役会の意思決定が複写機事業，医療事業，液晶部材事業（有機EL事業）において真逆の決定をしていることを示している。即ち，
・1997～1999年，キヤノン，リコー等の低コスト・高品質製品攻勢に押されたコダックは苦し紛れに複写機事業をハイデルベルグ（工場）とダンカ（営業部門とサービス部門）に売却したが，富士フイルムは2001年にそれまで米国ゼロックス社（Xerox Corp.）と50：50のジョイント・ベンチャー（J/V）であった富士ゼロックスの株式の25％を買い増し，75％まで取得し，経営のリーダーシップを執ると共に，連結子会社化することができた。現在この事業が富士フイルムホールディングの営業利益の約60％弱を稼いでいる。また，
・医療事業については，コダックが1994年に医薬品事業を，また2007年には，医療機器システム事業をともに売却したが，富士フイルムは逆に2008年に富山化学を，その後もソノサイト等について買収に買収をかさねている。2014年3月24日，医薬新製品，坑インフルエンザウイルス薬（アビカン，T-705）の販売承認を取得し，これがエボラ出血熱にも利くことが判明した。また，米iPS再生医療ベンチャーであるセルラー・ダイナミックス・インターナショナルを約370億円で買収し再生医療の総合企業を目指している。
・液晶部材事業についても，コダックは2010年，将来液晶部材に取って代わると期待された有機EL事業部とその知的財産権を韓国のLG電子に売却したが，富士フイルムは，液晶部材事業について，1958年に

TACフィルム「フジタック」を発売，1996年に視野角拡大（WV：ワイドビュー）フィルムを発売した。技術系経営陣の先見性により，しっかり育て上げられてきた。その後，静岡県の吉田工場や九州の熊本工場に生産展開する礎を提供した。また，この事業は長期にわたって漸減していった写真感光材料事業の利益を補填してきた。富士フイルムは写真事業で培ってきた技術に新規のテクノロジーを加え，貪欲に周辺事業を拡大しつつある。

- コダックとのこの差の一因に富士フイルムグループの「企業理念・ビジョン・企業行動憲章」が，第二の創業として2006年に改訂されたことがあると思われる。即ち，それまでの「技術の富士，品質の富士」や1980年代の冒頭にできた新CIマークと"世界の富士フイルム"を一新し，富士フイルムグループの企業理念を新設した。この企業理念は写真フイルムが急減し，新規事業を大きく育てなくてはならないために，事業ドメインを大きく拡大する必要性に迫られていた。即ち，下記の如く「──社会の文化・科学・技術・産業の発展，健康増進，環境保持に貢献し，──」とした。また，それにとどまらず，下記ビジョンと富士フイルムグループの企業行動憲章「1. 信頼される企業であり続けるために　2. 社会への責任を果たすために　3. あらゆる人権を尊重するために　4. 地球環境を守るために　5. 社員が生き生きと働くために」に基づき，富士フイルムウェイという意識改革運動を社内展開し，従業員のモチベーションアップとコミュニケーション増進の基盤を与えたことになる。ここにコダックとの基本的開差があったのではないであろうか。

経営環境の激変により企業理念等を変更した良き事例

富士フイルムグループ

企業理念

わたしたちは、先進・独自の技術をもって、
最高品質の商品や
サービスを提供する事により、

134　第5部　経営理念・倫理規範・行動準則・中期経営計画等の作り方

> 健康増進、環境保持に貢献し、
> 人々のクォリティ オブ ライフの
> さらなる向上に寄与します。
>
> **ビジョン**
> オープン、フェア、クリアな企業風土と
> 先進・独自の技術の下、
> 勇気ある挑戦により、新たな商品を開発し、
> 新たな価値を創造する
> リーディングカンパニーであり続ける。

（出所：富士フイルムホールデイングスのウェブサイト www.fujifilmholdings.com/ja/about/ より）

　一方，コダックは勝手知ったる事業を売却して得た資金を，主として二つのことに投資した。即ち，

　一つ目は，1995～2000年にかけて，複写機事業等の売却で得た代金を，事もあろうに，株主に自社株買いと言う形で還元した。

　二つ目は，2003年以降，主として家庭用インクジェット・プリンター事業に投資した。しかしながら，キャノンやリコー等の岩盤のような知的財産権や販売網の壁に阻害されて，8年かかっても2.3％しかマーケット・

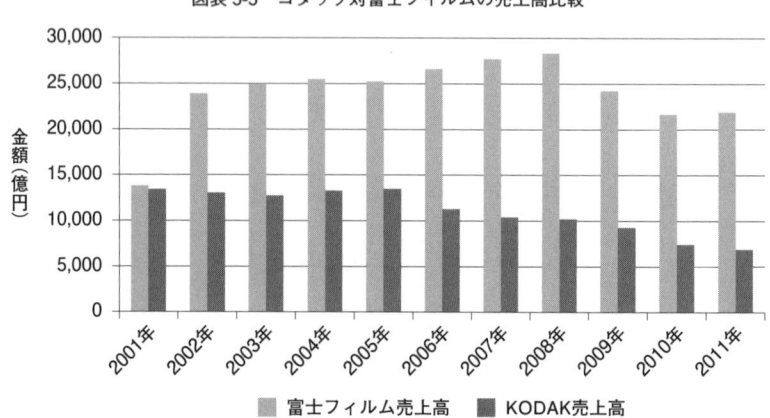

図表5-5　コダック対富士フイルムの売上高比較

年	富士フィルム売上高	KODAK売上高
2001年	13,800	13,400
2002年	23,900	13,000
2003年	25,000	12,700
2004年	25,400	13,300
2005年	25,100	13,400
2006年	26,500	11,200
2007年	27,500	10,300
2008年	28,100	10,000
2009年	24,000	9,100
2010年	21,500	7,200
2011年	21,800	6,800

金額（億円）

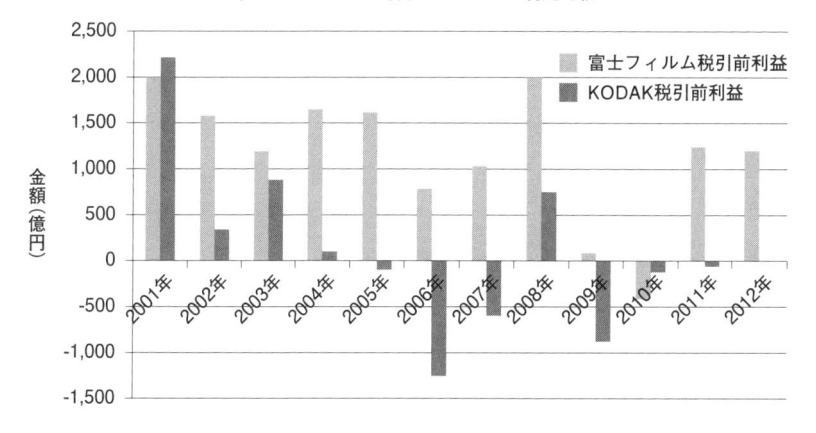

図表5-6 コダック対富士フイルムの利益比較

シェアを取れず，大きな赤字事業を作ってしまった。この意思決定の差はどこから来ているのであろうか。

上図5-5，5-6の解説

2001年，富士フイルムは富士ゼロックスの株式の25％を買い増し75％とし，連結子会社化したため，2002年から売上高が連結対象になり，一気にコダックの売上高を凌ぐこととなる。一方コダックは医療機器事業を2007年に，また有機EL事業を2010年に売却し，ますます売上高は減少し，新規に進出したインクジェット・プリンター事業の売上高はなかなか伸張しなかった。

6）コダックの経営理念（The Kodak Value）と企業行動原則（Corporate Responsibility Principles）

コダックの経営理念には，人間尊重，妥協のないIntegrity，企業化精神（Entrepreneurship），従業員間の信頼，職場での継続的改善と研修，等創業者ジョージ・イーストマン（George Eastman）の基本的価値観が生きている。しかし，企業行動原則（Corporate Responsibility Principles）の前文にある株主中心主義の「良好な株主関係と株価価値向

上」が責任序列のトップに来ている。この株主主権論は1970年代のミルトン・フリードマンの影響を受け，コダックは1990年代に，この企業行動原則の前文に挿入したものと見られる。その理由は，GMが1993年～1994年にかけて「企業統治憲章」を作成した。これを受けて，カリフォルニア州の教職員企業年金団体のカルパースがこの憲章の採用を上場企業に求めたが，これに呼応して，132社が同種ものを作成したか作成中との記録がある。この中にコダックが入っている。因みに，GMの場合も，株主が責任序列のトップに来ている。

　コダックの企業行動原則の本文は，①高い倫理基準の企業行動，②法令遵守，③環境遵守，④人権尊重，⑤機会均等，⑥雇用におけるDiversityの尊重等で，これはどこにでもあるような標準的なものであるがそれなりに良くできている。⑥の「雇用におけるDiversityの尊重」は1960年代の公民権運動の一環として，株主総会で指摘され，それまでの白人ばかりの採用基準を改め，企業行動原則に挿入したものである。

7）コーポレート・ガバナンス上の問題点

図表5-7　コダックの取締役会構成（2007年の例）

```
(1) Antonio Perez—CEO（元HP副社長）————1人
(2) 他社の現・元CEO/CFO等————5人
   ① PPG——ガラス工業
   ② Advanced Micro Devices——半導体
   ③ Mid Ocean Partners——PEファンド
   ④ BET-media & entertainment（女性）——メディア
   ⑤ Sprint Nextel——通信，携帯電話
(3) 大学教授————2人
   ① MIT——Computer Science
   ② CA大学Berkeley（女性）——economics
(4) 元大使（南米）————1人
```

①　2007年の取締役会構成の状態は，合計9名，内，女性2名，黒人1

名，平均在籍9年で，HP社から招聘したCEOのアントニオ・ペレツ（Antonio Perez）と8名の独立社外取締役で構成されていた。見ての通り，社内取締役が1人もいない。これで，既存の医療事業や有機EL事業の売却と，新規参入したIJプリンター事業との適切な比較検討等ができたのか疑問である。
② 独立社外取締役の専門性（Professional Diversity）においてコダックの既存事業が分かる専門家がいない。
③ 株主中心主義の弊害として，CEOと独立社外取締役に対する，インセンティブは株式報酬が約70％を占める。少なくとも独立社外取締役は現金による固定報酬であるべきである。また，株主優遇策として複写機事業等売却で得た約6,000億円を6年間にわたって自社株買いに使用し，財政基盤を弱体化させた。

8) コダックの経営破綻の真因
① コダックの企業行動原則の前文にある株主中心主義（ROE中心主義でもある）。
② 「外部招聘CEOプラス全員社外独立取締役」のアウトサイダーシステム（早大の宮島教授の命名）の全員社外取締役の取締役会構成。
③ その取締役会構成員の中に既存事業が分る取締役が存在しない。

上記の3条件が揃った場合，取締役会の意思決定は
① 外部招聘CEOが自らの在任期間に業績を上げようとする短期業績主義に走り勝ちとなる（J. フィッシャーは医薬品事業を売却して，前途のない事業であることがはっきりしているのに，まだ比較的に高採算の写真事業へ安易に回帰したなど）。また，
② ROE中心主義であるが故に，分母の自己資本を小さくしようとするため，やたらと自社株買い（J. フィッシャーによる約6,000億円の自社株買い）に走り財務基盤を著しく毀損することとなり，債務超過の一因となった。

③　取締役構成として，社内出身取締役が全くいない場合，経営基本方針設定，事業ポートフォリオ戦略，M&A 戦略が適正にかつ真剣に議論できたか疑問である。
④　取締役会の監査委員会メンバーに，リスク・マネジメントの専門家や財務専門家（Financial Expert）等がバランスよくおり，財務状況を年々よくチェックし，経営が破綻する前に異議を唱える牽制者がいたか疑問である。

これ等の結果，コダックは経営破綻したといえる。従って，エンロン，ワールドコム事件〜リーマン・ショック，GM 事件，コダックの経営破綻までの約 10 年間の反省として，NYSE のコーポレート・ガバナンス委員会 が 2010 に纏めた "Report of the NYSE Commission on Corporate Governannce" でいみじくも指摘をしている 10 項目の内，本件に関係する，下記 3 項目を示す。即ち，

①　取締役会の基本目的は，株主価値の長期的・持続的拡大を目標にすべきで，過度の役員報酬に刺激された risk-taking は厳に慎むべきである。
②　取締役構成は，独立性（社外）と非独立性（社内）の適切なバランスと多様性，専門性の確保をはかるべきで，「CEO プラス全員社外取締役」を NYSE の規則は強制してない。
③　経営理念・倫理観等を持った CEO を戦略的に内部で養成するための succession plan の作成・実施が重要である。

③について，ピーター・ドラッカーの教え子と自らいう，ジム・コリンズは『ビジョナリーカンパニー③衰退の五段階』160-161 頁で，

「偉大な企業の構築と外部からの CEO 招聘の間には，強い逆相関関係があることが分っている。今回，（彼が）分析対象とした衰退企業 11 社の内 8 社は，衰退の過程で外部から CEO を招聘しているが，比較対象成功企業では対象期間に外部の人材を CEO に迎えたのは 1 社に過ぎ

なかった。(中略) 良好な企業から偉大な企業への飛躍を指導した経営者の90％は社内から昇進している。」と述べている。

(2) トヨタの企業理念の源流
1) トヨタの財政基盤と企業理念

　トヨタの2014年3月期の売上高は25兆6,919億円で，対前年16.4％の増収，包括利益は2兆8,925億円であった。株主資本比率は34.9％，ROEは13.7％，有利子負債19兆2,501億円，現金同等物2兆411億円と3年連続最高益を更新している。連結販売台数は900万台である。究極のCO2削減であるのでCSV（共益の創造）といわれる燃料電池関連特許を無償供与しEV車に対抗してグループ作りを考えている。また，日産と共に水素ステーションの整備を支援している。

　春闘における相場作りにおいて先導的役割を果し，かつ昨年度に続き取引先への値引き要求を見送り，トヨタグループの賃上げに協力して社会的責任をしっかり果している。これはトヨタの企業理念の3番目に「クリーンで安全な商品の提供を使命とし，あらゆる企業活動を通じて，住みよい地球と豊かな社会づくりに取り組む」及び5番目に「労使相互信頼・責任を基本に，個人の創造力とチームワークの強みを最大限に高める企業風土をつくる」が明記されているためであろう。

2) トヨタの「トヨタグローバルビジョン」

　トヨタの2014年3月期の有価証券報告書にある「コーポレート・ガバナンスの体制」を見ると，

当社は平成23年3月に「トヨタグローバルビジョン」を発表し，「ビジョン経営」のスタートを切りました。それは，「トヨタ基本理念」や「トヨタウェイ」など創業以来の共通の価値観を踏まえて，お客様の期待を超える「もっといいクルマ」づくり，「いい町・いい社会」づくりに貢献することで，お客様・社会の笑顔をいただき，それを「安定した経営基盤」につなげていく，

> というものです。現状の業務執行体制は，平成23年4月に導入したものが
> 基盤になっています。

とあり，「トヨタグローバルビジョン」と「トヨタ基本理念」や「トヨタウェイ」との関係が良く分かる。

この平成23年3月作成の「トヨタグローバルビジョン」において，豊田社長は次のように述べている。

> 最初の"Toyota will lead the way to the future of mobility"には，豊田綱領にある「研究と創造に心を致し，常に時流に先んずべし」という理念が端的に表現されています。
> 次世代のモビリティ，たとえばパーソナルモビリティのような新しい移動手段や，クルマとスマートグリッドなどのような，エネルギーと情報技術との融合なども含めて，技術革新で産業をリードしてまいります。

この豊田綱領とは豊田佐吉翁の遺志を体し，5つの綱領からできている。詳しくは「トヨタ自動車株式会社公式企業サイト」を御覧になっていただきたい。

3）2009～2010年に米国で燃え盛ったリコール問題
　基本的に会社活動は，常日頃から社会からの信頼と共感を受けていることが重要であり，それなくして企業の長期的繁栄はない。それはレピュテーション・リスクの低減につながる。これなくしてコーポレートガバナンス・コードの目的の一つである「持続的成長」は不可能である。

　企業理念の一番目に「内外の法およびその精神を遵守し，オープンでフェアな企業活動を通じて，国際社会から信頼される企業市民をめざす」と二番目に「各国，各地域の文化，慣習を尊重し，地域に根ざした企業活動を通じて，経済・社会の発展に貢献する」があり，これを基盤にして，「良き企業市民」を目指し，米国現地工場近郊に根を張っていた，あのト

ヨタでさえ，2009〜2010年に米国で燃え盛ったリコール問題での苦い経験がある。日本側は米政府の期待に沿ったテンポで対応できず，反トヨタの感情が拡大した。社長が米議会に呼び出された。最終的に米当局から「欠陥は見当たらない」との報告が出たが，失った信頼と和解による損失は甚大であった。

一方，GMは2004〜2005年に社内でリコールを問う指摘があったが，この頃から3連続赤字に突入していったため大量リコールをひたすら隠していた。その後，2009年6月1日，GMは連邦倒産法第11章の適用を申請した。丁度この頃2009年〜2010にかけて上記の「トヨタ・バッシング」なる1,000万台（自主改修260万台を含む）のトヨタ大量リコール事件が起きた。これまで約2,300億円以上の制裁金等を払わされている。この「トヨタ・バッシング」は経営再建中のGMへの米政府・議会の側面援助だったとの噂がある。しかしトヨタは全社一致団結して，企業理念のもとこれを見事に凌いだ。

(3) 良くできているオムロンの社憲等
1) オムロンの業績

2014年3月期の売上高は，7,730億円で対前年18.8％と大幅アップ，包括利益は757億円で39.4％とこれも大幅アップ，株主資本比率は65.8％と磐石である。現金同等物も903億円ある。

殆ど無借金経営である。ROEは11.6％である。中国のスマホ関連需要が好調でファクトリーオートメーション機器と液晶用バックライトが大幅伸長している。連続最高益更新中である。

2) オムロンの社憲等

「オムロン統合レポート2014」を見ると，経営の根底に流れるオムロンの「変わらぬ企業精神」なる文言が目に飛び込んでくる。先ず，会社の憲法にあたる社憲が「われわれの働きで，われわれの生活を向上し，よりよい社会を作りましょう」という崇高な考えが現れる。これは稲盛和夫が京

社憲

われわれの働きで
われわれの生活を向上し
よりよい社会をつくりましょう

企業理念

基本理念
企業は
社会の公器である

経営理念
●チャレンジ精神の発揮
●ソーシャルニーズの創造
●人間性の尊重

経営指針
●個人の尊重
●顧客満足の最大化
●株主との信頼関係の構築
●企業市民の自覚と実践

行動指針
●品質第一
●絶えざるチャレンジ
●公正な行動
●自律と共生

セラ経営理念をベースにして日本航空（JAL）改革を進めた理念と相通ずるところがある。即ち，JAL経営理念は「JALグループは，全社員の物心両面の幸福を追求し，お客様に最高のサービスを提供し，また，企業価値を高め，社会の進歩発展に貢献します」とある。この「全社員の物心両面の幸福を追求し」が最初にあるのはおかしいとのJAL経営幹部の指摘に対し，稲盛和夫はJALの社員の心が如何にすさんでいたかを既に見抜いていたといわれる。「先ず，社員の生活の安定がなくて改革などできるわけがない」と述べている。

次に，三角形のピラミッドのトップの位置に「基本理念」として，「企業は社会の公器である」がある。これは筆者と同じ考え方であり共感を呼ぶ。即ち，筆者による，その理由は以下の如くである。
① 「会社は社会の中に既に存在する主体である」，
② 「会社は法人格を持つ権利義務の主体である（法人実在説）」，
③ 「会社は人々の生活をよきものとするための手段でなくてはならない」，
④ 「会社は社会的インフラ等を利用して収益を上げ，社会から多大な恩恵を受けている」，
⑤ 「会社は有限な資源（ローマクラブ）を利用して多大な環境損失を発生させている」，

即ち，「国連の責任投資原則（PRI）によると人類の経済活動による年間の環境損失は世界各国のGDP合計の11％で，世界企業の上位3,000社がその1/3に当たる2兆1,500億ドル分の外部費用（企業自身は負担しない費用）を発生させている（藤井：2014）」。企業が環境コストを全て支払うと利益の41％を失う（出典：Trucost KPMG）。
等の5項目の理由により「会社は社会の公器である」となる。会社は世のため，人のためにならなくてはその存立意義がないと考える。

次に，オムロンの「経営理念」が三角形のピラミッドの2番目にくる。
・チャレンジ精神の発揮
・ソーシャルニーズの創造
・人間性の創造
これらはオムロンの中心的価値創造の原動力を示している。
次に，三角形のピラミッドの左側に3番目として，「経営指針」があり，
・個人の尊重
・顧客満足の最大化
・株主との信頼関係の構築
・企業市民の自覚と実践
と従業員，顧客，株主，地域社会等の責任序列が来ている。株主がトップではなく3番目にきているのも米国 J＆J（ジョンソンアンドジョンソン）に似ている。
三角形のピラミッドの右側に4番目として，「行動指針」がある。
・品質第一
・絶えざるチャレンジ
・公正な行動
・自律と共生
これらは文字通り日ごろの企業行動指針である。
因みに，本コードの【原則2-2. 会社の行動準則の策定・実践】には，「上場会社は，ステークホルダーとの適切な協働やその利益の尊重，健

全な事業活動倫理などについて，会社としての価値観を示しその構成員が従うべき行動準則を定め，実践すべきである。取締役会は，行動準則の策定・改訂の責務を担い，これが国内外の事業活動の第一線にまで広く浸透し，遵守されるようにすべきである。」とある。また，補充原則2-2①として，

「取締役会は，行動準則が広く実践されているか否かについて，適宜または定期的にレビューを行うべきである。その際には，実質的に行動準則の趣旨・精神を尊重する企業文化・風土が存在するか否かに重点を置くべきであり，形式的な遵守確認に終始すべきではない。」とある。その〔背景説明〕には「上記の行動準則は，倫理基準，行動規範等と呼称されることもある。」と注記されている。これらを文字通り実践しているのがオムロンである。

第2章
倫理規範・行動準則の作り方

1．米国で育った倫理規範・行動準則とは何か

(1) はじめに

 そもそも，倫理規範（Code of Ethics）と行動準則（Code of Conduct）とは米国で法律と上場規則で定められている。SOX法（Sarbanes-Oxley Act of 2002）の第4章406条基づき，SEC（US Securities and Exchange Commission）は，その施行規則を公布している。この中で，倫理基準（Code of Ethics）を間接的に強制している。これを受けて，NYSE（New York Stock Exchange）とNASDAQ（National Association of Securities Dealers Automated Quotations）は上場規則において，行動準則（Code of Conduct）を定めることを求めている。ここまで来るには，長い歴史がある。

 一方，我が国には，今回の本コードの【原則2-2．会社の行動準則の策定・実践】が入るまで，法律の本文にも，上場規則にも倫理規範とか行動準則なる文言が存在しない。「東証」に「企業行動規範」があるが，「第三者割当に係る遵守事項」「流通市場に混乱をもたらすおそれのある株式分割等の禁止」など13の個別遵守事項の羅列であって，米国のように基本的事項が体系化されてない。今後の改定に期待している。

(2) 連邦量刑ガイドラインの制定（1991年）

 初めてEthicsなる文言が米国の法文上現れたのは，1940年の連邦証

券法の中の投資会社法である。文中に「SEC が作成・適用する規則・規制には Code of Ethics の適用が含まれる」との一文がある。Business Ethics and Conduct として正式に表示されたのは 1986 年の「防衛産業イニシアチブ」即ち，防衛産業に関わる契約業者が守るべき企業倫理と行動に関する協定である。

米国の倫理コードの導入とその実効性に大きく影響を与えたのは，1987年の「連邦量刑ガイドライン」である。1991 年 11 月の改正において企業等の違法行為に対する量刑指針が明示されただけでなく，企業が効果的なコンプライアンスや倫理プログラムを保有している場合，科された罰金が軽減される。梅津（2005, 160-161 頁）によると，

「これは企業が不正をおこなった場合に，社内的な倫理やコンプライアンスの制度を講じていたかどうかによって罰金レベルに差をつけようというものであり，企業内制度の拡充を推進しようとするプログラムである。どこの国の企業でも同様だが，何か不祥事が起った時には『これは企業ぐるみで行ったものではない』という言い訳をするのが通例である。場合によっては一部の従業員に責任を転嫁する『とかげのしっぽ切り』も行われる。但し，『企業ぐるみでない』という弁明の真偽の検証は往々にして『やぶの中』と言うことが多い。アメリカでも事情は全く同じであったが，連邦量刑ガイドラインでは常日頃から企業内倫理制度を確立して，教育・研修など社内への徹底を図る地道な努力を続けている企業の場合には，仮に不正が起きたとしても『会社ぐるみでない』という弁明に客観的な証拠ありとみなして，罰金を軽減する措置がおこなわれるようになった。不祥事に対する罰金額が最大で 80 倍も違ってくることから，全米の企業が社内倫理プログラムの制度を整えることになった。」と述べている。

講ずる企業倫理を機軸にマネジメントすることが結局は「倫理的振る舞いの企業は継続・発展する」という新しいコンセプト（貫井：2002）に企

業が気づく契機となった。その意味で「連邦量刑ガイドライン」の存在は企業倫理体制の普及促進に絶大な影響があったといえる。倫理に関する懲罰的な罰金制度のない日本との彼我の差は大きいといわざるを得ない。従って、わが国では、日本経営倫理学会（第5部第1章の注1参照）、経営倫理実践研究センター（注1）、日本経営倫理士協会（注2）等の諸団体による啓発・普及活動や企業自らの自主努力に基づく倫理的風土の普及促進に力を入れざるを得なかった。従って、今回の本コードの【原則2-2. 会社の行動準則の策定・実践】「上場会社は、ステークホルダーとの適切な協働やその利益の尊重、健全な事業活動倫理などについて、会社としての価値観を示しその構成員が従うべき行動準則を定め、実践すべきである。取締役会は、行動準則の策定・改訂の責務を担い、これが国内外の事業活動の第一線にまで広く浸透し、遵守されるようにすべきである。（注〔背景説明〕として、「上記の行動準則は、倫理基準、行動規範等と呼称されることもある。）」が入ったことは、正に画期的なことである。

　尚、2005年1月、連邦量刑ガイドラインは最高裁の違憲判決により強制力を持たない文字通りガイドライン的色彩を強めることとなった。

⑶　COSOによる「内部統制の統合的枠組み」の公表（1992年）
　トレッドウェイ委員会組織委員会（COSO：The Committee of Sponsoring Organization of the Treadway Commission）は「共通の内部統制の統合的枠組み」を明らかするため、1992年に統制環境要因として誠実性（Integrity）と倫理的価値観（Ethical Value）を取上げた画期的内容を公表した。意思決定者は「何が適法か」超えて「何が正しいか」を決めなくてはならないと述べた。この考え方は、その後 L. S. Paine の Value Shift 論（2004）や「2004年版 OECD のコーポレート・ガバナンス原則」にある「高い倫理基準の適用」や「倫理的行動の枠組みは法令遵守を超える」に継承・深化される。即ち、「企業倫理の制度化」を法令遵守の上位概念として述べている。そして、「内部統制の有効性は、内部統制

を設定し，管理し，監視する人々の誠実性と倫理的価値観の水準を超えることはできない。それらは統制環境の不可欠の要素であり，内部統制のそれ以外の構成要素（リスクの評価と対応，統制活動，情報と伝達，モニタリング，IT への対応）の設計，管理及び監視基準に影響する。全ての職位に亘って強固な倫理的環境を確立することは，企業の繁栄を図る上でも，従業員や社会の方々にとっても極めて重要であり，且つ，企業の方針や統制システムの有効性を大きく高める」と内部統制に関わる方々の誠実性と倫理的価値観等のモラルの高さが内部統制の有効性を決めると述べている。このことは誠に重要なことである。

一方，我が国において，効率性の観点から，いくら内部統制の「見える化」を図るために，手続きや基準書を詳細に決めてもコストばかり掛かり実効性が上がらないとの意見がある。内部統制システムという制度だけではなしに，その運用と人の資質（倫理的価値観）を高め，相互信頼の企業文化を育てることはさらに重要である。特に，グローバル企業にとっては，

① 日本の企業文化を海外にまで持ち込み，現地を説得できるのか。
② 最近の FCPA（米国腐敗行為防止法）や海外独占禁止法の強化の動きと日本の企業文化の持ち込みとの融合について，現地法人は対処できるのであろうか。
③ 今般の会社法改正案では，企業集団の適正を確保するための体制（会 362 条 4 項 6 号）である企業集団内部統制の考え方が明確に出され，適正な企業集団内部統制を構築・運用しないと，親会社役員が善管注意義務違反に問われることもありうる。

このような問題があり，日本の企業文化を海外に持ち込み，内部統制の手続きの簡素化によるコスト削減は，そう簡単ではない。日本の企業文化のうち，経営理念や国際的倫理規範・行動準則を持ち込むべきであろう。

次に，米国 COSO は，事業上のリスク全てを掌握し対策を取る「全社的なリスク・マネジメント（ERM：Enterprise Risk Management）」

の必要性が叫ばれため，7年間検討を重ね，2001年に検討終了していた。その矢先にエンロン事件が起こり公表延期となり，2004年に「New COSO」として公表されるまで，実に10年を要した。わが国では八田・鳥羽・高田等（1996）により「内部統制の統合的枠組み（理論編）」が著書として発行され，9年後の2005年12月に金融庁企業会計審議会内部統制部会より，所謂，基準案（日本版COSO）が行政から正式に示された。残念なことに，この空白の9年間に，1996年の住友商事銅簿外取引事件（損失額18億ドル），2003年の足利銀行破綻事件（233億円債務超過），2004年の西武鉄道事件（「有報」虚偽記載），2005年の鐘紡粉飾決算事件（2,150億円粉飾）等4大不祥事が起こる。

2013年5月，米国COSOより，1992年発行の「内部統制の統合的枠組み」を全面的に見直した改訂版が公表された。この改訂は従来の内部統制の定義や評価・管理方法を変えるものではなく，内部統制の5つの構成要素を支える概念を17の原則として明示したこと及び非財務報告も対象に含めた。特に，後者は現在の株式時価総額の約80％が非財務情報，即ち，環境価値・社会価値・顧客満足度・主要リスク評価・従業員価値等から構成されている（米コンサルタント業のオーシャン・トモ社が，米S&P500株指数の構成企業の株価を要因分析した結果，1975年は約8割を財務情報で説明できたが，2009年は約2割しか説明できず，非財務情報が企業価値を判断する軸になっている。藤井：2014）ことを考えると当然であろう。

⑷ SOX法，第4章，第406条及びその施行規則による倫理規範・行動準則（『2008 SEC Handbook』446-447頁，1726頁）―筆者抄訳

1）はじめに

2002年7月成立したSOX法（Sarbanes-Oxley Act of 2002）は，わが国の金融商品取引法（通称J-SOX法）にも多大な影響を与えた連邦法（証券法制）として有名であるが，第4章，第406条及びその施行規則にある倫理規範・行動準則はスキップされ我が国の金融商品取引法（通称

J-SOX法)の本文には導入されなかった。SOX法が制定された背景には2001年12月のエンロン社や2002年7月のワールドコム社の事件があった。

2) SOX法,第4章,第406条及びその施行規則とは

　財務情報のディスクロージャーの強化の一環として,2002年7月SOX法第4章406条にもとづき政府機関であるSECは2003年1月,その施行規則を定め,株式発行者がCEO,CFO,CAO,コントローラー等のための倫理規範(Code of Ethics)を制定しているか,また制定してなければその理由を,開示しなければならないと規定した。また,倫理規範の定義を「犯罪を防止し,次に掲げる行為の促進を図るため合理的に必要とされる基準」と述べ遵守事項として以下を定めている。

　① 個人と職業との間における明白な利益相反を倫理的に処理することを含む,誠実で倫理的な行動
　② 発行者が提出すべき定期報告書を完全(full),公平(fair),正確(accurate),タイムリー(timely),分り易い(understandable)形で開示すること
　③ 適用される法令・規則の遵守
　④ 倫理規定違反者を発見した場合の倫理規定に定められた者等への迅速報告
　⑤ 倫理規則遵守に関する説明責任

などの行為を倫理規定基準と定義し,更に推奨事項として,内部報告システムや罰則を定めることなど「企業倫理の制度化」を求めた。

　これを受けNYSE,NASDAQは上場企業に対し,全ての役職員・一般従業員まで対象を拡大し,第4章406条規則の倫理規範(Code of Ethics)の遵守,行動準則(Code of Conduct)の採用と開示,違反に対する通報制度の確立などの制度化を求めた。

(5) 米国ゼロックス社（Xerox Corporation）の取締役に対する倫理行動規範の事例（2007年改訂）—筆者抄訳

ゼロックス社の取締役に対する倫理行動規範は以下の如し。また，これに準じて執行役員と従業員向けの倫理行動規範が作成され，説明・研修・通報制度等の制度化ができている。

1) 利益相反の回避

取締役個人及びその近親者の便益と会社の利害との不一致の回避と，もしおこった場合には議長等への速やかな開示義務。例えば，

① 第三者との取引回避（会社方針に反する場合や会社の取引先との個人的契約等）

② 会社以外からの報酬・ギフトの受領の回避

2) 会社の資産・情報や取締役の地位等から発生する諸機会を個人的に利用することの禁止。

3) 機密保持

4) 会社資産の毀損・窃盗等からの防衛と効率使用の義務化。取締役は会社の時間・従業員・資産等を個人的に利用してはならない。その場合には議長等からの事前承認を受けること。

5) 執行役員や従業員の平等（fair）な取り扱い。えこ贔屓・偏見等の排除。

6) 法令順守

7) 当該倫理行動違反にたいする免責条項はない。免責が必要な場合には直ちに取締役会の全員の同意と株主への情報開示が必要。

8) 管理職を含む従業員による法令違反や反倫理的行動の報告制度の奨励と報告者への報復の禁止。

9) 当該倫理行動規範に違反した場合，監査委員会委員長に報告され，調査委員会が取締役会の中にできる。

2．我が国における倫理規範・行動準則とは何か

(1) はじめに

　初めて Ethics なる文言が米国の法文上現れたのは，1940年の連邦証券法の中の投資会社法である。文中に「SEC が作成・適用する規則・規制には Code of Ethics の適用が含まれる」との一文があることは，既に述べた。これが「企業倫理規則」の始まりである。我が国の場合，経営理念・倫理規範・行動準則が概ね一体なるものとして論じられてきた。

　経営倫理用語辞典（日本経営倫理学会編：2008）をベースにして，本著者が要約・解説すると

①　倫理（Ethics）
　人間社会における人と人の関係を良くするために定める規範，原理，規則の総体。ヨーロッパ文化圏では，道徳（moral）とほぼ同じ意味。法律が国家による強制力（他律的規範）を有するのに対して，これは，人間の良心や社会の習慣，世間の動向など，非強制力（自律的規範）を基礎にして働くもの。
　漢語では倫理とは仲間の間で守られるべき道であり実践道徳のよりどころとなる原理である。

②　倫理規範（Code of Ethics）
　企業にとって競争と効率による企業価値の向上も重要であるが，企業活動が人間や社会をも重視するという4つの価値基準をバランスよく重視する企業経営が求められる。実践的にはこの価値観を経営理念・倫理規範・行動準則として企業内外に周知徹底させることである。これは，既に紹介した日本経営倫理学会の創始者水谷雅一による経営倫理の4原則，即ち，競争性，効率性，社会性，人間性を踏まえることが重要である。

③　行動準則（Code of Conduct）

　行動準則は，企業行動規範，企業行動憲章，行動指針（綱領），「──WAY」などの名称で呼ばれている。場合によっては，②の倫理規範と一体化されることもある。これは，創業者の思いや経営理念・社是・社訓などによって明示された倫理的価値判断原則とつながり，深化・具体化されたものである。法令・規則・社会規範等の遵守を含む概念である。前章で述べた如く，米国トレッドウェイ委員会組織委員会（COSO）は1992年，統制環境要因として誠実性と倫理的価値観を取り上げ，「何が適法か」を超え，「何が正しいか」で判断しなくてならないと述べている。L. S. PaineのValue Shift論（2004）や2004版OECDのコーポレート・ガバナンス原則にある「高い倫理基準の適用」や「倫理的行動の枠組みは法令遵守を超える」に継承・深化されている。これ等を，会社の役員・社員・派遣社員・子会社・場合によっては取引先まで含め，遵守すべき考え方及び行動を規律・規則などに纏めた行動準則文書として纏める。また，株主，従業員，顧客・取引先，債権者，地域社会などのステークホルダーと協働する際に，会社の一員として従うべき考え方・行動の仕方が定められている。会社の価値観の共有化を重視した価値共有型，法令・規則・社会規範などの遵守を重視したコンプライアンス型，などがあるが，価値共有型で全社ベースの制定委員会で作成する方を推奨する（第5部第1章の3の(2)にある日本航空の事例参照）。かかる意味において，今回の本コードの【原則2-2．会社の行動準則の策定・実践】にある，「上場会社は，ステークホルダーとの適切な協働やその利益の尊重，健全な事業活動倫理などについて，会社としての価値観を示しその構成員が従うべき行動準則を定め，実践すべきである。取締役会は，行動準則の策定・改訂の責務を担い，これが国内外の事業活動の第一線にまで広く浸透し，遵守されるようにすべきである。」は重要である。

(2) 法律・規則・企業倫理（含む行動準則）・社会規範・コンプライアンス等の境界線

図表 5-8

	ソフトロー（日本証券業協会の倫理コード）	ソフトロー（「東証」上場規則にある企業行動規範）	ハードロー（法令）国会の承認を要す
倫理（Ethics）道徳(倫理とのオーバーラップ域)	企業倫理	企業倫理	企業倫理
道徳（Moral）善悪の判断基準である	社会道徳 社会規範 社会の共通善	社会道徳 社会規範 社会の共通善	社会道徳 社会規範 社会の共通善
常識	社会常識	社会常識	社会常識

（出所）筆者作成。

図表5-8の解説
1．ハードローとは裁判所で履行が強制される諸規範。それ以外の規則をソフトローという。
2．「道徳」は善悪の判断基準である。それは倫理より少々広く，全てを成文化できないほど広い，そこから「倫理」が抽出されてくる（かなり重なる部分あり）。ヨーロッパ文化圏では，ほぼ同義語とされている。
3．「倫理」と「法」は規範として成文化できるが，「倫理」の方が「法より広い」，即ち，「法」には適用条件が厳格であるため，また見つからなければ問題とならないため，空白域がかなりある。その合間を埋めるのが倫理・道徳である。
4．「社会道徳・社会規範」から「法」が抽出される（慣習法）。

5．「民法 90 条」には「善良な風俗に反する行為」がある，裁判官や陪審員は善良なる風俗・習慣・道徳／倫理とは何であるかをわきまえてないと判断できないことになる。
6．コンプライアンスとは，comply（遵守する）の名詞から来ている。法令・規則・定款及び社会道徳・社会規範・社会の共通善（ベスト・プラクチス）・社会常識を含む広い概念である。郷原伸郎によるコンプライアンスの定義によると「社会からの要請に応じながら，組織目的を実現していくことである」とある。

⑶　日本証券業協会の倫理コードの事例

　日本証券業協会による協会員のための倫理コードの保有・遵守原則は，1991 年に出来たが，「倫理コード研究会」座長：神田秀樹東大大学院教授が中心になり 2007 年 9 月改定版を出す）

　前文要旨

　　協会員の役職員一人ひとりが，職業人として国民から信頼される健全な社会常識と倫理観を常に保持し，求められる専門性に対応できるよう，普段の研鑽に努める。また，良き市民として互いに尊重し，国籍や人種，性別，年齢，信条，宗教，社会的身分，身体障害の有無等を理由とした差別的発言や種々のハラスメントを排除し防止する。

　これは IOSCO（証券監督者国際機構）行動規範原則を参照して作成されている。

　IOSCO（証券監督者国際機構）は 1990 年 7 つの行動規範原則をまとめ，2006 年に Model Code of Ethics の概要を公開した（金融庁はその正式会員であり，「東証」も協力会員である）。これらを受け，その会員である日本証券業協会は 2007 年 9 月（2006 年 12 月日興コーデイアル証券粉飾決算事件が起こっている），証券業界（当時：約 300 社）に対して「協会員における倫理コードの保有及び遵守に関する規則」を改定した。本則で以下の如く「倫理コード」を定め，その遵守を宣言することを求めた。

　⑴　社会規範・法令遵守

(2) 利益相反の適切な管理
(3) 秘守義務の遵守・情報管理
(4) 社内秩序の維持・社会的貢献の実践
(5) 顧客利益を重視した行動
(6) 顧客の立場に立った誠実・公正な業務の遂行
(7) 顧客に対する助言行為
(8) 資本市場における行為(社会通念の重視)
(9) 社会的使命の自覚と資本市場の健全性・信頼性の維持向上,

の9カ条を定めると共に社内体制の整備として責任者の設置,教育,研修,罰則を定め,社内制度化することを求めた。

(4) ウエイとは何か

ウエイとは「ある企業文化内で共有されている価値観をベースとした行動指針のこと,即ち,倫理規範+行動準則のこと」である。広義には経営理念を含むこともある。資生堂の例の要約は,以下のようになっている。

「Our Way」の中では,
・「株主とともに」として「私たちは,有形・無形資産,資金などの資産を最大限にいかし,持続的な企業価値の向上に努めます。」
・「私たちは,企業統治と内部統制に関するルールを遵守し,適正な会計処理を行います。」
・「私たちは,株主や投資家との対話を大切にし,信頼を得られるように努めます。」

と宣言し,これを株主や投資者の皆様からの信頼を得るための企業行動の基本としている。

3. 上場会社の倫理規範・行動準則の作り方

(1) はじめに

第5部第1章の3の(1)経営理念の作り方の項目でも記述したとおり,本

書が対象にしている上場会社は、有価証券届出書を作成・提出している。その中には、「事業の状況」、「対処すべき課題」、「事業等のリスク」、「コーポレート・ガバナンス状況等」が含まれ、特に「コーポレート・ガバナンス状況等」の中に、「コーポレート・ガバナンスの基本方針」があり、この中で、経営理念や、内部統制の基本方針を記述している会社が殆どである。仮に記述がなくても、「業務の適正を確保するために必要な体制整備の決定義務」を負っている。即ち、内部統制に係る取締役会決議や組織等の体制整備が出来てなかったら上場できてなかったことになる。即ち、内部統制機能が備わっており、コンプライアンスに対する一応の組織体制ができ上がっているはずである。従って、一から「倫理規範・行動準則作成フォーマット」のようなものを辿って作成する必要はないと思うが、策定に当たっては、「経営理念の掘り下げ具体化」と「ステークホルダーとの適切な協働」の2面からアプローチすることを勧める。少なくとも、次にある、東証上場規程にある「企業行動規範（上場規程432条～452条）を読み、これに関連する「内部者取引の禁止」・「反社会的勢力の排除」等の項目は自社の倫理規範・行動準則等に、既に、記載されてなくてはならない。但し、「東証の企業行動規範にも・各社に共通する基本的倫理規範項目が抜けており、(3)「東証」の企業行動規範に追加されるべき共通的・基本的倫理規範項目において本筆者が提言しているので、参考にして取り入れられたい。

(2) **東証上場規程にある「企業行動規範」とは何か**

　東証の上場規程にある「適時開示規則」と「企業行動規範」の現状について述べる。

　1）東証は1998年に決算情報、企業分割等100項目以上の重要情報に係る「適時開示規則」を制定し、上場会社（当時約2300社）の代表者に対して「適時開示に係る宣誓書」及びその添付資料として「会社情報の適時開示に係る社内体制の状況について」の提出を義務付けた。宣誓事項に係る重大な違反を行った場合には最悪、上場廃止と

なる。東証は 2005 年 7 月「適時開示体制の整備ポイント」として，経営者の姿勢・方針の周知・啓蒙，開示担当組織，手続き，モニタリング等 5 項目の社内制度化項目を示した。企業の中には単に適時開示体制に留まらず，これを梃子にして「経営者のリーダーシップによる経営理念及び倫理規則・行動規範の制度化」まで拡大して展開している事例として，資生堂，京セラ，等が紹介されている。従って，単に A4，2 枚の形式的宣誓書を提出している企業は，これらの事例を参考にすることが望まれる。

2）東証は 2007 年に不祥事を防止するため「企業行動規範」を上場規程の中に設けた。下記は 2013 年 7 月 16 日に改訂されたものである。（今回これに金融庁・東証がまとめた「コーポレートガバナンスコード」最終案が遵守義務として追加掲載されることになる。）

図表 5-4　東証の「企業行動規範」

○遵守すべき事項
- 第三者割当に係る遵守事項
- 流通市場に混乱をもたらすおそれのある株式分割等の禁止
- MSCB 等の発行に係る遵守事項
- 書面による議決権行使等の義務
- 上場外国会社における議決権行使を容易にするための環境整備に係る義務
- 取締役会，監査役会又は委員会，会計監査人の設置義務（※）
- 独立役員の確保義務（※）
- 会計監査人の監査証明等を行う公認会計士等への選任義務（※）
- 業務の適正を確保するために必要な体制整備の決定義務（※）
- 買収防衛策の導入に係る遵守事項
- MBO 等の開示に係る遵守事項
- 支配株主との重要な取引等に係る遵守事項
- 上場会社監査事務所等による監査
- 内部者取引の禁止
- 反社会的勢力の排除
- 流通市場の機能又は株主の権利の毀損行為の禁止

○望まれる事項（努力義務）
- 望ましい投資単位の水準への移行及び維持
- 議決権行使を容易にするための環境整備
- 無議決権株式の株主への交付書類

> ・内部者取引の未然防止に向けた体制整備
> ・反社会的勢力排除に向けた体制整備等
> ・上場会社コーポレート・ガバナンス原則の尊重
> ・会計基準等の変更等への的確な対応体制の整備
> ・決算内容に関する補足説明資料の公平な提供

【有価証券上場規程第432条〜第452条関係】

(3) 「東証」の企業行動規範に追加されるべき基本項目の提言

図表5-5 東証の「企業行動規範」への筆者による追加提言

> ・遵守事項
> ① 企業倫理及び法令・社会規範等の遵守と,それらを企業の末端まで適切に機能させるための組織化・制度化
> (特に,米国腐敗行為防止法〔FCPA〕,国内外独禁法,男女雇用機会均等法,公益通報者保護法,セクハラ・パワハラ・モラハラ等に留意)
> ② 利益相反の適切な管理体制の構築
> (巻末の参考−3「取締役の利益相反取引の制限」参照)
> ③ 秘守義務の遵守と情報管理体制の構築
> (特に,営業機密管理,ITセキュリテイ対策等に留意)
> ④ 社会秩序の維持と社会的貢献(CSR・CSV)の実施
> ⑤ 株主及び消費者その他のステークホルダーに対する適切な行動
> (特に,不公正取引の禁止,過度の贈り物・接待の禁止,互恵取引の禁止等に留意)
> ⑥ 基本的人権,地球環境の保全,国際社会ルールの遵守等の社会的責任(ISO26000)の自覚と資本市場の健全性及び信頼性の維持向上

(4) 企業の一般的企業倫理・行動規範の雛形(筆者作成)

1.主要企業倫理

(1) 経営理念を当社・子会社・関連会社の末端まで徹底し,その精神のもと,企業倫理・行動規範を作成・遵守すること。

(2) 法令・規則・定款・社会的規範・社会の共通善等を遵守し，公正・公平で健全な企業活動を子会社・関連会社を含む企業結合基準で行う。

(3) 顧客，取引先，株主，債権者，従業員，地域社会等を含む幅広いステークホルダーとの健全で良好な関係の維持・向上・協働に努める。

(4) 地域社会に貢献する良き「企業市民」たることを，子会社・関連会社を含む企業結合基準で行うことを目指す。

(5) 企業や市民社会の秩序に脅威を与える反社会的勢力や団体とは絶対に関わらないことを子会社・関連会社を含む企業結合基準で行う。

2．主要行動規範

(1) 定款・関係法令・社内規程・社会的規範・社会の共通善を遵守すること。

(2) すべての企業活動の側面において，誠実に公正に公平に行動すること。

(3) 常に透明性の高い行動に心掛け，コミュニケーションを図ること。

3．企業行動準則細目

(1) （お客様の安全）製品，サービス，施設，情報など，国内外の企業活動全般に関わるすべてにおいて，お客様の安全を最優先する。安全面での疑問が生じた場合，事の大小に関わらず正確な事実の把握に努め，迅速な対応をするべく「安全委員会」に報告・対処する。

(2) （お客様の信頼）お客様の信頼を損なわないために，営業やサービスなど，お客様との約束についても責任を持って守る。事故や営業・

サービス上の問題が生じたときは，事実をそのまま掌握し，偏見を持たず誠実に対応する。また，お客様からの意見，要望，苦情等があった場合は，事態を正確に把握し，速やかに「お客様センター」に報告し，対応する。

(3) （取引先との適正取引）取引先とは，相互の地位，権利，利益を尊重し，法令に則り，公平・公正な契約を結んだ上で取引を行う。また，取引先との間での接待や贈答品の授受は，原則禁止し，一般的なビジネス慣習や社会的常識の範囲内とする。問題が生じた場合には，速やかに法務部に報告し，対応する。

(4) （適正な会計・財務処理と情報の開示）会計・財務処理，税務申告等は，適正に行わなければならない。また，株主，投資家，債権者，お客様，従業員等のステークホルダー全般に対し，会社の経営状況並びに企業活動全般（含むCSR）について，適時・適切に情報開示する。問題が発生した場合には，速やかに監査役・監査法人・内部統制部門・経理部・法務部に報告・対処する。

(5) （会社法・金融商品取引法及び海外の諸法令等の遵守）会社法・金融商品取引法・海外独占禁止法・海外腐敗行為防止法等の企業経営に関する法令を遵守し，健全な事業活動を行う。問題が発生した場合には，速やかに監査役・監査法人・内部統制部門・法務部に報告・対処する。

(6) （インサイダー取引）インサイダー取引規制の趣旨を理解し，重要情報の取扱いにあたっては，「規程集」内に定める「内部情報管理規程」を遵守する。問題が発生した場合には，速やかに監査役・内部統制部門・法務部に報告・対処する。

(7) （株主情報の取扱い）株主情報は，株主の財産に関する重要な情報であり，漏洩などのないように細心の注意をもって厳正に管理する。問題が発生した場合には，速やかにIR部門に報告・対処する。

(8) （取締役の競業取引及び利益相反取引の制限）当社及び子会社の取締役は，会社法に定められた競業取引及び利益相反取引の制限に関する規程を遵守する。問題が発生した場合には，速やかに取締役会議長及び監査役・内部統制部門・法務部に報告・対処する。

(9) （反社会性勢力への利益供与の禁止）反社会的な活動をする勢力・団体に対しては，毅然とした態度で臨み，絶対に関わらないように一切の関係を遮断する。疑わしき場合には，法務部に相談・対処する。

(10) （知的財産権の尊重）製品企画や広告ツール，ホームページの作成にあっては，サービスマークや著作権をはじめとする他者の知的財産権を点検し，侵害防止に努める。問題が発生した場合には，速やかに知的財産部に報告・対処する。

(11) （情報システムの適切な使用）当社の情報システムを私的に利用したり，不正・不法に使用したりしてはならない。問題が発生した場合には，速やかにIT部門・法務部に報告・対処する。

(12) （正確な記録）業務に関するあらゆる情報は，正しく記録する。会計帳簿や伝票等の記載にあたっては，関係法令や社内規程に従って適正・適法に行い，定められた期間の保存を遵守する。問題が発生した場合には，速やかに監査役・内部統制部門・経理部・法務部等に報告・対処する。

(13) （「労基法」遵守とあらゆる差別の禁止）雇用関係に関しては，労働

基準法の精神に則り，基本的人権と労働条件の向上に配慮する。また，「出生，国籍，人種，民族，宗教，性別，年令，各種障害，その他の個人的な特性に基づいた差別」を行ってはならない。問題が発生した場合には，速やかに監査役・内部統制部門・人事部・法務部等に報告・対処する。

⒁ （セクハラ・パワハラ・モラハラの禁止）性的・暴力的嫌がらせや他人に性的・暴力的嫌がらせと誤解される恐れのある行為，または相手に不快感を与える言動や行為を行ってはならない。問題が発生した場合には，速やかに内部統制部門・人事部・法務部等に報告・対処する。

⒂ （プライバシーの保護）会社が有する当社及び子会社の役員及び従業員の個人情報は，これを厳正に管理し，本来の目的以外に使用しない。また，裁判所の命令など，正当な理由がない限り，本人の承諾なくこれを外部に開示することはしない。問題が発生した場合には，速やかに人事部・法務部等に報告・対処する。

⒃ （職場環境の改善とCSRとしての環境保全）国内外の従業員就業規則等をはじめとする安全衛生管理規則を徹底し，労働災害の防止と快適な職場環境の形成，当社及び子会社の役員及び従業員の健康維持を図る。子会社を含む当社役員及び従業員は，各自が職場の整理・整頓に努め，清潔さを保ち，健全な人間関係の形成を図り，快適な職場環境となるように努める。また，全ての国内外の事業活動に当たって，環境保全を重視すると共に，環境に関する法令および社内規程を遵守し，CO_2等の環境負荷の抑制に努め社会的責任（CSR）を果す。問題が発生した場合には，速やかに環境管理部・人事部・法務部等に報告・対処する。

⒄ （取締役以外の者の利益相反行為の禁止）自己の利益と会社や株主

の利益とが相反することのないように行動し,会社の事前承認なしに会社の業務と直接的,または間接的に利害関係を有する業務・取引は子会社を含め行ってはいけない。問題が発生した場合には,速やかに取締役会議長及び監査役・内部統制部門・経理部門・法務部に報告・対処する。

(18) (良識・品格ある行動)業務上または業務外を問わず,違法行為や反社会的行為に及んではならない。常に子会社を含む当社役員及び従業員としての自覚を持ち,品格と良識をわきまえて行動する。

(19) (改訂)本企業行動準則細目は定期的に見直し,取締役会が決定する。

(5) まとめ

以上のまとめとして,経営倫理とは「会社とは社会の公器であるの立場に立って,社会的存在としての会社が対内,対外的活動において守るべき道徳的規範」である。会社が企業価値の向上を図るためには,競争と効率による経済健全性が重要であるが,会社活動が倫理的健全性(環境適合性,社会適合性)も同時に追及することによって社会に貢献し,信認関係を強化し,持続的成長を図ることが企業経営に求められる。実践的には経営トップが基本的価値観や目的意識を経営理念・倫理規範・行動準則として制度化・組織化,研修,倫理監査し,Best Praciceを毎年積み上げることが重要である。次に聞きなれない言葉であるが,「制度化の重要性」を説明しよう。

4.経営理念・倫理規範・行動準則の制度化とは何か

(1) リーマン・ブラザース社の倫理規範は絵に描いた餅

一般に経営理念・倫理規範・行動準則を作っても,額に入れて飾っておいたり,どこかにしまっておいたりしたのでは全く意味がない。例えば,

リーマン・ショックを起こしたリーマン・ブラザース社の倫理規範（Code of Ethics）は下記のようなものであった。

図表 5-6　リーマン・ブラザース社の倫理規範

① 倫理規範の理解と説明責任
② 通報制度における報復の禁止
③ 個人的利益相反の処理
④ 会社及び顧客の資産保護
⑤ 法令・規則の遵守
⑥ 雇用機会均等
⑦ 公正な取引
⑧ 完全，公平，正確，分り易い，適時情報開示
⑨ 適用除外，改定

しかし，実態は下記のようであった。

1）リーマンは保有する債券を投資家に貸す見返りに，現金を借り入れる「レポ105」という取引きを利用し，実際には，貸した債券は数日後には戻ってくるのに，売ったことにしてバランスシートからはずした。いわゆる「飛ばし」を行っていた。このように負債規模を実態より少なく見せる不正経理（500億ドル）を2001年から行っていた。監査法人アーストンアンドヤング（E&Y）はこれを見落とした。この粉飾が公表されなかったため，政府，格付け機関，投資家をミスリードした。本件は上記の倫理規範①④⑤⑦⑧違反である。

2）CEOのリチャード・ファルドは経営破綻（Chapter11）申請直前に個人で所有するリーマン株を全て売却しており，倫理規範の①③⑤⑦に違反している。

ゴリラの異名をもつCEOのリチャード・ファルドは好戦的企業文化を好み，「毎日が戦闘だ」「敵を殺せ」を連発し，SOX法第4章406条「CEO/CFO等に対する倫理コードの間接的強制」にも拘わらず，経営倫理の制度化（Institutionalization：梅津（2002））に，全く関心がなく，所詮，絵に

かいたモチであった。
　経営破たん後，リーマンの倫理規範はオークションにおいて，$2.99で売られたといわれている。

(2) **経営理念・倫理規範・行動準則の制度化**
　上場会社における経営倫理の制度化論には5つのステップがある。
1) 経営者の基本的価値観・目的意識・基本的方向性・事業ドメイン等を経営理念として纏め，取締役会に諮り決定する。但し，JALのようにトップリーダー数十人を巻き込んで練り上げる場合もある。

2) マネジメントのための経営倫理担当役員及び数名の責任者（コードリーダー）を任命する。

3) 経営倫理担当部署及び経営倫理・コンプライアンス委員会（外部有識者を含む場合もある）を設置する。次に，経営倫理担当役員及び責任者（コードリーダー）は担当部署の役割と権限を分担して以下を行うと同時に相談・指導の責任を負う。
　① 経営理念に基づき倫理規範・行動準則を策定する。
　② 経営理念・倫理規範・行動準則に係る教育・研修プログラムの作成・定期的実施などを通じて，それらの全社末端までの共有化・定着を図る。
　③ 経営層への実施状況の定期的フィードバック
　④ 株主を含むステークホルダーへのPR・発信
　⑤ 経営倫理・コンプライアンス委員会に対し，全社への浸透状況と問題点の報告と対処。特に，悪い状況・事件の早期報告。

4) 内部通報制度の整備と適切な運営。
　本件に関しては，本コードの【原則2-5. 内部通報】で次のように指示している。

「上場会社は，その従業員等が，不利益を被る危険を懸念することなく，違法または不適切な行為・情報開示に関する情報や真摯な疑念を伝えることができるよう，また，伝えられた情報や疑念が客観的に検証され適切に活用されるよう，内部通報に係る適切な体制整備を行うべきである。取締役会は，こうした体制整備を実現する責務を負うとともに，その運用状況を監督すべきである。また，「補充原則の2-5①」で上場会社は，内部通報に係る体制整備の一環として，経営陣から独立した窓口の設置（例えば，社外取締役と監査役による合議体を窓口とする等）を行うべきであり，また，<u>情報提供者の秘匿と不利益取扱の禁止に関する規律を整備すべきである</u>（アンダーラインは筆者挿入）。」

5）次に倫理監査が大事である。これには3段階ある。
　① 経営監査の一環として内部統制部門や監査役が，組織の倫理体制や倫理規定・行動規範が適切に整備・運用・研修され組織全体に浸透しているか，即ち，組織体としての制度化と倫理プロセスの有効性を検証・評価する。
　　　リスクマネジメントプロセス中心にCOSO内部統制全般（統制環境・リスク評価・統制活動・情報と伝達・監視活動）を監査し，次の経営改善に生かすP-D-C-A管理サイクルの継続回転である。
　② 企業価値観の検証と評価で，企業理念そのものがその時代に即しているか，企業の中長期計画・年度計画・事業計画に具体化されているか，倫理規定や行動規範等の経営システムの導入時に反映されているのかの評価・検証である。
　③ ステークホルダー等による外からの監査・評価である。機関投資家からの評価，消費者からの評価，金融機関からの評価，地域社会からの評価，マスコミからの評価などは大切である。

　倫理規範・行動準則の制度化を幾ら進めても最後のモニタリングの倫理監査が抜けていたのでは制度の改善・継続は困難である。これ等の経営倫

理監査の実施，従業員意識調査，不祥事再発防止策の確立等PDCAの管理サイクルを回すことにより，ベスト・プラクティスの年輪を重ねることが最重要である。

(注)
1) 経営倫理実践研究センター

　一般社団法人経営倫理実践研究センター（Business Ethics Research Center（通称BERC））は企業の経営倫理を実践研究する我が国初の産学共同の専門機関として1997年に発足した。そして，日本経営倫理学会・日本経営倫理士協会との強い連携のもと，経営倫理・コンプライアンス（含むパワハラ・セクハラ）・リスクマネジメント・内部統制・CSR・CSV・コーポレート・ガバナンス・米国連邦腐敗防止法・国内外独禁法などについて，内外の最新情報の収集と研究，企業活動におけるコンサルティング，インストラクターの養成，広く企業人への啓発普及など，文字通り具体的な研究と実践に努めてきた。その結果，企業会員も一流企業中心に140社を超え（年間登録者数：約300人超），参加企業数において我が国最大の経営倫理実践研究センターとなることができた。『経営倫理』なる内容のある雑誌を刊行している。また，各種シンポジュウムや時局セミナーにおいて，「経団連」様の後援をいただいている。〒102-0083 東京都千代田区麹町4-5-4 桜井ビル3階，専務理事：河口洋徳，渉外担当主幹：平塚直，電話番号：03-3221-1477，E-mail：hiratsuka@berc.gr.jp

2) 日本経営倫理士協会

　特定非営利活動法人日本経営倫理士協会（Association of Certified Business Ethics Expert JAPAN，通称：ACBEE JAPAN）は，倫理に係る重要課題に対応するスペシャリスト「経営倫理士」の育成および諸活動を支援することが目的である。

　連続する企業不祥事を引き金として，我が国企業の経営倫理を問う声が，内外で増大している。これに対応し，多くの企業が，経営倫理やCSRに取り組む姿勢が，次第に強化されつつあるのが最近の大きな流れである。この対応強化の動きを，いっそう強めることが緊急課題である。

　しかし，いま企業が経営倫理の実現を具体的に進める上で，充分な知識やノウハウが確立されていないのが現状である。この重要テーマに役立つべく設けられたのが，NPO法人日本経営倫理士協会である。

　厳しい環境下のビジネス活動には，多くの危機管理テーマがあり，組織内に「経営倫理士」を配置しておくことこそ，いま，ビジネスインフラ形成上の絶対必要条件である。

　この「経営倫理士」資格取得のための講座運営が，本協会の役割である。企業不祥事対応をはじめ，本格的に経営倫理に取り組もうとする組織のための人材育成が目標

である。
　発足して，この18年間に535名（200を超える企業・団体）の「経営倫理士」を認定している。現在，これらの「経営倫理士」は，それぞれ組織で経営倫理・CSR等を担当し，スペシャリストとして活躍中である。
　「経営倫理士」資格取得のための講座内容も，年々レベルアップしている。その時に経済情勢，社会的要請にもとづいた講師の選定，講座編成は高い評価を得ている。資格取得に際しての審査は公正・適切に行われ，「経営倫理士」のステータスを高めている。
　講座は，経営倫理実践研究センター（BERC：1997年発足）と日本経営倫理学会（JABES：1993年発足）の全面協力のもとに開講している。
〒102-0083 東京都千代田区麹町4-5-4 桜井ビル3階，TEL：03-5212-4133，FAX：03-5212-4133　※受付時間：平日9:00～17:00

第3章
中期経営計画の作り方

1．中期経営計画の重要性

本コードの【原則3-1．情報開示の充実】において，

「上場会社は，法令に基づく開示を適切に行うことに加え，会社の意思決定の透明性・公正性を確保し，実効的なコーポレートガバナンスを実現するとの観点から，（本コード（原案）の各原則において開示を求めている事項のほか，）以下の事項について開示し，主体的な情報発信を行うべきである。
(i) 会社の目指すところ（経営理念等）や経営戦略，経営計画（後略）」

とある。また，補充原則の4-1②において，

「取締役会・経営陣幹部は，中期経営計画も株主に対するコミットメントの一つであるとの認識に立ち，その実現に向けて最善の努力を行うべきである。仮に，中期経営計画が目標未達に終わった場合には，その原因や自社が行った対応の内容を十分に分析し，株主に説明を行うとともに，その分析を次期以降の計画に反映させるべきである。」また【原則1-3．資本政策の基本的な方針】において，「上場会社は，資本政策の動向が株主の利益に重要な影響を与え得ることを踏まえ，中長期的な資本政策の基本的な方針を策定し，公表について説明を行うべきである。」

とある。しかしながら，「東証」の上場制度の整備についての別紙2にある11のエクスプレインすべき要開示項目から中期経営計画は外されている。とはいえ，開示対象である原則3-1の「(i)会社の目指すところ（経営理念等）や経営戦略，経営計画」は中期経営計画の初年度部分であり，関連性が非常に強い。また，機関投資家の「目的ある対話」における最大関心事であるので，この章で纏めて説明する。

2．中長期経営計画の作り方

通常，中長期経営計画は，次のステップを踏んで策定される。
即ち，
① 企業目的（事業ドメインを含む）
② 環境予測
③ 競合他社評価
④ 自社の強み・弱み評価
⑤ 個別事業別戦略（事業ごとの，研究開発計画，生産地戦略，生産技術戦略，マーケティング戦略，人事教育計画等）
⑥ 基礎研究計画，新規事業開発計画
⑦ ポートフォリオ戦略（M&A戦略，業務提携戦略，系列化戦略，撤退戦略等）
⑧ 設備投資計画
⑨ 人的資源開発戦略，
⑩ 資本政策
⑪ キャッシュ・フロー計画
⑫ ISO26000のような国際的社会責任施策
⑬ 連結ベースの総合経営計画

などの手順を踏んで作成する。
しかし，本書が対象としている上場会社で，会社の目指すところ（経営理念等）や経営戦略・経営計画・中長期経営計画を持たない会社はないで

しょう。これらなくして上場は適わないでしょう。問題はどこまで開示できるかでしょう。「競争会社の目の意識」対「株主を含むステークホルダーへの開示・透明性の強化」との狭間で悩むことが多いと思う。しかし，明らかに時代の流れは，後者の「開示・透明性の強化」にある。少なくとも上場し，証券市場から資金調達している会社は，本コード基本原則3の「適切な情報開示と透明性の確保」の義務を負っている。また，機関投資家との建設的な「目的ある対話（エンゲージメント）」において，立ち往生しないように予め準備しておかなくてはならない。

「富士フイルムホールデイングスの中期経営計画 VISION 2016（詳細は富士フイルムホールディングスのウェブサイト参照）」は，資本政策として，2,000億円の自社株買いや ROE の改善目標7％を含んでいるので参照されたい。また，「アサヒグループの長期ビジョンと中期経営計画（詳細はアサヒグループのウェブサイト参照）」は長期ビジョンを含み，かつ ROE，EPS 等の KPI（重要業績経営指標）を駆使しており，良くできているので，参考にされたい。

第6部
CSR報告書及び統合報告書の作り方

第1章
CSR 報告書の作り方

（2011 年で CSR 報告書等の 1 部 2 部市場上場会社での作成率は未だ 40％弱といわれている）

1．CSR（Corporate Social Responsibility）とは何か

　前述した如く会社は「社会の公器である」との立場に立って，世のため，人のために役立たなければならない。理由は以下の如し。
① 「会社は社会の中に既に存在する主体である」，
② 「会社は法人格を持つ権利義務の主体である（法人実在説）」，
③ 「会社は人々の生活をよきものとするための手段でなくてはならない」，
④ 「会社は社会的インフラ等を利用して収益を上げ，社会から多大な恩恵を受けている」，
⑤ 会社は有限な資源（ローマクラブ）を利用して多大な環境損失を発生させている。即ち，「国連の責任投資原則（PRI）によると人類の経済活動による年間の環境損失は世界各国の GDP 合計の11％で，世界企業の上位 3000 社がその 1/3 に当たる 2 兆 1,500 億ドル分の外部費用（企業自身は負担しない費用）を発生させている（藤井：2014）」。企業が環境コストを全て支払うと利益の 41％を失う（出典：Trucost KPMG）。

等の 5 項目の理由により「会社は社会の公器であらねばならない」。

一般的にCSRとは「企業が社会の一員として，社会の持続可能な発展に対して果すべき責任」を意味する。CSRは今や，世界的潮流になっているが，米国における1970年代のミルトン・フリードマンの株主主権論，即ち，「自由主義経済体制の下では，ビジネスの社会的責任はただ一つしかない。それは利潤を増大させることである。自らの資源を活用し利潤の増大を目指した様々な活動に没頭することである（*Capitalism and Freedom*, 133頁)」であった。これに対するステークホルダー論は1980年代にエドワード・フリーマン（Edward Freeman）によって展開されることになる（*Strategic Management: A stakeholder approach*）。彼が提唱した道義的責任の思想は「この国はあまりにも物質主義と自己中心主義に偏り過ぎた。企業には魂が必要だ」と述べた。これこそCSRの本質を突いていた。

現在，企業の社会における役割は，経済的利益にとどまらず，社会的役割を果たすことが求められる。2002年の欧州委員会による『EUホワイトペーパー』(白書）におけるCSRの定義は「責任ある行動が持続可能な事業の成功につながるという認識を，企業が深め，社会・環境問題を自発的に，その事業活動及びステークホルダーとの相互関係に取り入れるめの概念」と述べた。

CSRの対象分野や項目は，
① 企業倫理・コンプライアンスの実践
② 経営の透明性の確保
③ 地球環境保全への配慮
④ 人権の尊重
⑤ 労働環境の整備
⑥ 情報開示と説明責任の遂行
⑦ 社会貢献活動
⑧ 良質な商品やサービスの提供

等多岐に亘っている。それだけに，CSRは企業経営そのものであり，新たな価値創造や市場創造へと結びつけていくための本業に根ざした自主的

な取り組みである。

2．CSV（Creating Shared Value）とは何か

（水尾（2014）『マーケティング倫理が企業を救う』86-88 頁より筆者要約）

　米国のマイケル・ポーター（M. Porter）とマーク・クラマー（M. Kramer）は，2011 年 1 ～ 2 月号のハーバード・ビジネス・レビューで CSV（Creating Shared Value），即ち「共益の創造」という概念を発表した。

　ポーターとクラマーは，2002 年に競争優位の戦略的フィランソロフィーと（社会貢献活動）いう表現で，次のように指摘している。

　「社会的目標と経済的目標に同時に取り組み，ここに独自の資産や専門能力を提供することで，企業と社会が相互に利するような戦略上のコンテクスト（文脈）に焦点を絞ることである」。

　ここでのフィランソロフィーは，社会貢献活動であることから，社会的課題と企業の本業との一体化を目指すことが競争優位の戦略的フィランソロフィーとして重要と指摘する。

　その後，2006 年に，ポーターとクラマーは事業活動と CSR を有機的に関連付け，「受動的 CSR」を超えて「戦略的 CSR」を展開する重要性を指摘している。

　今回の CSV は環境汚染や水質汚濁，交通渋滞などの外部不経済を内部化することで，社会のニーズに対応しながら社会的価値を高める。そのことを通じて企業は，本業を通じた CSR のビジネスとして売上・利益など経済的価値を高める意味から，両社の価値を共益として分かち合う概念として重視するものである。

　世界の BOP（Base of the Pyramid：一人当たり年間所得が 2002 年購買力平価で 3,000 ドル以下の階層であり，全世界人口の約 7 割である約 40 億人が属するとされる。）層に関わる貧困，食糧問題，感染症などは，児童労働など企業が関わった問題もあるが，直接に企業が原因となったものではない。しかし，国際的なマクロからの視点，間接的にグローバル経済

の発展から見れば，今後，企業が手を差し伸べていくべき領域であり，それを通じて外部不経済の減少に貢献すべきである。CSV は総合食品企業であるグローバルなビジネスを進めるネスレが，2006 年から会長のピーター・ブラベックとマイケル・ポーターが取り組んだことで有名である。そこには「まず法律を遵守し全ての活動において持続可能性を確保し，その上で社会に価値あるものを生み出していかなくてはならない」という同社の基本理念があり，その実現に向けて世界の人々の生活に貢献したいという思いがある。特に，世界の貧困層である BOP 層への支援として，栄養強化した食材の提供や農業・地域開発，コーヒー豆産地，カカオ豆産地への支援，水資源供給，児童の栄養改善のヘルシーキッズプログラムなど，さまざまな活動で具体化している。それらは途上国の人権や環境，地域開発など MDGs（Millennium Development Goals：2000 年 9 月に，国連のアナン事務総長が提唱した，ミレニアム開発目標）で掲げたような社会的課題解決に向けた CSV ということが出来る。

3．CSR 報告書作成活動

(1) はじめに

　CSR 活動とは，国内外を問わず，子会社・関連会社等を含め，自社グループの事業ドメインやその周辺の事業領域における社会問題・環境問題等を網羅的・体系的に整理し，優先順位を付けながら抽出し，それらを事業活動の中に取り込んでいくための具体的な施策を検討し，実行していくプロセスである。このプロセスを文書化しておくこと。ここで忘れてはならないことは，「社会からの要請や期待は何か」を知ることである。

　従って，経営者は会社を取り巻く様々なステークホルダーから信頼と共感が得られるような要請や期待を知り，明確なる経営理念（時代を超えた基本的価値観・存立意義）や会社目的・基本方針を持つこと。即ち，それらは，社会の目的や社会的価値観（法令・規則，社会規範，社会の共通善等）に基づく社会的合意（public consensus）による信認（fiduciary，契

約とはまったく異質のもので「信頼」「信用」のこと—高巖：2013, 481頁）を得ることである。経営者権限（正当性）は社会的受容（コミュニケーションによる受容，受容されて初めて権威は成り立つ）による授権である。経営者の権力保持の正当性は，基本的には上記のコミュニケーションによる社会的合意（public consensus）によって信認されるかどうかにかかっている。この社会的合意とは世論ではない，その会社に関心があるか実際関与している，現在の株主及び将来の投資家（将来の投資家は消費者でもあり，従業員でもあり，債権者でもあり，取引先でもあり，地域社会住民でもある。）からの，会社によるコミュニケーションに基づくコンセンサスである。したがって，会社は機関投資家等の株主との「目的ある対話」だけでなく，消費者，取引先，環境団体，地域住民等との対話集会や工場見学等のコミュニケーション接点を頻繁に持つと同時に各種のCSR報告書等を通じて，極力「情報の非対称性」をなくす努力をしなくてはならない。基本的に会社活動は，常日頃から社会からの信頼と共感を受けていることが重要であり，それなくして会社の長期的繁栄はありえない。それはレピュテーション・リスクの低減につながる。

　例えば，「良き企業市民」を目指し，米国現地工場近郊に根を張っていた，あのトヨタでさえ，2009〜2010年に米国で燃え盛ったリコール問題での苦い経験がある。日本側は米政府の期待に沿ったテンポで対応できず，反トヨタの感情が拡大した。社長が米議会に呼び出された。最終的に米当局から「欠陥は見当たらない」との報告が出たが，失った信頼と和解による損失は甚大であった。

　また，ブラック企業（新興産業等において若者を大量に採用し，過重労働・違法労働により使いつぶし，次々と離職に追い込む企業）との噂が立っただけで，その会社には人が集まらず，何十店も閉店せざるを得なくなり，赤字決算が何期も続くことになる。したがって，会社存続の危機を招くことになる。

(2) ステークホルダー・ダイアログ

　CSR活動計画をつくる前に，有識者で構成されるステークホルダー・ダイアログを作ることが大事である。有識者やステークホルダーの代表を集めて，その会社のCSR活動の取り組みについて評価・意見をいただくことである。有識者の選定にはこの分野の学者（例えば，日本経営倫理学会の先生方や，日本経営倫理実践研究センターの実務経験のある先生方等）や自社及び業界に詳しい先生方及びステークホルダーの代表などを女性やグローバル企業の場合には外国人も含めバランスよく選び，10項目程度の当社を取り巻く社内問題・環境問題等について提案していただく。一方，経営者の方は自社で対応すべき課題をリスト化する。この際，優先順位付けとして，有識者やステークホルダーの代表等が重要と考えている項目と会社が重要と考えている項目という両方から，考えていくことが重要である。最終判断は独立社外取締役を含む，取締役会で決定すべきである。なぜならば，本コード【原則4-7．独立社外取締役の役割・責務】において，

　「上場会社は，独立社外取締役には，特に以下の役割・責務を果たすことが期待されることに留意しつつ，その有効な活用を図るべきである。
　(i) 経営の方針や経営改善について，自らの知見に基づき，会社の持続的な成長を促し中長期的な企業価値の向上を図る，との観点からの助言を行うこと
　(ii) 経営陣幹部の評価・選解任その他の取締役会の重要な意思決定を通じ，経営の監督を行うこと
　(iii) 会社と経営陣・支配株主等との間の利益相反を監督すること
　(iv) 経営陣・支配株主から独立した立場で，少数株主をはじめとするステークホルダーの意見を取締役会に適切に反映させること」

とあるからである。
　現在，世界にはCSRに関連する規格やガイドラインが，数百あるとい

われている。これ等の規格を採用するに当たっては，各種認証規格やガイドラインに振り回されることがないように，慎重に選定すべきである。いずれの認証規格も PDCA の管理サイクルの実施を求めており，これを機会に，会社の管理の進め方を見直すのも良いであろう。

一方，2010年11月に ISO26000 が99カ国から5団体が集まり，5年間かけて議論してきた国際規格が決まった。最終的にはこれに収斂していくべきかと思われる。その前に，過去の経緯から GRI ガイドラインと環境報告ガイドラインについて簡単に触れておく。

⑶ GRI ガイドライン（Global Reporting Initiative）とは何か

GRI が作成公表している世界共通の持続可能性報告書作成のガイドラインである。2000年6月に第1版，2013年5月に第4版が公表されている。GRI はオランダに本拠をおき，環境や社会的責任への取り組みを含む報告書のガイドラインを作成している団体で，世界各国のコンサルタント，経営団体，企業などにより組織されている。日本にも，2002年「GRI 日本フォーラム」が発足している。企業は，ステークホルダーへの説明責任や情報公開の手段の1つとして，CSR 報告書等の作成が求められる。本ガイドラインは，CSR 報告書作成のガイドラインとして世界に普及し，日本においても広く利用され，一部の企業ではガイドライン対照表を掲載している。本ガイドラインでは，会社概要，統治機構などのほか，トリプル・ボトムラインについてパフォーマンス指標として，「経済パフォーマンス指標」「環境パフォーマンス指標」「社会パフォーマンス指標」や具体的な指標を提示している。本ガイドラインに対しては，報告書作成に手間とコストがかかる。各国の文化的相違及び社会システムの違いや企業の多様性などを無視しているなどの問題点も一部で指摘されている。従って，GRI は 2010 年，英チャールズ皇太子が設立した「A4S（持続可能な会計プロジェクト）」と共同で「国際統合報告評議会（IIRC）」を創設。2013年12月に公表したフレームワークを日本公認会計士協会が日本語に翻訳し，企業報告のステークホルダーによって構成される翻訳レビュー作業部会によ

る確認と承認を経て，2014年3月に発行された。この統合報告書は7つの基本原則と8つの構成要素を含んでいる。

(4) 環境省による環境報告ガイドラインとは何か

　環境省による環境報告書とは，企業などの事業者が，経営責任者の緒言，環境保全に関する方針・目標・計画，環境マネジメントに関する状況（環境マネジメントシステム，法規制遵守，環境保全技術開発等），環境負荷の低減に向けた取組の状況（CO2排出量の削減，廃棄物の排出抑制等）等について取りまとめ，名称や報告を発信する媒体を問わず，定期的に公表するものである。

　環境報告書を作成・公表することにより，環境への取組に対する社会的説明責任を果たし，利害関係者による環境コミュニケーションが促進され，事業者の環境保全に向けた取組の自主的改善とともに，社会からの信頼を勝ち得ていくことに大いに役立つと考えられる。また，消費や投融資を行う者にとっても有用な情報を提供するものとして活用することができる。

　環境省では，環境報告を行う際の実務的な手引きとして，平成19年6月に「環境報告ガイドライン（2007年版）」を発行した。これは「環境報告書ガイドライン（2003年度版）」，及び「事業者の環境パフォーマンス指標ガイドライン（2002年度版）」を統合し，国内外の動向を踏まえ，改訂したものである。また，平成24年には「環境報告ガイドライン（2007年版）」を元に，国際動向を踏まえた改訂を行い「環境報告ガイドライン（2012年版）」を発行した。

　また，環境省では，環境報告書のデータベースや環境報告書の作成・活用に役立つ情報を掲載したウェブサイト「もっと知りたい！環境報告書」を開設している。

　この他，環境報告書などの普及と質の向上を図るため，環境コミュニケーション大賞という表彰制度も実施している。

　環境省の平成23年度「環境にやさしい企業行動調査結果」によると，1

部，2部上場企業2,364社及び従業員数500人以上の非上場企業を対象とした調査で，有効回答数2,794社のうち，1,016社が「環境報告書を作成・公表している」と回答した。

「環境報告ガイドライン (2012年版)」の内容

第一部　環境報告の考え方・基本指針
　第1章　環境報告の考え方 [PDF 436KB]
　　1. 環境報告とは何か
　　2. 環境報告と環境配慮経営
　　3. ステークホルダーと環境報告
　第2章　環境報告の基本指針 [PDF 486KB]
　　1. 環境報告の一般原則
　　2. 環境報告の重要な視点
　　3. 環境報告を実施する上での基本事項
　第3章　環境報告の記載枠組み [PDF 295KB]
第二部　環境報告の記載事項
　第4章　環境報告の基本的事項 [PDF 536KB]
　　1. 報告にあたっての基本的要件
　　2. 経営責任者の緒言
　　3. 環境報告の概要
　　4. マテリアルバランス
　第5章　「環境マネジメント等の環境配慮経営に関する状況」を表す情報・指標 [PDF 641KB]
　　1. 環境配慮の方針，ビジョン及び事業戦略等
　　2. 組織体制及びガバナンスの状況
　　3. ステークホルダーへの対応の状況
　　4. バリューチェーンにおける環境配慮等の取組状況
　第6章　「事業活動に伴う環境負荷及び環境配慮等の取組に関する状況」を表す情報・指標 [PDF 688KB]
　　1. 資源・エネルギーの投入状況
　　2. 資源等の循環的利用の状況（事業エリア内）

>   3. 生産物・環境負荷の産出・排出等の状況
>   4. 生物多様性の保全と生物資源の持続可能な利用の状況
>
>   第7章 「環境配慮経営の経済・社会的側面に関する状況」を表す情報・指標［PDF 449KB］
>   1. 環境配慮経営の経済的側面に関する状況
>   2. 環境配慮経営の社会的側面に関する状況
>
>   第8章 その他の記載事項［PDF 195KB］
>   1. 後発事象等
>   2. 環境情報の第三者審査等

　以上の詳細は環境庁のウェブサイト（www.env.go.jp/policy/report/h24-01/）を参照ください。

4．国際規格 ISO26000 とは何か

　ISO26000 は 2010 年 11 月 1 日，99 カ国（先進国 31 カ国，新興国・途上国 68 カ国），6 ジャンルセクター（消費者，政府，産業界，労働，NGO，学術研究機関他）から 470 人以上のエキスパートが参加し，作業部会において 5 年以上の歳月をかけて，まとめ上げられた壮大なものであり，「国連グローバルコンパクト」や先に述べた GRI などの新しい CSR を包み込むようなものとの意欲を反映したものである。ステークホルダー参加型のガイダンス規格である。日本は 2011 年 10 月にこれに批准している。そして，「社会的責任」を次のように定義した。

　「組織の決定及び活動が社会および環境に及ぼす影響に対して，次のような透明且つ倫理的な行動を通じて組織が担う責任。
① 健康および社会の繁栄を含む持続可能な発展に貢献する。
② ステークホルダーの期待に配慮する
③ 関連法令を遵守し国際行動規範と整合している。
④ その組織全体に統合され，その組織の関係の中で実践される。」

田中宏司（2012）「国際規格 ISO26000 と CSR 経営」によると，組織統治（Organizational governance）なる用語が 7 つの主題のトップに使用されている。「ISO26000 における，組織統治とは，組織がその目的を追求する上で，意思を決定し，実施するときに従うシステムのことである。効果的な統治は，第 4 章に社会的責任の原則として 7 つの原則がある。

① 説明責任，
② 透明性，
③ 倫理的な行動，
④ ステークホルダーの利害の尊重，
⑤ 法の支配の尊重，
⑥ 国際行動規範の尊重，及び
⑦ 人権の尊重

これらを，意思決定及びその実行に組み入れることを基本とすべきである。ここには合計 40 の検討ポイント（本文では「行動及び期待」）があり，規格の実践をスタートする部分となっている。続いて，第 6 章に社会的責任の中核主題として，7 つの主題がある。

① 組織統治，
② 人権，
③ 労働慣行，
④ 環境，
⑤ 公正な事業慣行，
⑥ 消費者問題，
⑦ コミュニティへの参加・発展，

である。これの主題には約 250 の検討ポイントがある。

このような「7 つの原則」「7 つの主題」の内容を十分理解し，自らの組織を点検することにより，組織がこの規格の示す社会的責任をどの位実現しているか，改善すべき課題は何かを知ることが出来る。

もう一つの特徴はステークホルダーの特定とエンゲージメント（積極的参加）である。ISO26000 は規格全体を通してステークホルダーを重視し

活用しようとするものである。特に5章「社会的責任の認識及びステークホルダーエンゲージメント」において、ステークホルダーの特定（優先順位）と参加の手順を説明している。ステークホルダーエンゲージメント（積極的参加）の定義は第2章（用語及び定義）の21に「組織の決定に関する基本情報を提供する目的で、組織と一人以上のステークホルダーとの間に対話の機会を作り出すために試みられる活動」とある。ここでは、「組織の決定に関する基本的な情報を提供するため」と「対話」がポイントである。すなわち、単にステークホルダーからの意見を聞くための懇談会などをここでいう「エンゲージメント」とはみなされない。また、「対話」の原文はdialogueであり、「双方による問題解決などのための意見交換」という意味がある。

また、第7章「社会的責任を組織全体に統合するための手引き」があり、

① 組織の特徴と社会的責任の関係
② 組織の社会的責任の理解
③ 社会的責任に関する組織の行動及び慣行の見直し・改善
④ 社会的責任に関する信頼性の強化
⑤ 社会的責任に関するイニシアチブ
⑥ 社会的責任に関するコミュニケーション

がある。かかる意味において本コードの【基本原則2】に

「上場会社は、会社の持続的な成長と中長期的な企業価値の創出は、従業員、顧客、取引先、債権者、地域社会をはじめとする様々なステークホルダーによるリソースの提供や貢献の結果であることを十分に認識し、これらのステークホルダーとの適切な協働に努めるべきである。

取締役会・経営陣は、これらのステークホルダーの権利・立場や健全な事業活動倫理を尊重する企業文化・風土の醸成に向けてリーダーシップを発揮すべきである。」及び、補充原則の2-3①「上場会社の取締役会は、サステナビリティー（持続可能性）を巡る課題への対応は重要なリスク管理の一部であると認識し、適確に対処するとともに、近時、こうした課題

に対する要請・関心が大きく高まりつつあることを勘案し，これらの課題に積極的・能動的に取り組むよう検討すべきである。」とある。

これはISO26000のステークホルダーエンゲージメント（積極的参加）と符号するものとして一歩前進であるが，社会的責任を組織全体に統合する側面においてまだ完全であるとはいいきれない。

ISO26000の7つの主題のトップに，ガバナンス（組織統治）の推進による企業価値の向上があることは既に述べた。この組織統治は企業統治を包含する概念である。

組織統治とは企業だけでなく，行政，大学，病院，NPOなど全て（国家を除く）タイプの組織体を対象としたガバナンスのことである。特に近年，大学や病院のガバナンス問題が社会的に注目されている。

したがって，CSR（Corporate Social Responsibility）も企業に限定されず，対象となる組織体を特定しないので，SR（Social Responsibility）に統一されている。

我が国の企業についていえばでは，KDDI，リクルートH/L，東芝，凸版印刷，ソニー，オムロン，武田薬品，日本写真印刷などの企業が「組織統治」なる用語を既に使用している。前2社のホームページでは組織統治の名の下にトップメッセージとかCSRマネジメントとかコーポレート・ガバナンスの項目を順次置いている。トヨタ等の会社においては，CSRレポート等において，ISO26000比較対照表の「組織統治」の項目に経営理念，トップメッセージ，CSRマネジメント，コーポレート・ガバナンスなどを包含している企業が多くなってきている。

また，「経団連」は企業行動憲章（2010）の序文で「近年，ISO26000（社会的責任に関する国際規格）に代表されるように，持続可能な社会の発展に向けて，あらゆる組織が自ら社会的責任（SR：Social Responsibility）を認識し，その責任を果たすべきであるとの考え方が国際的に広まっている。」と述べている。なお，ISO26000の幹事会に相当する「議長諮問委員会」の委員に，日本からは「経団連」関係として富田秀美（ソニー）と「連

合」元経済政策局長の熊谷謙一，両氏が参加した。

　一方で，最近の動向として，分厚いCSR報告書等を準備しても，比較可能性がないと読んでも余り分らないという批判がある。端的に良く分る方法として，例えば，「日経」が実施している環境経営度調査の企業ランキングがある（「日経」2015年1月25日）。これは，企業が環境対策を経営と両立させる取り組み（CSV）を評価する調査である。評価指標は製造業が，①環境経営推進体制，②汚染対策・生物多様性対策，③資源循環，④製品対策，⑤温暖化対策である。業種により基準に多少の変更があるが大変分かりが良い。2014年度のランキング4位に，走行中にCO_2を排出しない燃料電池車（FCV）「ミライ」を発売したトヨタが入り，コニカミノルタが部品の調達先と省エネ対策でトップに入った。これほど分りやすい比較可能性はない。因みに，東芝とキヤノンが同率2位に入っている。

　もう一つの指標は「日経」の社会貢献・CSR総合企業ランキング「NICES（ナイセス）」である。これは，企業の様々なステークホルダーにとっての「優れた企業」像を探るために「日経」新聞社等が共同開発した企業評価システムである。「投資家（Investor）」「消費者・取引先（Consumer&Business Partner）」「従業員（Employee）」「社会（Society）」という4つのステークホルダーの頭文字に「日経」のNを付して命名されている。この4つのステークホルダーの観点から4つの実績評価に，将来性評価としての「潜在力」の合計5つの視点から企業を分析している。因みに，2014年は1位トヨタ自動車，2位セブン＆アイ，3位NTTドコモ，4位キヤノン，5位東レ，5位（同位）日産自動車，7位ホンダ，8位ダイキン工業，9位NTT，10位三菱商事であった。これ等のランキングの高い企業のCSR報告書／統合報告書は参考になる。最近は学生達が就職活動の一環として，このランキングを参考にし始めた。

第2章
統合報告書とは何か

1. 非財務情報の重要性

　本コードの【基本原則3】で，次のように述べている。

　「上場会社は，会社の財政状態・経営成績等の財務情報や，経営戦略・経営課題，リスクやガバナンスに係る情報等の非財務情報について，法令に基づく開示を適切に行うとともに，法令に基づく開示以外の情報提供にも主体的に取り組むべきである。その際，取締役会は，開示・提供される情報が株主との間で建設的な対話を行う上での基盤となることも踏まえ，そうした情報（とりわけ非財務情報）が，正確で利用者にとって分かりやすく，情報として有用性の高いものとなるようにすべきである。」

　先に述べた如く，2013年5月，米国COSO（トレッドウェイ委員会組織委員会）は，1992年発行の「内部統制の統合的枠組み」を全面的に見直した改訂版を公表した。この改訂は，従来の内部統制の定義や評価・管理方法を変えるものではなく，内部統制の5つの構成要素を支える概念を17の原則にまとめて明示し，また，非財務報告も対象に含めた。特に，非財務報告は現在の株式時価総額のかなりの部分が環境価値・社会価値・顧客満足度・主要リスク評価等から構成されていることを考えると当然であろう。因みに，米国コンサルタント業のオーシャン・トモ社が，米S&P500株指数の構成企業の株価を要因分析した結果，1975年は約8割を

財務情報で説明できたが，2009年は約2割しか説明できず，非財務情報が企業価値を判断する軸になっていると述べている。続いて，2013年12月，国際統合報告審議会（IIRC）が初の「統合報告のフレームワーク」を公表した。それは，企業価値を構成する資本の概念を「財務資本，製造資本，知的資本，人的資本，社会・関係資本，自然資本」に6区分し，企業に資源配分の最適化を求めた。さらに財務・非財務の情報を結びつけ重要なステークホルダーとの関係性の明示などを求めた。我が国では，武田薬品工業，オムロンなど約140の企業や機関投資家が参加している。遂に，2014年4月，EU改正会社法は非財務情報の開示を義務付けた。これが世界の潮流である。

2．統合報告書への傾斜

　統合報告書とは国際統合報告審議会（International Integrated Reporting Council：以下 IIRC）が2013年12月に公表したフレームワークを日本公認会計士協会が日本語に翻訳し，企業報告のステークホルダーによって構成される翻訳レビュー作業部会による確認と承認を経て，2014年3月に発行されたものである。その詳細な情報はウェブサイト（http://www.theiirc.org/）に掲載されている。
　2013年6月18日の「日経ビジネス」による記事を要約すると，「2012年は日本でも，統合報告書の作成が本格化しそうだ」と企業の社会的責任（CSR）活動に詳しい専門家は話す。大手の自動車や電機メーカーなどから，問い合わせが殺到しているという。「統合報告」とは，企業の売り上げなどの財務情報と，環境や社会への配慮，知的資産から，ガバナンスや中長期的な経営戦略までを含む非財務情報を投資家などに伝えること。この情報をまとめたものが，「統合報告書」である。CSR報告書作成のガイドラインを策定する国際組織，GRI（グローバル・レポーティング・イニシアチブ）によると，統合報告書が登場した2005年以降増え続け，今年（2012年）3月時点で2011年版報告書を発行した世界2,015社のうち350

図表6-1 従来の報告書と統合報告との違い

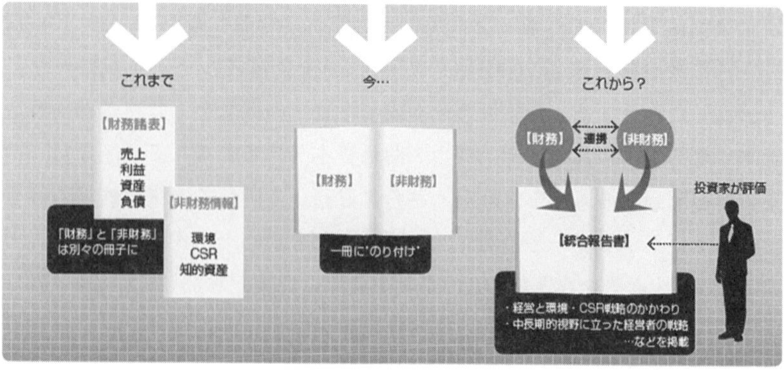

出所：2013年6月18日の「日経ビジネス」より。

社が統合報告書を発行。欧州企業は199社に及ぶ。欧米を中心に機関投資家が社会的責任投資（SRI）を重視するようになり，欧州などで企業による統合報告の発行を制度化し始めたことが背景にある。

　財務と非財務の情報を"統合"して示す。

　欧州の一部の国は，国民年金法の下，年金基金に対し環境・社会に配慮した社会的責任投資（SRI）を義務づけている。投資家は企業の環境・CSR情報の収集を始めたが，今度は企業の開示体制に，投資家の不満が集中した。多くの企業は今，法などで義務づけられた財務情報と，環境・CSRなど非財務情報を別々に提供している。非財務的な取り組みや知的資産，経営方針が，財務や経営の実績にどのような影響を与えたかが分かりづらく，必要な情報を明確に，簡潔に示す報告書の登場が期待されるようになった。欧州委員会は2003年，EU（欧州連合）指令である会計法現代化指令を発行。企業に国際会計基準（IFRS）の導入と，年次報告書に事業の環境や社会的側面に関する情報を盛り込むことを求めた。2012年は金融大手などが参加する「企業持続可能性報告連合」が，国連加盟国に対し，大手上場企業に統合報告書の発行を義務づける枠組みを，2013年6月に開くリオ＋20（国連持続可能な開発会議）で採択を求めた。世界規模で大きなうねりが起きている。IIRCによると，統合報告書は財務諸表と，

環境・CSR報告書を"のり付け"して作るものではない。投資家が求めるのは，環境・CSR活動や知的資産に関する戦略を組み込んだ8つの構成内容を，7つの基本原則にのっとって示すことである。特に重要になるのが，経営者による中長期の戦略と，それを実現するに足る戦略の情報である。

3．統合報告書の作り方

IIRC「国際統合報告フレームワーク」INTERNATIONAL <IR> FRAMEWORK（ウェブサイト：http://www.theiirc.org/）は体系的に良くできているが，全体がなかなか難解で，これを読めば統合報告書が作れるというものではない。吉城唯史（2013）の「国際統合報告のフレームワークとその開示内容（一部のパラグラフの番号違いは最近の原文に沿って，筆者の責任で修正してある）」をもとに，不足分を国際統合報告フレームワークの原文で確認し引用して，国際統合報告全体の要約を筆者なりに分り易く解説すると共に，コーポレートガバナンスの「本コード」である企業統治指針の考え方と関連付けて説明する。この企業統治指針は上場会社約3,400社に2015年6月1日より適用される。今後，国際統合報告書のフレームワークが我が国の企業に定着し，普及して行くためには，必然的かつ不可避的に「本コード」との関連性が問題となる。従って，国際統合報告の基本を踏まえつつ，「本コード」に沿った観点から論評する。

(1) 統合報告の定義，目的，利用者

吉城唯史（2013）は，

「国際統合報告書は次のように定義づけされている。即ち，国際統合報告書（以下統合報告書とする）は組織による長期的な価値創造に関するコミュニケーションをもたらすプロセスであり，定期的な統合報告書という形で最も明示的に表現される。統合報告書は組織の外部環境を背景として，組織の戦略，ガバナンス，業績，将来の見通しが，どのように短期，

中期，長期の価値創造につながるかについての簡単なコミュニケーションである。」〔パラグラフ 1.1〕

これを原文に従い，幾つか補足すると，

「・統合報告書はこのフレームワークにしたがって準備されなくてはならない。

・統合報告の目的は統合報告の全体内容を支配する指導原理と構成要素を確立し，基礎概念を説明することである。

・組織の価値創造能力に強く影響する要因を伝達する組織の報告書であり，組織の戦略の質や実績水準のようなものとなる，ベンチマークを提供するものではない。

・統合報告において，価値創造力の増減を明確にし，短期，中期，長期の価値創造に焦点をあてた統合思想は意思決定を助けることになる。

・統合報告書の主目的は財務資本の提供者に如何に組織が価値創造力を中長期に亘って創造していくか説明することにある。

・統合報告書は従業員，顧客，取引先，地域社会，行政等のステークホルダーにもベネフィットを与えるものである。

・統合報告書はプリンシプル・ベースでかかれている。」
〔パラグラフ 1.2～1.9〕

1）統合報告の目的を分り易く説明すると以下のようになる。
・価値創造に関わる重要事項を適切・簡単に伝えなくてはならない。
・財務資本（financial capital）の配分情報やその流れを結果に至るまで，短期，中期，長期の価値創造に焦点をあてて説明しなくてはならない（通常「たこ足」といわれるインプットからアウトカムまでの流れの図表で示される）。
・勿論，統合的思考に基づいて作成されなくてはならない。

2）統合報告の目的の流れ

統合報告の目的の流れとして，企業を取り巻く世界において，情報が余りにも多岐に亘り，何が重要な情報なのか分らなくなってきたので，重要性の判断に基づいて重要な情報をピックアップして，中長期的にどのように企業価値向上を図るのか，全体像として財務資本提供者（providers of financial capital）に伝えることが必要となる。これはコーポレートガバナンスに関わる「本コード」の目的である持続的成長と企業価値向上を分りやすく伝えるために重要なことであるので賛成である。

　また，企業の価値を長期的に高めるために，財務資本提供者から提供された財務資本を，どのように，何に配分し使って行くかを伝えると共に，財務資本の利用の結果，どのような資本がどのように増えたか，また，どのようなアウトプット（環境廃棄物等）を出したのかについて，説明責任・受託責任を果さなくてはならないことになる。この説明責任・受託責任は「本コード」の基本原則において何回も強調されている点であり平仄が合っている。企業の価値を高めるための統合的志向ができるようになるし，企業の価値を高めるための意思決定や活動が行われるようになる。この統合思想は本コードの取締役会機能の向上を支援することになる。

3）企業価値を構成する資本の概念
　吉城唯史（2013）は，
　　「フレームワークにおける資本（capitals）には，いわゆる財務的資本 financial capital）以外にも製造資本（manufactured capital；建物・設備・インフラ等），知的資本（intellectual capital；特許・著作権・ブランドや評判等のインタンジブルズ等），人的資本（human capital；組織のガバナンスの枠組み，戦略の理解，開発，実施に関わる能力等），社会・関係資本（social and relationship capital；共有された規範・共通の価値観・ステークホルダーとの関係等），自然資本（natural capital；大気・水・生態系の健全性等）があるとされている。」
　〔パラグラフ 2.15〕

このように，企業価値を構成する資本の概念を6区分し，企業に資源配分の最適化を求めている。従来，資本の概念は，投下資本としての財務資本（資金）や製造資本（manufactured capital；建物・設備・インフラ等），知的資本（intellectual capital；特許・著作権・ブランドや評判等のインタンジブルズ等），人的資本（human capital；組織のガバナンスの枠組み，戦略の理解，開発，実施に関わる能力等）が中心であったが，これに社会・関係資本（共有された規範・共通の価値観・ステークホルダーからの信頼感・社会的許諾・ブランド等），自然資本（空気・水・土地等の環境資源）が加わったことは，正に画期的なことである。

特に，共通の価値観である経営理念，共有された規範である倫理規範・行動準則，ステークホルダーとの協働などは今回の本コードで新規に導入された重要コードであり「本コード」徹底のためにも，統合報告は有効活用されなくてはならない。

4）統合報告書の利用者

吉城唯史（2013）は，

「統合報告書の想定される利用者は，主として財務的資本の提供者であるが，従業員，顧客，サプライヤー，ビジネスパートナー，地域社会，立法機関、規制当局，政策立案者等の組織の長期に亘る価値創造力に関心を持つ全ての利害関係者も利用者とされている。」

〔パラグラフ 1.7, 1.8〕

一方で，全てのステークホルダーにも有用であるとのべているが，どうしても資本の出し手である投資家・銀行・社債権者が利用者の中心になる。しかし，顧客・従業員・取引先・地域社会の方々も利用していただきたい。そのためにも平易で，なじみやすい表現が必要で皆様に愛される統合報告書にしていかないと，普及しない恐れがあるし，CSR報告書等からの統合などできないのではないかと危惧する。

(2) **指導原則**

　次に示す指導原則は，報告書の内容及び情報の表示方法に関する情報を提供するための指導原則であり，統合報告書の作成と表示の基礎を提供するものであるが，なかなかに難解でかつ相対立する指導原則がいくつも入っており，統合報告書を作成される方々は，これ等をしっかり頭に入れて，よほど聡明かつバランス感覚があり，判断力のある方でないと作成に時間とエネルギーをかなり使うことになりかねないので細心の注意が必要である。

```
A  戦略的焦点と将来志向
B  情報の結合性
C  ステークホルダーとの関係性
D  重要性
E  簡潔性
F  信頼性と完全性
G  首尾一貫性と比較可能性
```

　指導原則は，統合報告書の作成と表示を目的として，適用される。したがって，それぞれの原則間（例えば，簡潔性と完全性との間，重要性と完全性，簡潔性と首尾一貫性）に明らかな矛盾が出てくるので作成者はどうして良いか分らなくなる危険性がある。これらを適用するに当たって企業のおかれた業種・規模・経営環境等により適切な重要性の判断をしなくてはならない。思い切った割り切りがないと作成できなくなる。以下主要なるもの及び難解なるもののみ説明する。

A　戦略的焦点と将来志向

　統合報告書は，企業の戦略，及びその戦略がどのように企業の短期，中期，長期の価値創造能力や資本の利用及び資本への影響に関連するかについて，明らかにしなければならないとして，

　具体的には，次のように述べている。

「この指導原則は，内容要素（4E 戦略と資源の配分及び 4G 見通し）に限定して適用されるものではなく，その他の内容の選択と表示においても適用される。例えば，次を含む。
・組織のマーケット・ポジション及びビジネスモデルによってもたらされる甚大なリスクや機会及び依存性について，強くのべること。
・ガバナンス執行者による次の見解
　＜過去と未来の実績との関係性，及びそれに変化を与える原因
　＜組織が，短期，中期，長期の利益をどのようにバランスさせるか
　＜未来の戦略的方向性を決める場合，組織がどのように過去の経験から学んだか」。
〔パラグラフ 3.4〕
と述べている。

一方，本コードの【基本原則 4】で以下の如く述べている。

「上場会社の取締役会は，株主に対する受託者責任・説明責任を踏まえ，会社の持続的成長と中長期的な企業価値の向上を促し，収益力・資本効率等の改善を図るべく，
　(1)　企業戦略等の大きな方向性を示すこと
　(2)　経営陣幹部による適切なリスクテイクを支える環境整備を行うこと
　(3)　独立した客観的な立場から，経営陣（執行役及びいわゆる執行役員を含む）・取締役に対する実効性の高い監督を行うこと
をはじめとする役割・責務を適切に果たすべきである。」

従って，A 戦略的焦点と将来志向は，これと方向性において符号しており，この戦略性と将来志向は極めて重要な指導原理で尊重されなければならないといえる。

B 情報の結合性

この指導原則は，最も難しい原則でかつこれまではなじみがなかった原則である。

情報の結合性の主な形態を示す。

「・内容要素：統合報告書において，内容要素は組織活動の動的かつ組織的な相互作用のトータルな姿に結びつけられる。

例えば，
- 既存の資源配分の分析，及び組織が目標とする実績を達成するために，どのように資源を組み合わせるか，又は更なる投資をするかについての分析
- 新たなリスクと機会が認識された場合，又は過去の実績が期待されたとおりでなかった場合等において，組織の戦略がどのように修復されるのかについての情報
- 組織の戦略及びビジネスモデルについて，外部環境の変化，例えば，技術変化のスピードの増減，社会的期待の高まり，及び地球資源の制約に伴う資源不足などとの関連付け
- 資本：資本間の相互依存性やトレード・オフ，また，資本の利用可能性，質及び経済性の変化が，どのように組織の価値創造能力に影響を与えるかを含む。（後略）」

〔パラグラフ3.8〕

これらのことは「本コード」の補充原則4-1②で，以下のように述べていることと通底している。即ち，

「取締役会・経営陣幹部は，中期経営計画も株主に対するコミットメントの一つであるとの認識に立ち，その実現に向けて最善の努力を行うべきである。仮に，中期経営計画が目標未達に終わった場合には，その原因や自社が行った対応の内容を十分に分析し，株主に説明を行うとと

もに，その分析を次期以降の計画に反映させるべきである。」

　また，企業の戦略及びビジネスモデルについて，外部環境の変化，例えば，技術変化のスピードの増減，社会的期待の高まり，及び地球資源の制約に伴う資源不足などとの関連付けを行うように求めている。これは例えば，家電分野における発展途上国の技術的急接近とかレアアースの枯渇・輸出制限などがこれに該当することになるであろう。

C　ステークホルダーとの関係性
　「ステークホルダーは，経済的課題，環境上の課題及び社会的問題などの，彼ら自身にとって重要であると同時に，組織の価値創造能力に影響を与える課題に関して，有益なインサイトを提供する。このような考えは，組織が次のことを進める際の手助けとなり得る。
・ステークホルダーが，価値をどのようなものかについて知覚しているかについて理解する。
・いまだ一般には知られていないが，急速に重要となりつつある傾向を認識する。
・リスクと機会を含む，重要性のある課題を識別する。
・戦略を策定し，評価する。
・リスクをマネジする。
・活動を実行する。重要性のある課題への戦略的かつ説明可能な対応を含む。」
〔パラグラフ 3.12〕

　「ステークホルダーとのエンゲージメントは，日常的な事業活動の中で定期的になされる。（例えば，顧客やサプライヤーとの日々のやりとり，戦略計画及びリスク評価などについて広く定期的なエンゲージメントなど）また，特定の目的のためにエンゲージメントが企画されることもある（例えば，工場の拡張計画に対する地域社会とのエンゲージメン

トなど)。より統合思考がビジネスに根付いているほど,事業実施の通常の局面において,ステークホルダーの正当なニーズ及び利害がより十分に考慮されやすくなる。」
〔パラグラフ 3.13〕

時々刻々変化するステークホルダーのニーズが正確に且つ全体像が把握できるのかという問題がある。しかし企業はこれに最大限の配慮と努力を払わなければならない。

ステークホルダーの問題は,コーポレートガバナンスの「本コード」の定義で次のように述べており大変重要である。即ち,

「本コード（原案）において,コーポレートガバナンスとは,会社が,株主をはじめ顧客・従業員・地域社会等の立場を踏まえた上で,透明・公正かつ迅速・果断な意思決定を行うための仕組みを意味する。

本コード（原案）は,実効的なコーポレートガバナンスの実現に資する主要な原則を取りまとめたものであり,これらが適切に実践されることは,それぞれの会社において持続的な成長と中長期的な企業価値の向上のための自律的な対応が図られることを通じて,会社,投資家,ひいては経済全体の発展にも寄与することとなるものと考えられる。」

また,本コード【基本原則5】で次のように述べている。

「上場会社は,その持続的な成長と中長期的な企業価値の向上に資するため,株主総会の場以外においても,株主との間で建設的な対話を行うべきである。

経営陣幹部・取締役（社外取締役を含む）は,こうした対話を通じて株主の声に耳を傾け,その関心・懸念に正当な関心を払うとともに,自らの経営方針を株主に分かりやすい形で明確に説明しその理解を得る努力を行い,株主を含むステークホルダーの立場に関するバランスのとれ

た理解と，そうした理解を踏まえた適切な対応に努めるべきである。」

　株主を含む全ステークホルダーとの建設的なエンゲージメント（目的ある対話）を進めることが統合報告書の普及のため及び企業統治を実効性あるものにするためにも必要である。本件は第8部第1章「スチュワードシップ・コードとは何か」を参考にされたい。

D　重要性（Materiality）
　統合報告書は，組織の短期，中期，長期の価値創造能力に大きな影響を与える課題に関する情報を開示する。〔パラグラフ3.17〕

　重要性の決定プロセス
　「統合報告書の作成と表示の目的のための，重要性の決定プロセスは，次のとおりである。
・価値創造能力に影響を与える可能性を踏まえ，関連性のある課題を特定する。
・関連性のある課題の重要度を，価値創造に与える既知の又は潜在的な影響という観点から評価する。
・相対的な重要度に基づいて課題を優先付けする。
・重要性のある課題に関して開示情報を決定する。」
〔パラグラフ3.18〕

　「このプロセスは，リスクと機会，好ましい実績と好ましくない実績，好ましい予想と好ましくない見込みといった，ポジテイブ・ネガチブな課題の両方に適用される。また，財務情報だけでなく他の情報にも適用される。これらの課題には，組織自身に直接的な影響を及ぼすものもあれば，他者が所有する又は他者が利用可能な資本に影響を与えるものもある。」
〔パラグラフ3.19〕

重要性の判断はこの指導原理のなかで，文字通り最重要である。これができないと簡潔にならない。だらだらと分厚い報告書など誰も読まない。如何に優先順位を付け，また関連性のある事象の特定をおこなって行くか作成者腕・能力に負うが，果たして，好ましい実績と好ましくない実績，好ましい予想と好ましくない見込みといった，ポジテイブ・ネガチブの状況を企業が真に情報開示できるのか，競合他社の目を意識すると悩ましい問題である。しかし，これは開示しなくてはならない。

なぜならば，本コードの【基本原則3】で情報開示について，次のように述べている。

「上場会社は，会社の財政状態・経営成績等の財務情報や，経営戦略・経営課題，リスクやガバナンスに係る情報等の非財務情報について，法令に基づく開示を適切に行うとともに，法令に基づく開示以外の情報提供にも主体的に取り組むべきである。その際，取締役会は，開示・提供される情報が株主との間で建設的な対話を行う上での基盤となることも踏まえ，そうした情報（とりわけ非財務情報）が，正確で利用者にとって分かりやすく，情報として有用性の高いものとなるようにすべきである。」

即ち，経営戦略・経営課題，リスクやガバナンスに係る情報等の非財務情報について，積極的に情報開示しなさいと申している。ともするとこれまでは財政状態・経営成績等の財務情報が中心であった。しかし，現在の株式時価総額の約80％が環境価値・社会価値・顧客満足度・主要リスク評価・従業員価値等から構成されている（米コンサルタント業のオーシャン・トモ社が，米S&P500株指数の構成企業の株価を要因分析した結果，1975年は約8割を財務情報で説明できたが，2009年は約2割しか説明できず，非財務情報が企業価値を判断する軸になっている）とのことである。従って，統合報告書が重視する非財務情報の重要性は高まる一方であ

る。

E 簡潔性とF 信頼性と完全性とG 首尾一貫性と比較可能性は省略する。

(3) **内容要素**

吉城唯史（2013）は，

「これらの8項目は独立別個のものではなく，それぞれが関連性をもつ。また，フレームワークが示す8項目は，原則主義に従いかならずしもその開示順序を規定するものではない〔パラグラフ4.2〕。また，コンテンツ要素はあくまでも組織独自の状況に左右されない。（後略）」

と述べている。

結局，組織がどのような内容を報告するかは，指導原則を適用する際に，組織の責任者が決めなければならない。

```
A  組織概要と外部環境
B  ガバナンス
C  ビジネスモデル
D  リスクと機会
E  戦略と資源配分
F  実績
G  見通し
H  作成と表示の基礎
```

A　組織概要と外部環境

吉城唯史（2013）は，

「組織概要と外部環境では，組織は何を行うのか，組織がどのような環境において事業を行うのかについて明らかにすることが求められている。〔パラグラフ4.4〕

また，具体的開示項目を特定することにより，組織のミッションとビ

ジョンを明らかにすることが求められている。〔パラグラフ4.5〕」

　更に,

「ミッションとビジョン及び外部環境について
① 組織の文化,倫理,価値
② オーナーシップ及び経営体制
③ 主要な活動
④ 市場,製品及びサービス
⑤ 競争環境と市場におけるポジション
⑥ 従業員数,収益,事業国数
⑦ 外部環境に影響を及ぼす重大な要因
⑧ 価値創造能力に影響を与える法的,商業的,社会的,環境的,政治的背景」
〔パラグラフ4.5及び4.6〕」

と述べている。
　今回の「本コード」において,初めて,中長期的な企業価値向上の基礎となる経営理念の策定が入った。

【原則2-1. 中長期的な企業価値向上の基礎となる経営理念の策定】
　「上場会社は,自らが担う社会的な責任についての考え方を踏まえ,様々なステークホルダーへの価値創造に配慮した経営を行いつつ中長期的な企業価値向上を図るべきであり,こうした活動の基礎となる経営理念を策定すべきである。」

また,倫理規範を含む行動準則も新規に入った。

【原則2-2. 会社の行動準則の策定・実践】

「上場会社は，ステークホルダーとの適切な協働やその利益の尊重，健全な事業活動倫理などについて，会社としての価値観を示しその構成員が従うべき行動準則を定め，実践すべきである。取締役会は，行動準則の策定・改訂の責務を担い，これが国内外の事業活動の第一線にまで広く浸透し，遵守されるようにすべきである。」

これまで経営の方向性といった場合，中長期計画となるが，創業者や経営者の思い，何をやりたいのか，判断のベースをして何を基本においているのかがなくて，いざと言うときに右往左往しないかということである。組織概要と外部環境の前に，経営理念や倫理規範を含む行動準則がなくてはならない。

B　ガバナンス
　吉城唯史（2013）は，
　　「ガバナンスにおいては，組織のガバナンス構造が，どのように組織の短期，中期，長期の価値創造能力を担保するのかについて具体的開示項目に関する説明をフレームワークは求めている。また，ガバナンス構造と価値創造能力の関係において，
　　　・組織のリーダーシップ構造
　　　・戦略的意思決定プロセスと組織文化の形成・監視プロセス
　　　・ガバナンス責任者の具体的な行動
　　　・組織の文化，倫理及び価値とが資本に及ぼす影響
　　　・法的要請を超えたガバナンス行動について
　　　・価値創造と報酬及びインセンティブとの関連性」
　〔パラグラフ 4.8 及び 4.9〕

と述べている。
　一方，本コードの【基本原則 4】に以下のようにある，即ち，

「上場会社の取締役会は，株主に対する受託者責任・説明責任を踏まえ，会社の持続的成長と中長期的な企業価値の向上を促し，収益力・資本効率等の改善を図るべく，
　⑴　企業戦略等の大きな方向性を示すこと
　⑵　経営陣幹部による適切なリスクテイクを支える環境整備を行うこと
　⑶　独立した客観的な立場から，経営陣（執行役及びいわゆる執行役員を含む）・取締役に対する実効性の高い監督を行うこと
をはじめとする役割・責務を適切に果たすべきである。（後略）」

　このように，取締役会を中心にして，ガバナンス構造と価値創造能力の関係において，企業戦略等の大きな方向性を示すこと。また，経営陣幹部による適切なリスクテイクを支える環境整備を行うこと等を述べている。これ等はコーポレートガバナンスの中心を形成するものである。

C　ビジネスモデル
　吉城唯史（2013）は，
　「ビジネスモデルにおいては，組織のビジネスモデルは何か，またビジネスモデルがどの程度の外部環境等への変化に弾力性（resilient）を持つのかということを説明することが求められている（パラグラフ4.10，4.14）
　ビジネスモデルと弾力性の具体的開示項目として，
　①　主要なインプット資本の関連性
　②　差別化の方法
　③　ビジネスモデルの当初売り上げへの依存度合い
　④　イノベーションに対するアプローチ
　⑤　変化への対応に，ビジネスモデルがどのようにデザインされているか。
　⑥　市場に提供する製品とサービス，副産物及び廃棄物等のアウト

プット
⑦ 資本に関連する主要な内部的及び外部的なアウトカム
⑧ ビジネスモデルの主要な要素
⑨ 主要な要素と組織の関係図表
⑩ 組織固有の状況に関する説明
⑪ 重要な利害関係者への依存性
⑫ 主要バリュードライバー
⑬ 外部環境に影響を与える要因
⑭ バリューチェーン全体における組織の位置
⑮ 戦略，機会とリスク，業績等の他のコンテンツ要素との関連性」
〔パラグラフ 4.14～4.21〕

と述べている。

いずれにしてもビジネスモデルは事業活動を通してインプットをアウトプット及びアウトカムに変換するシステムである。通称タコ足といわれるこの図表はよくできている。事業別に投入資本が生産活動や研究活動や人的投資にどのように行われ（インプット），どのような結果（アウトカム）として，資本の増加が図られたかは，企業の中でよく行われていることであるが，事業別にアウトプットとしての副産物・環境廃棄物や社会に与える負の影響をとらまえ，これらを如何に削減するのかに腐心させるかについては，縦割りで環境管理部任せになってないであろうか。

会社は有限な資源（ローマクラブ）を利用して多大な環境損失を発生させている。即ち，「国連の責任投資原則（PRI）によると人類の経済活動による年間の環境損失は世界各国のGDP合計の11％で，世界企業の上位3,000社がその1/3に当たる2兆1,500億ドル分の外部費用（企業自身は負担しない費用）を発生させている（藤井：2014）」。企業が環境コストを全て支払うと利益の41％を失う（出典：Trucost KPMG）。従って「会社は社会の公器である」となるのである。このことを肝に銘じて統合報告書にアウトプットとしての環境負荷とその削減を明記しなくてはならない。

D　リスクと機会

吉城唯史（2013）は，

「組織の短期，中期，長期の価値創造能力に影響を及ぼす具体的な機会とリスクは何なのか，また組織はそれらに対しどのような取組を行っているかが説明されることが求められている。フレームワークでは機会とリスクに関して以下を特定することが求められている。即ち，

① 具体的な機会とリスクの源泉
② 機会とリスクが現実のものとなる可能性及びその場合の影響の大きさ
③ 主要な機会から価値を創造し，主要なリスクを低減及び管理するためにとられる具体的なステップ〔関連する戦略目標，戦略，方針，ターゲット及びKPI（主要業績指標―筆者挿入）〕を含む）

また，機会とリスクに関する定型的な開示を防ぐように注意が必要であるとし，機会とリスクに関する情報は，想定利用者にとって実務上有益な場合に統合報告書に含まれるものであり，組織の具体的な状況を表すことを求めている。」
〔パラグラフ 4.23～4.26〕

今回のコーポレートガバナンス・コードの序文の7で「会社は，株主から経営を付託された者としての責任（受託者責任）をはじめ，様々なステークホルダーに対する責務を負っていることを認識して運営されることが重要である。本コード（原案）は，こうした責務に関する説明責任を果たすことを含め会社の意思決定の透明性・公正性を担保しつつ，これを前提とした会社の迅速・果断な意思決定を促すことを通じて，いわば「攻めのガバナンス」の実現を目指すものである。本コード（原案）では，会社におけるリスクの回避・抑制や不祥事の防止といった側面を過度に強調するのではなく，むしろ健全な企業家精神の発揮を促し，会社の持続的な成長と中長期的な企業価値の向上を図ることに主眼を置いている。

本コード（原案）には，株主に対する受託者責任やステークホルダーに

対する責務を踏まえ，一定の規律を求める記載が含まれているが，これらを会社の事業活動に対する制約と捉えることは適切ではない。むしろ，仮に，会社においてガバナンスに関する機能が十分に働かないような状況が生じれば，経営の意思決定過程の合理性が確保されなくなり，経営陣が，結果責任を問われることを懸念して，自ずとリスク回避的な方向に偏るおそれもある。こうした状況の発生こそが会社としての果断な意思決定や事業活動に対する阻害要因となるものであり，本コード（原案）では，会社に対してガバナンスに関する適切な規律を求めることにより，経営陣をこうした制約から解放し，健全な企業家精神を発揮しつつ経営手腕を振るえるような環境を整えることを狙いとしている。」とのべている。

「攻めのガバナンス」として，果敢にリスクをとれといっている。この成果が，統合報告書に明確に記述されなければならない。

E　戦略と資源配分

吉城唯史（2013）は，

「戦略と資源配分においては，組織はどこへ向かおうとするのか，また，どのようにそこに辿り着こうとしているのかについての説明が組織に求められている。〔パラグラフ4.27〕言い換えるならば，フレームワークは組織の戦略目標，戦略，そして戦略を具体化した資源配分計画を次の具体的開示項目とすることで，明確化させることを求めているのである。

① 戦略
② 戦略目標
③ 戦略を具体化した資源配分計画
④ 戦略達成程度の測定方法
⑤ 戦略及び資源配分のビジネスモデルとの関連性
⑥ 外部環境，機会とリスクによる戦略への影響及び対応
⑦ 戦略及び資源配分方法の資本及び資本に関するリスク管理体制へ

の影響
⑧ イノベーション，知的資源の開発・利用のような差別化に関する説明。」
〔パラグラフ 4.28, 4.29〕

と述べている。

　戦略と資源配分は最重要項目である。統合報告書が戦略統合報告書といわれる所以はここにある。

　一方，コーポレートガバナンスの本コードの【原則 4-1．取締役会の役割・責務(1)】に次のように述べている。

「取締役会は，会社の目指すところ（経営理念等）を確立し，戦略的な方向付けを行うことを主要な役割・責務の一つと捉え，具体的な経営戦略や中長期の経営計画等について建設的な議論を行うべきであり，重要な業務執行の決定を行う場合には，上記の戦略的な方向付けを踏まえるべきである。」また，補充原則で次のように述べている。

補充原則
「4-1①　取締役会は，取締役会自身として何を判断・決定し，何を経営陣に委ねるのかに関連して，経営陣に対する委任の範囲を明確に定め，その概要を開示すべきである。
　4-1②　取締役会・経営陣幹部は，中期経営計画も株主に対するコミットメントの一つであるとの認識に立ち，その実現に向けて最善の努力を行うべきである。仮に，中期経営計画が目標未達に終わった場合には，その原因や自社が行った対応の内容を十分に分析し，株主に説明を行うとともに，その分析を次期以降の計画に反映させるべきである。
　4-1③　取締役会は，会社の目指すところ（経営理念等）や具体的な経営戦略を踏まえ，最高経営責任者等の後継者の計画（プランニン

グ）について適切に監督を行うべきである。」

また，【原則4-2．取締役会の役割・責務(2)】では，次のように述べている。

「取締役会は，経営陣幹部による適切なリスクテイクを支える環境整備を行うことを主要な役割・責務の一つと捉え，経営陣からの健全な企業家精神に基づく提案を歓迎しつつ，説明責任の確保に向けて，そうした提案について独立した客観的な立場において多角的かつ十分な検討を行うとともに，承認した提案が実行される際には，経営陣幹部の迅速・果断な意思決定を支援すべきである。

また，経営陣の報酬については，中長期的な会社の業績や潜在的リスクを反映させ，健全な企業家精神の発揮に資するようなインセンティブ付けを行うべきである」。

今回の「本コード」は戦略性を大きく前面に出し，「攻めの経営」を目指している。このタイミングで，統合報告書に取り組む企業は，よき頭の体操になる。この資源配分の帰属を明確にして，どのように，投下資本が，インプット～アクトカムまで，増殖していったか，ビジネスモデルに従って見ていくことは大変重要であり，良いタイミングであるといえる。

F　実績
　　吉城唯史（2013）は，
　　「実績においては，組織が戦略目標をどの程度達成したか，また，資本への影響に関するアウトカムは何かについての説明が求められている。〔パラグラフ4.30〕
　　実績においては次で示される定量的及び定性的な開示項目が含まれる。フレームワークにおいては，これらの中でもKPI（例えば，売上高と温室効果ガス排出量との比率など）のような定量的指標は比較可能性

の向上に貢献し，目標を表明し，その結果を報告する際に特に有用である。〔パラグラフ4.31〕

適切な定量的指標に共通する特徴は下記の通りである。

① 組織の状況に適合しているか
② ガバナンス責任者が用いる指標と一貫している
③ 結合している（例えば，財務情報とその他の情報との結合性で示されるように）
④ 組織の重要性決定プロセスによって特定された事象にも焦点を当てている
⑤ 将来の２期以上の期間に対応する目標，予想，計画とともに開示されている
⑥ 利用者が推移を理解できるように過去３期以上にわたり開示されている
⑦ 説明責任を果すため，以前に報告された目標，予想，計画とともに開示されている
⑧ 報告書の想定利用者が比較する際の基準を提供するため，業種または地域のベンチマークと一貫している
⑨ 動的及び比較の結果が好ましいか好ましくないかに関わらず，複数期間にわたり一貫して報告されている
⑩ 背景的な情報を提供し有用性を高めるために，定性的な情報とともにかいじされている」

とその要約を述べている。

G　見通し

吉城唯史（2013）は，

「将来の見通しにおいては，組織がその戦略を遂行するに当たり，どのような課題及び不確実性に直面する可能性が高いか，そして，結果として生ずるビジネスモデル及び将来実績への潜在的な影響はどのような

ものなのか，これらについて明らかにすることが求められる。」
〔パラグラフ4.34〕

具体的には以下で示される潜在的影響に関する説明を求めている。
① 外部環境，機会とリスクの潜在的な影響
② 資本の利用可能性，価値，経済性に関する潜在的な影響。

この見通しを，どの程度正確に公表するかについては，かなり問題が多いと考えられる。勿論どこの会社も見通しを社内的に実施しているが，競合他社の目を意識した時，やれるであろうか。

そうでなくても，株主をはじめ多くのステークホルダーの立場からは，企業が短期志向になるのではないかと思うであろうし，万一，この見通しが外れた時に蒙る実際の損失を誰が補填してくれるのか問題に逢着する。英国にケイ・レビューが存在する。英国政府の要請を受け，経済学者ジョン・ケイ（英国ロンドン・スクール・オブ・エコノミクスの客員教授）が英株式市場の構造問題について分析したリポートのことである。機関投資家による短期主義と利益相反等の問題を指摘しつつ，投資先企業の長期的価値向上に資するエンゲージメントを行ったか否かを問うている。

(1) 英国では，大手機関投資企業がフォーラムを創設し，投資先企業の取締役会への働きかけ（エンゲージメント）を強化する動きを本格化させつつある。機関投資家によるエンゲージメントの強化は，ケイ・レビューで提唱されたところであり，英国コーポレート・ガバナンスの潮流となっている。

(2) ケイ・レビューでは，英国株式市場が企業の長期的成長，最終受益者たる国民の利益に貢献しているのかが検証された。その結果，機関投資家を中心とする投資の関係者の間で，短期主義や利益相反等の問題があるとされ，上記機関投資家フォーラムの創設のほか，四半期報告の廃止やスチュワードシップ・コードの強化などが提案された。

したがって，売上高や当期利益について，年間予想や半期見通しを止

めるべきであるとの議論がある。従って，中期経営計画をつくり公表することはよいが，短期の見通しはやるべきではないとの論が力を得ているので，これらを統合報告書に載せることはかなりの困難を伴う。定性的には表現できる部分は多いと思われるが，KPI（主要業績指標）については議論が多い。

H　作成と表示の基礎〔省略〕

4．武田薬品工業の統合報告書について

(1)　統合版アニュアルレポートの編集方針
　　（ウェブサイト http://www.takeda.co.jp/ より）

1）統合思考
　タケダは，1781 年の創業以来，薬つくりを誠実に行うことで培われてきた普遍の価値観「タケダイズム（誠実：公正・正直・不屈）」に基づいて，「優れた医薬品の創出」を実現していく企業活動そのものが，CSR の根幹であると認識しています。他方，タケダは「健全な社会のサステナビリティ（持続可能性）なくして自社のサステナビリティはない」という点についても十分に認識しており，企業市民として，自社の強みが活かせる分野における，社会的な課題の解決に向け，イニシアティブを発揮したいと考えています。このように，タケダは社会と企業の関係を統合的に捉えて事業を展開しています。

2）統合報告／統合報告書
　タケダは，2006 年度より，財務情報だけでなく，人権，環境，コミュニティへの取り組みなどの非財務情報を取り入れた統合報告を開始し，「アニュアルレポート」を統合報告書として発行してきました。2009 年度より，「グローバル・レポーティング・イニシアティブ（GRI）」のガイドラインを参照し，CSR 活動に関する詳細な情報をまとめた「CSR データブック」を発行しています。また，2011 年より，「国際統合報告評議会（IIRC）」のパイ

ロットワーク，国連グローバル・コンパクトアドバンストレベル基準および GRI ガイドライン第 4 版を参照することにより，株主・投資家を中心とした幅広いステークホルダーを対象とした統合的な報告を試みています。

3）企業価値の創造と保全

　タケダは，理想とする将来像を示した「ビジョン 2020」を掲げ，多様な医療ニーズに応えられる真のグローバル製薬企業への変革を目指す戦略をグループ全体で実行しています。その事業活動全般において，「優れた医薬品の創出」や「企業市民活動」を通じた企業価値の創造を進めると同時に，「誠実」な事業プロセスを通じた企業価値の保全（＝企業価値の毀損回避）に取り組んでいます。

　本レポートでは，企業価値の創造と保全についての戦略を示すとともに，相互のつながりに着目して記述するよう努めています。

4）タケダ 2011 年版：統合ツールとしての ISO26000 活用（宝印刷㈱総合ディスクロージャー研究所編『統合報告書による情報開示の新潮流』75 頁）

　創業 230 周年を迎えた 2011 年に製作された統合版アニュアルレポートについては，「統合報告」を進めるために，世界のマルチステークホルダーによる参画を通じて策定された ISO26000 の考え方と枠組みを参考にして作成した。ISO26000 を活用する以前は，「社会」「環境」「取引先」「従業員」など，タケダ自身が重要と考える主要なステークホルダーの枠組みで構成していたが，2011 年版では，ISO26000 が提示する 7 つの中核主題，「組織統治」「人権」「労働慣行」「環境」「公正な事業慣行」「消費者課題」「コミュニティ参画および発展」の枠組みを採用し，CSR 情報の開示に努めた（後略）。

(2) 武田薬品の経営の基本精神

　　（ウェブサイト http://www.takeda.co.jp/ より）

「230年を超える歴史を通じて,「いのち」の大切さを見つめ続けてきたタケダには,高い倫理観と強い使命感が培われてきました。これらは,現在,タケダイズムをはじめとする「経営の基本精神」として一体化され,私たちの経営のなかに,しっかりと息づいています。
　ミッション（私たちの存在理由）「優れた医薬品の創出を通じて人々の健康と医薬の未来に貢献する」

(3) **統合報告版 2014 アニュアルレポート**

〔この内容は,かなり良く出来ている。目次の頁のみを下記に引用するので,ウェブサイト（http://www.takeda.co.jp/）より,「2014 アニュアルレポート（79頁からなる）」の全体像を参照されたい〕

```
Contents
 2  タケダ スナップショット
        医薬事業による企業価値創造
        CSR による企業価値保全
 6  財務・非財務ハイライト
 8  ステークホルダーの皆さまへ
        代表取締役 取締役会長 CEO 長谷川閑史 メッセージ
        業績概況と中期成長戦略
14  代表取締役 社長 COO クリストフ・ウェバー メッセージ
16  財務戦略
        取締役 CFO フランソワ・ロジェ メッセージ
18  研究開発戦略
        取締役 CMSO 山田忠孝 メッセージ
20  マーケティング戦略
22  CSR 戦略
24  コーポレート・ガバナンス戦略
26  取締役,監査役およびコーポレート・オフィサー
28  経営の基本精神
        Creating Corporate Value
```

```
30  研究開発
32  ワクチン事業
33  CMC 研究センター／知的財産
34  パイプライン主な開発品の状況
37  導入・アライアンス活動
38  生産供給活動
39  品質保証体制
40  マーケティング主力製品
42  市場別業績概況
    Sustaining Corporate Value
49  タケダの CSR 活動
54  人権
56  労働
58  環境
60  腐敗防止／公正な事業慣行／消費者課題
62  企業市民活動
66  コーポレート・ガバナンス
67  コンプライアンス
    社外取締役 メッセージ
69  危機管理
70  事業等のリスク
72  財務情報
77  社会的責任に関する主なデータ
78  環境・社会パフォーマンス指標に関する第三者保証
79  会社情報
財務情報に関する詳細は，「有価証券報告書」に掲載しています。
(http://www.takeda.co.jp/investor-information/)
```

5．まとめ

(1) 以上の如くタケダは ISO26000 の考え方と枠組みを巧みに取り入れている。また，大変熱心な会社であるので，製作チームに 4 チーム 2013 年

末で25名所属，2013年版作成には16人が約7カ月かけているといわれている。さすがに，どこの上場会社でもこれだけの人的資源の投入が可能かどうかは悩ましい問題かもしれない。先ず，グローバル企業から始めたら良いだろう。また，タケダ，三菱商事，オムロン等のケースを参考にしたらよいだろう。

(2) 国際統合報告書のフレームワークが統合報告書にもとめる記載内容は，まさしく企業の価値創造プロセスである。日々変化する外部環境において，企業が価値向上を図るために，以下の指導原理の元に，

```
指導原理
 A  戦略的焦点と将来志向
 B  情報の結合性
 C  ステークホルダーとの関係性
 D  重要性
 E  簡潔性
 F  信頼性と完全性
 G  首尾一貫性と比較可能性
```

どのような以下の内容要素を策定するのかを明確化し，外部に開示することを統合報告書の目的にしている。

```
内容要素
 A  組織概要と外部環境
 B  ガバナンス
 C  ビジネスモデル
 D  リスクと機会
 E  戦略と資源配分
 F  実績
 G  見通し
```

> H 作成と表示の基礎

したがって,これらに準拠して作成されなくてはならない。

(3) 統合報告書が「戦略統合報告書」とか,「価値創造能力統合報告書」とかいわれることも頭に入れて作成されたい。このことは企業そのものが,戦略的で短期・中期・長期に亘って価値創造能力をインプット・事業活動・アウトプット・アウトカムを経由して,どのように構築していくのかが求められている。したがって,リスクをとって果敢に戦略やビジネスモデルを構築している企業でないと書けないことになる。

一方,「本コード」【基本原則4】で,
「上場会社の取締役会は,株主に対する受託者責任・説明責任を踏まえ,会社の持続的成長と中長期的な企業価値の向上を促し,収益力・資本効率等の改善を図るべく,
 (1) 企業戦略等の大きな方向性を示すこと
 (2) 経営陣幹部による適切なリスクテイクを支える環境整備を行うこと
 (3) 独立した客観的な立場から,経営陣(執行役及びいわゆる執行役員を含む)・取締役に対する実効性の高い監督を行うこと
をはじめとする役割・責務を適切に果たすべきである。」

また,【原則4-1. 取締役会の役割・責務(1)】で,
「取締役会は,会社の目指すところ(経営理念等)を確立し,戦略的な方向付けを行うことを主要な役割・責務の一つと捉え,具体的な経営戦略や中長期の経営計画等について建設的な議論を行うべきであり,重要な業務執行の決定を行う場合には,上記の戦略的な方向付けを踏まえるべきである。」

との考え方は統合報告書の考え方と符号している。

(4) 統合報告書には，6つの資本のなかに，社会・関係資本（共有された規範・共通の価値観・ステークホルダーからの信頼感・社会的許諾・ブランド等）が入っている。また，内容要素の「Aに組織概要と外部環境」があり，組織の使命とビジョンを特定し，組織の文化，倫理及び価値を基本的文脈にすることを謳っている。

この点に関しても，「本コード」の【原則2-1. 中長期的な企業価値向上の基礎となる経営理念の策定】において，
「上場会社は，自らが担う社会的な責任についての考え方を踏まえ，様々なステークホルダーへの価値創造に配慮した経営を行いつつ中長期的な企業価値向上を図るべきであり，こうした活動の基礎となる経営理念を策定すべきである。」

及び，【原則2-2. 会社の行動準則の策定・実践】において，
「上場会社は，ステークホルダーとの適切な協働やその利益の尊重，健全な事業活動倫理などについて，会社としての価値観を示しその構成員が従うべき行動準則を定め，実践すべきである。取締役会は，行動準則の策定・改訂の責務を担い，これが国内外の事業活動の第一線にまで広く浸透し，遵守されるようにすべきである。」

と統合報告書の狙いと同じ方向のことを述べているといえよう。ともあれ，世界の流れは，統合報告書の方向に流れ出している。我が国では，2014年10月で134社が作成している。今後ますます増えるようにしていかねばならない。

(5) 企業が統合報告書をフレームワークの要請をもとに，業種，規模，経営環境，企業文化等の相違を踏まえ，これまで公開してこなかった企業内

部の問題点，事象，情報等を開示内容に含め，かつ，投下資本としての財務資本（資金）や製造資本（manufactured capital；建物・設備・インフラ等），知的資本（intellectual capital；特許・著作権・ブランドや評判等のインタンジブルズ等），人的資本（human capital；組織のガバナンスの枠組み，戦略の理解，開発，実施に関わる能力等），社会・関係資本（共有された規範・共通の価値観・ステークホルダーからの信頼感・社会的許諾・ブランド等），自然資本（空気・水・土地等の環境資源）等を，インプットからアウトカムに至るまでの流れの中でどのように拡大していくかについて明らかにし，策定するならば，企業活動について統合報告書を利用する株主，債権者を始め，顧客，取引先，地域社会，環境団体等のステークホルダーにとって，従来よりも投資の価値判断や社会的信認を一層深めることが出来ることになるであろう。

　特に「本コード」で述べている，経営理念，倫理規範，行動準則，戦略，中期経営計画，サステナビリテイー（持続可能性）等を上場企業は纏めて，独自性のある自らのコーポレートガバナンス・コードを策定し企業の行動指針にするとともに，それを公表し，機関投資家等との建設的な目的ある対話（エンゲージメント）を進めなくてはならない。かかる意味において，統合報告書の戦略性，価値創造性はこれらに符合しているといえる。

(6)　企業側に立って考えると，戦略やビジネスモデル，業績等の関連性について，考え方はややもすれば，国単位，工場・事業所単位，本社の縦割り機能単位，子会社単位等での予算編成・実績集計の習慣がついている。これらは企業サイドのPDCAの管理サイクルとして，必要とされる。従って，企業は，一旦，ビジネスモデル単位，国・地域単位，本社機能単位のマトリックス単位に全体をまとめ，そこから俯瞰された戦略や投下資本の流れを，7指導原則（A 戦略的焦点と将来志向，B 情報の結合性，C ステークホルダーとの関係性，D 重要性，E 簡潔性，F 信頼性と完全性，G 首尾一貫性と比較可能性）に則し，かつ，先述の8内容要素（A 組織概要と外部環境，B ガバナンス，C ビジネスモデル，D リスクと機会，E 戦

略と資源配分，F 実績，G 見通し，H 作成と表示の基礎）に纏め上げていかねばならない。このフレームワークはプリンシプル・ベースであるから，勝手にその精神汲んで作りなさいといっても，このことは大変な時間とエネルギーを要することである。もっと分りやすく事例や図解を多く取り入れた，平易な解説書が多くだされることが待たれる。これに従って作成すれば統合報告書が概ね作成できるというようなマニュアルがあれば理想的である。そうしないと上場会社 3,400 社に普及することに多大な年月を要することになりかねない。

(7) 上記の(6)以外にも幾つかの問題点がある．
① 先に述べた如く，機密情報の公開問題である。これは「本コード」においても，論じられることであるが，競合他社の眼の意識である。他を利することになってはならない。しかし，世の中の流れは，明らかに，「本コード」の基本原則「適切な情報開示と透明性の確保」にあるように思う。即ち，

【基本原則3】適切な情報開示と透明性の確保
　「上場会社は，会社の財政状態・経営成績等の財務情報や，経営戦略・経営課題，リスクやガバナンスに係る情報等の非財務情報について，法令に基づく開示を適切に行うとともに，法令に基づく開示以外の情報提供にも主体的に取り組むべきである。その際，取締役会は，開示・提供される情報が株主との間で建設的な対話を行う上での基盤となることも踏まえ，そうした情報（とりわけ非財務情報）が，正確で利用者にとって分かりやすく，情報として有用性の高いものとなるようにすべきである。」

　したがって，企業は，可能な限り，「本コード」の基本原則「適切な情報開示と透明性の確保」に準じ，統合報告書においても開示すべきである。

② 統合報告書に書かれた内容の信頼性である。CSR レポートのように，第三者機関や CSR に関わる大学教授とかの認証が必要ではないか。まして将来，文字通り CSR レポート等を統合していくならば（そうしないと企業サイドはコストを負担しきれない），そのようにすべきである。

単に，CSR レポートとアニュアルレポートを糊付けすればよいというものではない。

第7部
取締役会構成における多様性（Diversity）について

I．はじめに

本コードの【原則2-4．女性の活躍促進を含む社内の多様性の確保】

「上場会社は，社内に異なる経験・技能・属性を反映した多様な視点や価値観が存在することは，会社の持続的な成長を確保する上での強みとなり得る，との認識に立ち，社内における女性の活躍促進を含む多様性の確保を推進すべきである。」と述べている。

今後の課題として，さらにコーポレート・ガバナンスの強化を図る観点から，独立性の高い社外取締役の複数選任，将来的に3分の1以上の独立社外取締役の選任，多様性，専門性のある取締役会構成（Board Diversity）等が求められる。一方，過去には，米国のトップ・ダウン企業，及び我が国の高度成長期の企業においては，単一性や均質性が求められ，これに我が国独特の年功序列や終身雇用制が取締役会にまで持ち込まれ社長をトップにしたヒエラルキーができ「集団愚考の罠」（group － think の罠：「まあいいか症候群」）にはまりやくすなっていた。しかし，今日のような複雑系の社会や環境変化が激しいグローバル時代には，異質性・多様性・国際性なくして国際的企業と世界で競争できなくなってきた。取締役会における女性の登用，専門家の登用，国際派の登用は避けて通れない。独立性とは取締役の一要素であり，専門的資格，経験，倫理観等の人格・資質，及び多様性，異質性等の様々な要素の組み合わせが取締役会構成（Board Diversity）として必要になる。

第1章
女性の登用（Gender Diversity）について

　女性登用に関して,「機会の平等」の話しは沢山あるが,「結果の平等」を求めたのは,ノルウェーが最初である。高齢化から労働力が不足し,移民政策の緩和をとるか女性の活用を図るかの選択を迫られ,最終的に後者にしたとの背景があるといわれている。

1．機会の平等

(1)　「ガラスの天井」を男女で打ち破れ

　女性が取締役（board member）へ上る場合,障害となる「ガラスの天井（glass ceiling）」が存在する。本人の能力や業績とは関係ないところに天井がある。その天井が妨害して,昇進・昇格が出来ない状態が存在する。「結婚してないから」「子供がいないから」と私生活と引き換えに昇進昇格する「ないから管理職・役員」でよいのであろうか。「Gender Bias（性差に基づく偏見や固定観念）の存在に疑問を呈することも,声を上げることもしない。その結果,不公平なシステムがいつまでも続く。これは男女両方の責任である（Sheryl Sandberg：2013, 210頁）」。男性支配というパラダイム（その時代の支配的な規範）からの脱却も必要であるが,女性も「一歩前にでる（Lean in）」昇進・昇格意欲を持たなければならない。

(2)　ワークライフ・バランス（仕事と家庭の調和）施策

　我が国の場合,M字カーブ（年齢別労働人口比率）の存在から30歳前後から45歳前後の女性が結婚,出産,育児により離職してしまう。この

M字カーブを是正するためにワークライフ・バランス施策は非常に大事である。

① 有給休暇の5日消化義務化等

女性の離職期間中の，夫の育児・家事への参加による支援として，厚生労働省は企業に有給休暇の5日消化義務化を2016年4月から実施の方向で検討中。我が国では，「有休」は6年以上働けば20日分もらえるようになるが，取得率が50％弱にとどまる。正社員に年5日分の有休をとらせることを企業の法的義務にする（2015年2月4日日経新聞）。一方，「育児・介護休暇制度」が企業に義務化されているが，男性の育児休暇取得率は現在2％，これを2020年までに13％にすることを2015年3月20日閣議決定した。

② 待機児童ゼロ化

政府による保育施設の充実による待機児童ゼロ化では2017年度までに40万人分の保育施設（2015年度は8万人増）を整備する。2014年10月時点で認定保育所に入れない待機児童は43,184人（厚生労働省発表）であった。4年連続の減少である。広島市のように2015年待機児童ゼロになる市も現れた。

③ 保育士増

保育士増（2015年度は保育士の賃金3％アップ）を図るなどの企業や政府によるワークライフ・バランス施策（仕事と家庭の調和施策）は重要である。これなくして，少子高齢化の防止は出来ない。

④ 学童保育の対象年齢の引き上げと30万人増

厚生労働省は，小学生を放課後預かる学童保育を民間の事業者に対し，民家やアパートを活用する場合に家賃を補助する制度を2015年度から始める。対象年齢を10歳未満から小学6年生まで引き上げ，定員を19年度

までに30万人増やし，女性が働きやすい環境を整えると共に空き家の有効活用を促す。

⑤　長時間労働の是正

　長時間労働等の日本的雇用慣行の是正が急務である。2014年の「厚労省」の毎月勤労統計調査によると，フルタイムで働く正社員の残業は，年173時間で前年より7時間，20年前より36時間増えている。長時間労働の理由は，終身雇用制により転職の機会が乏しいこと，長時間労働が評価されやすい企業風土があることなどである。かかる意味で，厚生労働省が2015年1月7日，働いた時間でなく成果に応じて報酬を支払う新しい労働時間制度「ホワイトカラー・エグゼンプション」について，年収1075万円以上（年収基準の変更に歯止めをかける。例えば平均給与の3倍超）の高度な職業能力を持つ専門家労働者（金融デイラー，アナリスト，金融商品開発，コンサルタント，研究開発，コピーライター，デザイナー，データ分析等、ただし，労使の合意が必要，全体の約3.9％が対象と想定）を対象とする案に関わる関連法案を通常国会に提出し，2016年4月の施行を目指すことは一歩前進である。裁量労働制の拡大は約60万人に適用される。フレックスの拡大は育児・介護中の方々が対象となる。

⑥　原則としての残業禁止

　東レ経営研究所の試算によると，残業時間が月40時間以上の企業が残業ゼロになれば，「正社員に占める女性比率」は18％から27％に上昇する。さらに「子供を持つ正社員にしめる女性比率」は残業40時間以上では10％にとどまるが，ゼロになった場合は20％と2倍になるという。女性活用の労働条件の整備が重要で，M字カーブの是正となる。既に，神戸製鋼所が原則として午後7時以降，また，リコーや伊藤忠商事が午後8時以降の残業禁止に踏み切ったことは画期的なことである。

(3) **アベノミクスによる女性の役員・管理職への登用**

政府は「日本再興戦略」において，女性の役員・管理職への登用「2020年30％」の政府目標を掲げた。

① 女性の活躍状況の「見える化」

企業における女性の活躍状況の「見える化」として上場企業の女性登用状況等の業種別一覧表を内閣府HPに掲載した（管理職・役員の女性比率，女性登用の目標，育休の取得者数，復帰率，残業時間，年休取得率など）。

② 「コーポレート・ガバナンス報告書」への女性の活躍状況の記載促進

2014年10月23日に交付された「企業内容等の開示に関する内閣府令の一部を改正する内閣府令」において，有価証券報告書等の中で会社役員の男女別の人数および女性比率を記載することが規定され，平成27年3月31日以降に終了する事業年度から適用になる。また，東証の「コーポレート・ガバナンスに関する報告書」においても，すでに会社機関の構成員の男女別構成や役員（取締役・監査役）への女性登用に関する記載が示された。

2014年版株主総会白書（商事法務 No. 2051）によると，240社（回答会社の13.7％）が記載している。また，今回の総会で選任した女性役員56社を含めると296社（16.9％）で，着実に増加傾向にある。

③ 女性活用企業の表彰

女性の活躍「見える化」について総理表彰の創設，企業への助成金制度や税制上の措置の活用。経産省と東証は2014年3月3日，女性活用を業績向上につなげている「なでしこ銘柄」東レ，ニコン，KDDIなど26社を選定した。また，経産省は同日，多様な人材を活用する企業を表彰する「ダイバーシティ経営企業100選」を発表した。政府は公共事業の入札などで，女性活用企業を優遇する検討に入った。

④　育児休業中・復職後の能力アップに取り組む企業への助成制度の創設
　育児休業中・復職後の女性の空白期間の取戻しや技能教育（女性の55％が非正規雇用）・管理者教育（特に，リーダーシップ教育）を企業が率先しておこなうこと（資生堂が始めている），それを政府が支援することが望まれる。また，前述の如く，男性の家事・育児等への参画促進（育メン），ワークライフ・バランスや労働生産性向上の観点からの労働時間法制の総合的議論，待機児童解消加速化プランの展開などを進め，女性の勉強・研修できる環境を整えることも大事である。

⑤　内閣府による「はばたく女性人材バンク」の創設
　2015年1月24日の日経新聞によると，内閣府は4月から専用サイトを設け，過去に審議会委員を務めた延べ2800人の女性を対象に，本人の意向を聞きは始めた。承諾を得られれば氏名と所属した審議会，専門分野，職歴などを登録する。企業は情報をもとに直接，役員候補と連絡をとることができる。

2．結果の平等

1）ノルウェー
　2003年の会社法により性別の平等性は企業へも拡大され，上場企業の取締役会における女性の割合を少なくとも40％以上（その後の改正で男女どちらかが40％を下回ってはならないとなった）にすることが義務づけられた。この法改正はノルウェーで激しい議論を巻き起こしたが（それにより刺激された，その他欧州各国ではさらに大きな議論を呼んだ），性別クオータ（割り当て配分）制は一定の成功を収めたとみられている。だが，議論はこれで終わったわけではない。一つ顕著なのは，ノルウェーは経営権のある役職での女性登用がまだ低い点だ。上場企業の取締役会における経営権のない女性役員は既に40.7％を占めているが，経営に携わる女性役員は6.4％にすぎない。ノルウェーの大手上場企業に女性の社長はい

ない（2014年8月24日 Financial Times）。

ノルウエーの性別クオータ性は，国営企業において2004年施行。民間上場会社は2008年までに達成しなければならないとしたが，上場廃止企業の増加，企業価値の低迷が見られた（田中信弘：2014）。

2）欧州議会

2013年11月20日，欧州議会は欧州企業の役員会における男女比を改善するための欧州委員会法案（上場企業の非常勤役員に占める女性役員比率を2020年までに40％にすることを義務付けた）を可決した。因みに，2012年10月のEU域内の女性取締役比率は16.6％になっている。

3）ドイツ，女性監査役3割2016年義務化

ドイツ連邦議会は2015年3月6日，上場大企業100社に対して監査役の30％を女性にするように義務付ける法案（2016年から適用）を可決した。メルケル政権は経済界の反対を押し切って女性比率の義務化に踏み切った。2018年からはこの比率を50％にする。現在は20％弱にとどまっている。ドイツの監査役会は取締役の解任権をもつ。

4）我が国の男女の平等度

2014年1月19日の日経新聞によると，男女の平等度において，米23位，日本105位と言う調査がある。また，「世界136カ国の男女平等度合いを示す，ジェンダーギャップ指数2013年版によると，米国の順位は23位と日本の105位を大きく引き離している。指数はスイスに本拠を置くシンクタンクの世界経済フォーラムが女性の地位を経済，教育，健康の3分野で分析したものである。いずれ我が国も，少子高齢化から，移民を選ぶか，クオーター制を選ぶかの選択を迫られる時代が来るかもしれない。なぜならば，我が国の労働人口は，1995年でピークを打ち減少傾向にある。2013年約66百万人の労働人口は，内閣府の推計によると，2030年には約5,700万人と14％も落ち込むといわれている。大量移民は考えられず，真

剣に女性や高齢者の活用を考えなくてはならなくなる。

5）我が国の「女性登用に数値目標設定」の法案準備中
　政府は，2015年2月20日，大企業（従業員301人以上）に対し，女性登用に向けた数値目標を作り行動計画として公表することを義務付ける法案を2015年の国会に「女性の職業生活における活躍の推進に関する法律案」として提案するべく、閣議決定した。2025年までの10年間の時限立法として，一律の数値目標は避け，企業が選べる仕組みにする案が有力，中小企業の取り組みは努力義務に止める。そのほか，長時間労働の是正，非正規から正規への転換，育休後の職場復帰支援などが作成・公表義務項目としてあがっている（日経新聞2014年10月3日）。いよいよ我が国もここまで来たかの感がある。これこそ「結果の平等」への第一歩である。

第2章
専門家の登用（Professional Diversity）について

1．独立社外取締役の資質

　独立社外取締役の Professional Diversity も重要である。本コード【原則 4-7．独立社外取締役の役割・責務】は次のように述べている。

「上場会社は，独立社外取締役には，特に以下の役割・責務を果たすことが期待されることに留意しつつ，その有効な活用を図るべきである。
　(i) 経営の方針や経営改善について，自らの知見に基づき，会社の持続的な成長を促し中長期的な企業価値の向上を図る，との観点からの助言を行うこと
　(ii) 経営陣幹部の評価・選解任その他の取締役会の重要な意思決定を通じ，経営の監督を行うこと
　(iii) 会社と経営陣・支配株主等との間の利益相反を監督すること
　(iv) 経営陣・支配株主から独立した立場で，少数株主をはじめとするステークホルダーの意見を取締役会に適切に反映させること」である。

　従って，
① 助言機能を発揮するためには，知識・経験が大事である。
　　例えば，新規事業・既存事業の分かる方，海外経験のある方，法律やリスク・コンプライアンスの専門家，財務専門家（米国 Financial Expert 同等の），女性の感性等のバランスを取ること。

②　経営の監督機能としては，気後れせずにものを言う勇気，正義感，公平感，誠実性（言行一致），Independent Judgment ができる Independent Mind（精神的独立性）をもった方などが求められる。

③　利益相反の監督機能としては，倫理的価値観，正義感，公平感，誠実性（言行一致），などが求められる。

④　ステークホルダーの意見を取り入れるためには，少数株主のみならず，消費者，従業員，債権者，地域社会などとの接点を頻繁に持てるように時間と，エネルギーを惜しまない積極性のある方を選ばれなければならない。

かかる意味で，本コードの補充原則 4-11 の②は意味がある。

「社外取締役・社外監査役をはじめ，取締役・監査役は，その役割・責務を適切に果たすために必要となる時間・労力を取締役・監査役の業務に振り向けるべきである。こうした観点から，例えば，取締役・監査役が他の上場会社の役員を兼任する場合には，その数は合理的な範囲にとどめるべきであり，上場会社は，その兼任状況を毎年開示すべきである。

⑤　女性の登用（Gender Diversity）においても経営専門性（経営リタラシー）を兼ね備えることが重要である。

2．経営者（CEO）の資質

伊丹（2014）は経営者には 3 つの役割があるという。リーダー，代表者，設計者としての役割である。それらを要約すると，
①　リーダーとは，その組織の求心力の中心になる人物のことである。

「人を統率すること自体」あるいは「統率する力」のことをリーダーシップという。経営者は，こうした意味でのリーダーシップを発揮して，組織の求心力の中心にならなければならない。そして，そうした求心力の源泉を組織の人々に生み出すために，組織に魂を吹き込まなくてはならない。
　リーダーの条件：人格的魅力とぶれない決断（人格的温かさ，信頼感）

② 代表者とは，組織として，外部に何らかの働きかけを行う際に先頭に立つ役割と，外部からの波に対して組織の内を守る防波堤の役割の2つが含まれる。
　代表者の条件：結果への責任感と社会への倫理観（三角形の頂点としての責任感，倫理観）

③ 設計者とは，企業のグランドデザインの提示者である。1つは戦略の設計図であり，「市場の中の組織の活動の基本設計図」のことである。第2のパートは「組織の中の人々の活動の役割と連携，その管理のための構造設計図である。
　設計者の条件：戦略眼と組織観

次に，経営者たる3つの普遍的資質として，エネルギー，決断力，情と理を挙げている。また，第4の資質として，経営者の置かれた状況から
　① 事を興す人（構想力）
　② 事を正す人（切断力―外科医のような）
　③ 事を進める人（包容力）を挙げている。
　そして，
　①の例として，松下幸之助，本田宗一郎，井深大
　②の例として，中村邦夫，丹羽宇一郎
　③の例として，奥田碩（ひろし），御手洗富士夫を挙げている。

3．経営者のモラル・ハザード（倫理の欠如）は何故起る

株主は株価最大化，配当最大化，自社株買い等に関心があるが，経営者は，会社は自分たちのものとの錯覚から，自己利益の追求，例えば，
① 経営者としての名声・財界活動・政治活動に精力を使う，及び公私混交
② 業績にスライドしない役員報酬の取得
③ 業績不振でも長期間社長・会長職への固執・保身
④ 後継社長指名権への固執
⑤ 多額の現預金の保有にも拘わらず新規事業等への再投資をしぶる

などである。伊丹（2013）は，問題ある経営者について，次のような警鐘を鳴らしている。

・「派手好みは，有名人好みだけでない。派手な本社ビル，マスコミ受けする言動。中身は余りないのに，美しい言葉だけが並ぶ経営改革案の華やかな発表。あるいは身の丈を超えた財界活動。こうした派手な行動を好むようになったら，それは経営者としての失敗の予兆である」。

・「経営者は分配者なのである。多くの人が自分もほしいと思う，カネと権力と情報と名誉を，経営者は人々に分配する役割を果たさざるを得ない。その分配の仕方を，部下はじっとみている。」

・「まだやれると思う人は，自分だけは年齢を超越できると思っている人，（中略）まだやらなければと思う人は，組織への過剰密着がそう思わせるのであろうし，又後継者への不安がある，まだ代わりがいない，だから自分がまだやらなければ，と思わせるのであろう。」

・「トップはついつい，自分の思うようなことをやってくれる，自分を大切にしてくれる，しかし自分を超えない人間を後継者に指名する。」

・「決断の実行をきちんと行うだけの，エネルギーに自信がないとき，人は先延ばしをするだろう。判断に自信がないのではなく，判断が正しいように思えるが，それを実行する手間ヒマや面倒を，きちんと果たせる

かどうか，自分の体力や粘りに，自信がなくなっているのである。」と述べている。

シュムペーターは「企業家の人間としての資質と道徳心が資本主義の質を定める」と述べていることを忘れてはいけない。

4．多様性，専門性ある良き Board Diversity の事例

多様性，専門性のある取締役会構成（Board Diversity）の良き事例として，目的的構成により default の淵から甦った米国ゼロックス社（Xerox Corp.）の例を紹介したい。

1）米国ゼロックス社の歴史と 2000 年代の 2 年連続赤字

　米国市場における攻撃の一番手のキヤノンは，1981 年に中速機を発売した。日本製品のデザインは多くの点で，シンプルで交換できる部品を使っていたのでサービスが簡単であった。この頃の米国ゼロックス社の受け入れ時の部品良品率は 95％ であったが，日本企業では 99.5％ と大きな開きがあった。そして，間接費は日本企業の 2 倍であった。1990 年 8 月，デイビット・カーンズは CEO の地位をランク・ゼロックス社のポール・アレアに譲っていた。ポール・アレアは 1995 年に「ザ・ドキュメント・カンパニー」と呼称されるように理念を変えた。

　2000 年〜2001 年にかけて，キヤノンやリコー等の高品質・低価格の複写機攻勢は激烈さを増していた。米国ゼロックス社は，効率化のために全支店にあった売掛金回収機能を本社に一元化したが，ソフトの混乱から正しい請求書が発行できなくなった。ユーザーは代金を支払わず，従って，正しい売上債権が計上できず，SEC から粉飾決算の嫌疑を掛けられ，何度も調査が行われ，株価は 92％ 下落，2 年連続赤字決算となった。借入金は 2001 年 $16.7bn（約 1.6 兆円）と総資産の 60％ を超えた。一方，競合会社のコダックは日本勢の攻勢に複写機事業に見切りをつけ，ハイデルベルグ等に売却したが，米国ゼロックス社は倒産（default）の淵から甦るこ

ととなる。

2）女性CEOアン・マルケーヒー（An.M.Mulcahy）による再生

2001年にCEOに就任した，アン・マルケーヒーは当時フォーチュン500社の中でも珍しい女性CEOであった。彼女は，経営理念を従来の「ザ・ドキュメント・カンパニー」から「カスタマー指向と従業員中心主義」に据えた。

彼女は経費節減や資金管理を強化するため，副社長（African-American女性ウースラ・バーンズ Ursula Burns, EVP）とCFOとTreasurer等に女性役員を配すると共に，カラー複写機のR&Dとマーケテイングに力をいれ，2005年までの5年間で約1兆円の借入金を返済する。

3）米国ゼロックス社（Xerox Corp.）の取締役会構成（2005）

2005年の取締役会構成は，実に目的的なDiversityが見てとれる。将来の米国ゼロックス社は箱物販売から情報サービスに力を入れなくてはならないとして，TV，インターネット，情報サービス，通信分野からCEO

図表7-1　米国ゼロックス社（Xerox Corp.）の取締役会構成

取締役会構成（2005年の例）
1．CEOのアン・マルケーヒー（女性）以外全て社外取締役11名（内女性2人，有色人種2人）
2．社外取締役11名の専門分野（Professional Diversity）
(1)　他社の現・元CEO/CFO等————9名
① Time Warner Cable————TV, インターネット
② The Tompson Corp.————情報サービス
③ Citizen Communications————通信（女性）
④ Johnson & Johnson————カスタマー・オリエンテッド
⑤ The Procter & Gamble Co.————カスタマー・オリエンテッド
⑥ Deutsche Bank AG————金融
⑦ 人権保護団体（女性）
⑧ 弁護士
⑨ 投資家
(2)　大学教授————2名
① ブラウン大学（海外政策）
② コネチカット大学（金融論）

等3人を社外取締役に入れ，大借金をしたため，金融に明るい人を2名，また，経営理念の1つをカスタマー・オリエンテッドに変更したため，この分野に詳しいJ&J（Johnson & Johnson）とP&G（The Procter & Gamble Co.）から元会長等2名を入れている。

4) African-American女性CEOウースラ・バーンズ（Ursula Burns）の快挙

2009年にCEOに就任したウースラ・バーンズはフォーチュン500社で最初のAfrican-American女性CEOで，且つ，The Most Powerful Womenの1人に選ばれている。その理由は，アフィリエーテッド・コンピューター・サービシズ（ACS社：Business Process Outsourcingの会社）を$6.4bn（約5,000億円強）で買収（資金不足から約半分を株式交換とした）し，Business Process Outsourcing（オフィスの効率運営を支援する事務機管理受託やセキュリティを含む文書関連業を受託する事業）分野でキヤノン，リコーよりもワールドワイドで一歩先行した。その結果，米国ゼロックス社を売上高2.3兆円，税引前利益1,500億円レベルを毎年のようにコンスタントに実現する会社に導いた。

フォーチュン500社で女性トップは21人の4％しかいない（日経新聞2013年5月11日「ガラスの天井を破る」）。何かを犠牲にしないと（例えば一生独身とか，子を産まないとか）トップなれない。「結婚してないから」「子供がいないから」と私生活と引き換えに昇進昇格する「ないから取締役」でよいのであろうか。そこには「ガラスの天井」があるといわれる。その中でAfrican-American女性がCEOになれるのは，ラクダが針の穴を通るよりも更に難しいといわれているが，彼女は夫もいるし2人の娘もいる。

2012年，米国ゼロックス社の取締役会構成（Board Diversity）は10人中4人が女性である。既に，米国にありながら，欧州委員会法案で示された目標の40％を達成している。執行役員31人中11人が女性（資金を扱う部門長は殆ど女性が占める─倒産の淵から甦る力となる）。

5）女性の母性本能

英国 Leeds 大学の A. G. Wilson 教授の研究（17,000 社対象）では，「少なくとも女性取締役が一人以上いる企業は経営破綻リスクを 20％減らせる，3 人に増えると更に減らせるとの分析がある（The Sunday Times March 19, 2009）」。

やはり，女性には，いざと言う時に母性本能としての個体保存本能が働くのであろう。これを文字通り実証したのが，米国ゼロックス社の女性 CEO アン・マルケーヒー（An. M. Mulcahy）であり，African-American 女性 CEO ウースラ・バーンズ（Ursula Burns）である。

5．「女性 CEO と女性社外取締役とで期待される資質が異なる」事例（三洋電機における女性 CEO 野中ともよ氏の蹉跌）

1）CEO の人選

2002 年 6 月，創業家の 4 代目井植敏（さとし）会長が，創業以来長らく続けてきた井植一族による同族経営の殻を破り，将来経営トップを任せるために，日興リサーチセンター理事長の野中ともよ氏（略歴：上智大学文学部新聞学科卒業後，ミズリー大学大学院留学，NHK ニュースキャスター，アサヒビールやニッポン放送の社外取締役，日興リサーチセンター理事長）を三洋電機の社外取締役に招聘した。

通常，経営トップに期待される資質は，
① 経営理念・ビジョン・グランドデザインの設計者
② 強烈なリーダーシップがあること
③ 人間的魅力とぶれない決断力
④ 結果への責任感と倫理的価値観を持っていること
等といわれる。

しかし，井植敏会長（「事を興してきた人」）は，本来この時期「事を正す人」を求めるべき時（2005 年 6 月）に，
① 女性独特の感性の鋭さとサンヨーブランドの再構築

② 東京方面の人脈づくりに期待して，

野中ともよ氏に懇願して，会長兼CEO兼ブランド本部長になってもらう。

2）2000年代の三洋電機の状況

① それまでの3,000億円から1兆2,000億に迫る有利子負債は，2000年（50周年）にできたといわれる。この年，井植敏社長は，半導体事業に2,300億円，大型液晶事業に910億円等、無謀な新規事業を始めた。
② 2000年代前半から主力行の三井住友銀行（2001/4合併）は何度も三洋電機の売却をパナソニックの中村邦夫社長に持ちかけていたとの噂がある。その役割を担っていたのが，三井住友銀行から三洋電機にきた副社長CFOの古瀬洋一郎であったといわれている。
③ 当時中村社長は「創業者の理念以外は全て壊す」と宣言し「旧体制の破壊と創造」による13,000人のリストラや事業部制廃止等の構造改革に，強烈なリーダーシップを持って，取り組み，2002年3月期の▲4,278億円から2004年3月期+421億円の黒字とV字回復を果した。この時期，

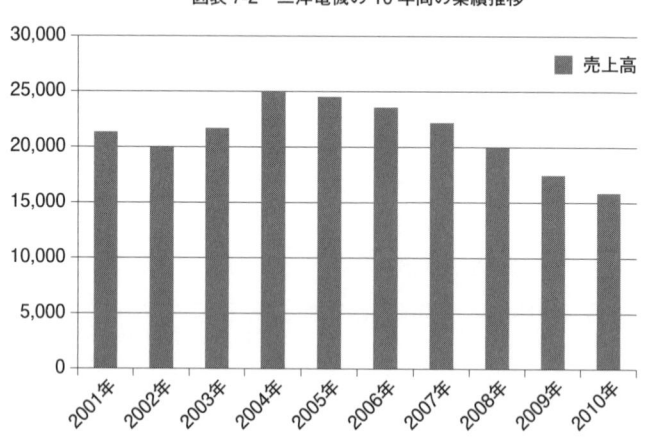

図表7-2　三洋電機の10年間の業績推移

野中ともよ
2002/6 社外取締役就任，2005/6 会長就任，2007/12 辞任，2008/12 パナの子会社化

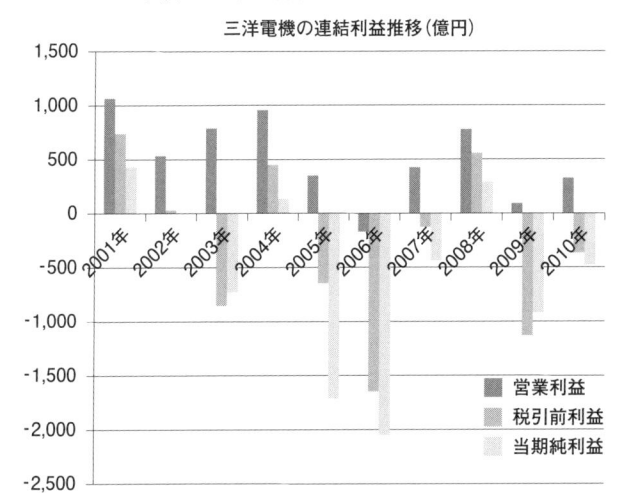

図表7-3 激しく変動する三洋電機の利益
三洋電機の連結利益推移（億円）

　三洋電機の買収どころではなかった。しかし，基本的に我が国に家電企業は多すぎるとの考えに立つようになる（経産省も同じことを考えていた）との話がある。

　2002年頃，中国を始めアジア諸国の技術力が向上し，商品価格が下落し，白物家電や半導体等の事業環境が非常に厳しかった。また，三洋には「二流，安物」というイメージが付きまとっていた。

　2002年3月期の三洋電機の売上高は2兆247億円（対前年▲6.1％），純利益は17億円（対前年▲95.9％），有利子負債1兆1670億円，自己資本比率21.9％，従業員8万人であった。大株主は三井住友銀行4.62％，あさひ銀行3.6％，住友生命3.24％，日本生命3.11％等の金融機関であった。

3）野中ともよ氏による中期経営計画

　野中ともよ（48歳）は，2005年6月に代表取締役会長兼CEOに就任した。前会長の井植敏は代表取締役として残る。彼女は同年7月に，これまでの「私たちは，世界の人々に，なくてはならない存在でありたい」と

の経営理念を改め，人と地球を思いやる「Think GAIA」(注1)を掲げ「未来の子供たちへ美しい地球を還そう」を企業使命ととらえ「地球といのちに喜ばれる会社」をブランドビジョンとして，「環境・エナジー先進メーカー」への改革を目指した。自らもブランド本部長を兼ねた。

同じ時期に井植敏雅が代表取締役社長兼COOに就任した（この時，井植家の三洋電機株式の保有率は僅か1.2%）。

野中ともよは，2005年11月に21世紀のグローバルカンパニーとしての進化を成し遂げるため，第三の創業としての構造改革「SANYO EVOLUTION PROJECT」を立ち上げた。

① 事業ポートフォリオの選択と集中による事業の再編と再構築，及び
② コスト構造を改革するための業務改革と組織再編，
③ 財務体質の健全化に取り組むことにより，

来期以降の業績のＶ字回復を実現する計画であった。

その結果として，総合家電メーカーから脱却し，環境・エナジー先進メーカーとして，当社の強みを生かしたコア事業への選択と集中を進め，経営基盤の再建と新たな成長に向け取り組んで行く。

これにより2006年3月期の見込み売上高2兆4,400億円を2008年3月

図表7-4　野中ともよCEO就任時の取締役会構成（2005年6月）

・代表取締役	井植　敏
・代表取締役会長・CEO・ブランド本部長	野中ともよ
・代表取締役社長・COO	井植敏雅
・代表取締役副社長CFO（三井住友銀行元常務）	古瀬洋一郎
（経営方針を巡る見解の相違から2005年10月辞任，直接の原因は独断で三井住友から30人の財務調査団を受け入れたことによるといわれている）	
・取締役副会長	近藤定男
・取締役相談役（前社長）	桑野幸徳
・取締役（元大阪大学総長）	熊谷信昭
・取締役（元フォード・モーター副社長）	ルイス・イー・ラティフ
・取締役	井上　敏
・取締役	梶川　修

期2兆6400億円へ，同じく当期純利益▲2,330億円を620億円へと黒字化を図るとの中期経営計画を発表した（注2）。

4）第三者割当増資

2006年1月25日には，中期経営計画達成を確実にし，事業を継続的に運営する基盤を取り戻すため，自己資本の増強および有利子負債の削減等による財務体質の強化が急務であると考えた。また資金面では，コア事業を中心とした成長戦略に必要な設備投資・研究開発費に対して2006年度約2,200億円，2007年度約2,300億円，及び構造改革の一段の加速・推進のために約1,000億円（合計5,500億円）が必要の見込みであると考えた。これらのために優先株式発行による約3,000億円の増資を今年度内に実行することが不本意ながら不可欠となった（野中ともよと井植雅敏は当初公募増資を主張したが，金額不足で不本意ながら断念）。

2006年2月末までに，大和証券SMBCPIに1,250億円，ゴールドマン・サックス・グループに1,250億円，三井住友銀行に500億円を割り当てることを決定したことを発表した（この時の株価は70円／株，その後，彼らはこの株式を131円／株でパナソニックに譲渡している。）（注3）。

同時にCEO，COO，CFO制度を廃止し，9名の取締役のうち5名が今回の引受け先の金融機関から就任することが発表された。その結果，3金

図表7-5　野中ともよ会長就任1年後の取締役会構成（2006年6月）から見える金融支配

・代表取締役会長・ブランド本部長 ———————————— 野中ともよ
・代表取締役社長 ———————————————————— 井植敏雅
・代表取締役副社長（三井住友銀行元常務，本社部門統括）—— 前田孝一
・代表取締役副社長（大和証券元常務）———————————— 駿田和彦
・代表取締役副社長（GS証券MD）—————————————— 栖葉徹雄
・取締役（大和証券元執行役員）———————————————— 松島俊直
・取締役（GS証券エリア統括）———————————— アンクル・サフ
・取締役（専務執行役員，パワーG長）————————————— 本間　充
・取締役（執行役員，コマーシャルG長）———————————— 有馬秀俊
最後の2人はEVOLUTION　PJの推進G長等

図表 7-6　三洋電機の資金繰りは困窮していた

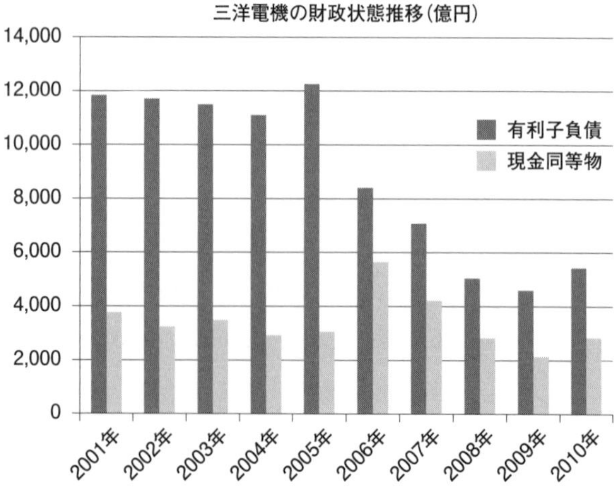

三洋電機の財政状態推移(億円)

融機関の議決権持分は 49.8％となった。

5）野中ともよ会長兼 CEO の残した業績
①　野中ともよが取締役会長兼 CEO に就任した初年度の大幅赤字
　2006 年 3 月期の業績は，デジタル家電をはじめとする多くの商品で価格競争が一段と激化し，売上高 2 兆 3,970 億円（対前年▲ 3.5％），当期純利益は▲ 2,056 億円の赤字，有利子負債 1 兆 2,000 億円強であった。これを受けて，野中氏は 16,000 人のリストラと連結対象企業を約 300 社から 200 社程度に削減した。しかし，翌年も赤字が続いた。

②　3 年連続赤字
　2007 年 3 月期の売上高は 2 兆 2,154 億円（対前▲ 6.7％），当期純利益は▲ 453 億円の赤字であった。自ら策定した中期経営計画では V 字型回復を企図したが，事業環境は厳しく 3 年連続赤字となる。（参考：初年度 2005 年 3 月期，新潟地震に被災するも，地震保険に入ってなかったため，半導体事業が 500 億円を超える赤字〔最終損益▲ 1,715 億円〕となる。この時，彼女は社外取締役であった。）

③ 「継続企業の前提に重要な疑義あり」

　3年連続赤字の結果，当社が金融機関と締結していたシンジケートローン等の財務制限条項（コベナンツ）に抵触（ヒット）したため，2006年中間期以降「継続企業の前提に重要な疑義あり」との注記が「有報」と監査報告書に付された。

④　監査法人の変更

　2006年6月，三洋電機は，カネボウ粉飾決算等により，金融庁から2カ月の業務停止命令を受けた中央青山監査法人に替え「あずさ監査法人」に変更した。

⑤　「有価証券報告書」虚偽記載

　2007年2月，2003/9以降の決算について，違法配当の嫌疑で証券取引等監視委員会の検査が入り，2005年中間期522億円の関係会社株式の過大計上との「有報」虚偽記載を指摘され，830万円の課徴金納付命令を受けた（それ以前は課徴金規程がなかった）。

⑥　「監理ポスト入り」

　これを受け，会社は2007年2月，「2001年3月期〜2004年3月期の4年間の関係会社株式の減損処理等に関わる粉飾決算」を広報したが，実際は2006年3月期まで6年間行っていたことが判明した。最大の年度修正額は約1300億円であった。このため，2007年12月25日，三洋電機株式は「監理ポスト入り」となる。

⑦　ポートフォリオ戦略の失敗
・2007年2月，三洋電機は中国ハイアールに家庭用冷蔵庫の生産を委託したが，売却は技術者の反対で行わず。
・同年10月，携帯電話事業を京セラに売却（500億円），京セラ稲盛和夫会長に三洋電機のCEO就任を要請したが，「返事無し」との噂が広まる。

- 同年9月，エアコン・冷蔵庫からの撤退報道を否定，最終的には継続を決める。
- 同年10月，半導体事業（売上高1800億円，+40億円）のファンドAP（アドバンテイジ・パートナーズ）への売却報道を否定し，売却を止める。

⑧ 2件のリコール事件
- 2006年12月，三菱電機の携帯電話用リチウム電池（三洋の子会社，三洋ジーエスソフトエナジー製）の異常発熱，破裂事故で130万個のリコールが，子会社との連絡不十分のため6カ月遅れで実施された。また，
- 2007年1月，発火焼損により洗濯乾燥機16万台のリコール（電子回路を覆うカバーに可燃性の恐れある素材を使用，最初の事故から2年後の公表），等が重なる。

⑨ 意見の対立
　主要株主である金融機関から派遣された5人の取締役との意見がことごとく対立する。

⑩ 利益相反疑惑
　野中ともよ氏は，財務が弱点だった（井植敏談）ため，逐一，夫（PWCの元日本支社長）に相談していたが，週刊文春に掲載されたように，野中氏の夫が経営するコンサルタント会社との契約を取締役会の承認を得ずに実施し，グレーゾーンとはいえ，これを利益相反の観点から疑問視された（注4）。

6）野中ともよ会長兼CEOの残した功績
① 経営理念・ビジョン・中期計画の設計者としてこれらを一新。

② 抜群のデザイン能力とグッドデザイン賞の受賞
- 2006年，eneloopというニッケル水素電池を開発。この電池は半永久的

(1500 回も繰り返し）使用可能で，環境への配慮とユーザーへの利便性を兼ね備え，また，デザインがすばらしかった。
・「エネループソーラーチャージャー」：面積当たりの発電量が世界最大級太陽電池セルに eneloop 充電池技術を結びつけた。エネループカイロ等の商品郡は 2007 年グッドデザイン賞を受賞した。ブランド本部長の面目躍如たるものがあった。

③　トップセールス

　空気清浄機の「ウイルスウォッシャー」をモンゴルに行き売り込み，また，カンボジアのフン・セン首相に太陽光パネル「ヒット」を売り込んだ。

④　リストラの推進

　在任期間中に 16,000 人のリストラと連結対象企業 300 社から約 200 社に減少させた。そのためか，2007 年の中間期で 3 期ぶりに 159 億円の黒字を，金融機関からなる新体制は同年 11 月に発表した。功績を横取りされた感がある。

7）野中ともよ会長兼 CEO の経営者としての資質
①　現状分析・認識力不足

　自ら策定した中期経営計画にある V 字型回復が達成できなかった主な理由はアジア勢との白物家電の厳しい価格競争や半導体・大型液晶ディスプレイ事業が金食い虫であること等である。これらに対する分析・認識不足，ポートフォリオ戦略の失敗にあるといわれている。省資源・省エネ製品の商品企画・開発と拡販に奔走（インド・カンボジア・モンゴル等）していた。

②　品質・技術に弱かった

　連綿と続く，大量の故障発生体質から脱却できず，品質・技術に弱かったこと，技術責任者を使いこなせなかったこと，及び，時代と共に強化さ

れつつあった PL 法等に対する認識不足があったといわれている。

③　経理・財務に弱かった
　度重なる粉飾決算等経理・会計上の改善不足，および繰延税金資産等の経理・会計知識不足と 2006 年から強化された減損会計等の法的環境の変化に対する認識不足があったといわれている。

④　倫理観価値観に甘さ
　週刊誌情報（夫の会社との取引）によるコンプライアンス感覚の甘さ，など倫理観において疑問点がある。

⑤　リーダーシップ不足
　カンパニー制における権限委譲と放任は違う。それはトップのリーダーシップとコーポレート・ガバナンス（企業統治）の問題である。

8）コーポレート・ガバナンス上の問題点
①　2005/6，野中会長就任時の取締役会における副社長 CFO（三井住友銀行元常務）古瀬洋一郎の思惑は，井植家の排除，不採算事業からの撤退，人員整理であり，その進捗状況を逐一，三井住友銀行頭取に報告することであったといわれている。
　　一方，野中・井植敏雅の考えは第三の道（携帯電話でノキア，薄型 TV で台湾クウォンタとの業務提携による人員整理の回避）を模索した。経営方針の不一致から取締役会機能せず。

②　財務体質改善・ポートフォリオ戦略を真摯に会社側に立って統括する専門役員が不在。

③　カンパニー制を横断的にみる品質・技術の統括役員が不在。

④　リスク管理を一人の執行役員に委任。取締役会にCRO（チーフ・リスクマネジメント・オフィサー）不在，外部専門家も含めたリスク管理委員会組織もなかった。

⑤　社長（井植敏雅）がコンプライアンス統括責任者であったが，機能せず。海外との業務提携に奔走していた。

⑥　監査役，内部統制部門が弱体。監査法人も甘かった。

9）野中ともよ会長および井植敏雅社長の引責辞任
①　以上の理由に基づき，2007年3月19日，主要株主である金融機関出身の5人の取締役の主導により会長，社長共に引責辞任追いやられた。その後，一般株主を含む株主総会で新体制が承認された。

②　2007年3月，労働組合は新経営陣に対し，「井植家関連会社との取引には大きな利益相反があり，整理が必要」との見解を発表した。

③　2008年4月，液晶TV生産停止。

（注）
1　三洋電機ニュースレリース2005年7月5日「Think GAIAについて」参照。
2　同上，2005年11月18日「SANYO EVOLUTION PROJECTに基づく中期経営計画の策定について」参照。
3　同上，2006年1月25日「第三者割当による新株式（優先株式）の発行に関するお知らせ」参照。
4　週刊ポスト2013年7月5日号「社内クーデターの研究」46頁，及び，三洋電機ニュースレリース2007年3月19日「三洋電機の野中ともよ会長が辞任」参照。

第3章
国際派の登用(International Diversity)について

　グローバル展開に伴う，リスクの多様性に適切に対応するため，国際派の登用(International Diversity)に配慮しなくてはならない。1960年代以前の米国において見られたように，白人だけで取締役会構成を固めてはならない。

　我が国においても，オリンパスがマイケル・ウッドフォードをCEOに迎えた途端に悪事が露見した。武田薬品がCEO含みでクリストファー・ウェバーCOOを迎え，実際2015年4月1日からはCEOになる。日立も，2015年6月の株主総会で女性外国人元ノキア法務責任者のルイーズ・ペントランド氏を社外取締役に追加し，社外取締役は8人となる。内3分の2が社外で，その内半数の4人が外国人となる。また，米IT子会社日立データシステムズのCEOにジャック・ドメ，交通システム事業のグローバルCEOにアステア・ゴマソール，欧州総代表にクロウス・ディータを当てた。トヨタもルロワ欧州法人社長を本社の副社長に登用する。良き結果が出ることに期待したい。

1．国際派の登用(International Diversity)の事例(オリンパスのマイケル．・ウッドフォードCEOの事例)

1) オリンパスとは

　事件があった2011年3月期のオリンパスの売上高は8,471億円，当期純利益73億円，有利子負債6,488億円，従業員34,000人であった。大株主は，三菱東京UFJグループ10.0％，日本生命8.26％，サウスイースタン・

アセット・マネージメント7.15％等である。内視鏡のリーディングカンパニーであり，デジタルカメラ等の映像事業にも力を入れていた。経営理念については，「生活者として社内と融合し，社会と価値観を共有しながら，事業を通して新しい価値を提案することにより，人々の健康と幸せな生活を実現するという考え方を『Social In（ソーシャル・イン）』と呼び，すべての活動の基本思想としています。この思想に基づき，グローバルな視点で最適・公正な経営管理体制を構築し，運営することが経営の重要課題の一つと考えています。」と述べている。また，法令遵守は勿論のこと，高い倫理観に則して行動し公正で誠実な企業行動をおこなうため，オリンパスグループ企業行動憲章及び行動規範を制定している。これらの内容は立派であった。

　マイケル・ウッドフォードが解任された2011年10月14日の取締役会時の取締役総数は15名，内3名が社外取締役（林純一：野村證券出身，林田康男：順天堂大学医学部客員教授，来間紘：「日経」元専務取締役），監査役4名，内2名が社外監査役（島田誠：コパル元社長，中村靖夫：三菱レイヨン元理事）であった。

2）不透明な取引2件
① 　オリンパスが過去のM&Aにおいて不透明な取引と会計処理を行っていたことが，雑誌『月刊FACTA』の2011年8月号で報じられた。それによると，2008年に行われた英国の内視鏡処置具メーカー「ジャイラス・グループ」買収の際に，ケイマン諸島に本社を置く，野村證券OBの中川昭夫と佐川肇が設立したフィナンシャル・アドバイザーAXAMなどに対し，ジャイラス買収額2,063億円の1/3に相当する687億円もの報酬（現金の他に株式オプションとワラントを付与。株式オプションを優先株に交換すると共にワラントを高額で買取り，優先株に6億2,000万ドルで買い取る等の形）が支払われていた（注1）。通常の助言feeは良くても5％前後である。2008年11月の取締役会でこの案を承認していた。あずさ監査法人は2008年12月，英ジャイラス買収に伴

う助言会社への報酬が高すぎるとの懸念を伝えると同時に，2009年4月には監査役に徹底調査を求め「納得いかなければ監査を降りる。金融商品取引法（193条－3）に基づき内閣総理大臣（金融庁）に報告することもありうる」と迫った。会社が依頼した弁護士や公認会計士（会社から「数字動かすな」といわれていたといわれる）からなる外部委員会が買収の妥当性を調査したが，5月にまとまった報告書では「問題は発見されなかった」であった。あずさ監査法人は結局，2009年3月期決算を「適正」とする（注2）。

② 2006年から2008年にかけて野村證券OBの横尾宣政が設立した投資助言会社「グローバル・カンパニー」を介して，アルティス（再資源化プラント運営），ヒューマラボ（化粧品等販売），ニューズシェフ（食品容器製造）の3社合計で，2008年から2012年の4年間で売上高16倍，営業利益100倍で伸張するとの事業計画をもとに，総額734億円で買収する案を2008年の2月22日の取締役会で承認した。これに対し，あずさ監査法人は減損処理の警告を出した。オリンパスは警告どおり，2009年9月期に557億円減損処理したが，2009年3月期を以ってあずさ監査法人を新日本監査法人へ変更した（注3）。引継ぎは通常通りの形式的なものであった。

3）マイケル・ウッドフォードの登場

2011年4月に欧州法人から本社の社長兼最高執行責任者（COO）に就任していたマイケル・ウッドフォードは，月刊FACTAの8月号「オリンパス無謀M&A，巨額損失の怪」の記事の翻訳を入手，独自に会計事務所プライスウォータークーパース（PwC）に調査を依頼した。その報告書では，前掲のAXAMは幽霊会社であること，AXAMからのジャイラス優先株買取りには事前の取締役会決議やLaw Firmのチェックがなく，当時の社長菊川剛，副社長森久志，常勤監査役山田秀雄らのみの稟議で決定されたことなど，経営理念で述べている「公正な経営管理体制の構築」

とは程遠い問題点が報告された。同年9月29日にウッドフォードは一連の不透明で高額なM&Aにより会社と株主に損害を与えたとして，菊川剛会長及び森久志副社長の退任を求め，同年10月1日付けでウッドフォード自身が社長兼CEOに就任したかに見えたが，これは実は，菊川氏が仕掛けたゲームであった。英文表記のCOOをCEOに変更しただけで日本語版サイトには出なかった。したがって，ウッドフォードは実質的な全権掌握のため，同年10月11日菊川剛会長及び森久志副社長に辞任を促すE-mailを送付した（注4）。

4）ウッドフォード社長解任劇

　前日に菊川剛会長による根回しが終わっていたことではあるが，2011年10月14日に開かれた臨時取締役会において，「独断的な経営を行い，他の取締役と乖離が生じた」「企業風土や企業スタイル，極端に言えば日本文化を理解できなかった」として，ウッドフォード社長を全会一致で解任決議し，彼の一切の発言を認めなかった。開催時間は僅か5分であった。後任は菊川が会長兼社長に就任した。ウッドフォードは，フィナンシャル・タイムズ紙に対し，この電撃解任の背景には，菊川剛会長らが過去に行って来た不透明な資金の流れをウッドフォード氏が追及したことが原因であるとして，一連の経緯と共にPwCの報告書，会長及び副社長の辞任を求める書簡等をもとに告発すると共に，英国における金融犯罪の捜査機関である重大捜査局（SFO）に買収に関する資料を提出し捜査を促した（注5）。

5）菊川剛会長兼社長の辞任と高山修一の社長就任

　しかし，告発された一連の取引は膨大な額であるだけでなくその内容が明らかに常軌を逸するものであったため，ウッドフォードの解任発表および同氏の告発の報道直後からオリンパス株は急落，2011年10月20日の終値は1,321円となり13日の終値2,482円から1週間で半値近くまで値下がりした。日本生命や米サウスイースタンなどの大株主からは企業統治の

不透明さに対する非難が相次ぎ，株価はさらに下落，同年10月26日には一連の報道と株価低迷の責任を取るとして，菊川は代表取締役会長兼社長を辞任し，高山修一が代表取締役社長に就任した。同年11月10日には金融庁・東証が監査法人を有価証券報告書における虚偽記載などの嫌疑で調査することとなった（注6）。

6）第三者委員会の設置と損失隠しの発表

2011年11月1日，甲斐中辰夫元最高裁判事を委員長とする第三者委員会が設置された。この第三者委員会による調査の過程で，同年11月7日森久志副社長が「1990年代から，証券投資により発生した含み損失の隠蔽が続けられ，その補填のために各種の買収が実施されてきたこと」を告白し，事態は一変する。会社は損失の隠蔽に関与した取締役副社長の森久志を解任し，常勤監査役の山田秀雄も辞任の意向を示した。同年11月10日，菊川剛，森久志，山田秀雄は第三者委員会による聴取に対し，損失隠しに関与していたことを認めた。オリンパス社は「2011年9月期」中間決算を同年12月14日発表し，ひとまず上場廃止を免れたものの，東京地検特捜部が関係先の一斉捜索に乗り出した（注7）。

7）関係者の逮捕と裁判

2012年2月16日，東京地検特捜部と警視庁捜査2課が強制捜査に着手。特捜部は，オリンパスの菊川前社長（元会長），森久志前副社長，山田秀雄前常勤監査役，証券会社の元取締役の4名を，警視庁捜査2課が，投資会社の社長，取締役，元取締役の3名を，金融商品取引法違反（有価証券報告書虚偽記載罪）でそれぞれ逮捕した（同日の日経新聞電子版）。2013年7月，東京地裁は菊川前社長に懲役3年執行猶予5年，森久前副社長に懲役3年執行猶予5年，山田秀雄前常勤監査役に懲役2年6月執行猶予4年，法人であるオリンパスに罰金7億円の判決を言い渡した。その後，オリンパスは粉飾決算を巡り投資家から株安で被った損害の賠償請求を受けており，その金額は2013年11月9日付け日経新聞によると，522億円に

のぼる。後遺症はまだ癒えてない。

8）まとめ：取締役会決議に妥当性はあるのか
① 第三者委員会の調査報告書によると 2008 年 2 月の取締役会で，後に損失穴埋めに使われる国内 3 社の高額買収案について，一人の役員が「価格がおかしいのでは」と質問した。森久志取締役（当時）は「ビジネスチャンスがあり上場を狙っている」と説明「うまくやれば出来るかもしれない」「そこまで言うなら仕方がないか」。数少ない質疑も，最後は菊川剛社長（当時）の「いいですか」の一言で終了。2008 年の英ジャイラス買収を巡り，2007 年 11 月から 2010 年 3 月までに開かれた取締役会の議事録によると，助言会社への総額 687 億円の報酬などについて 8 回審議したが，その内 7 回は質疑すらなかった。ジャイラスが助言会社に優先株を発行してわずか 2 カ月後の 2008 年 11 月，発行価格の 3 倍以上での買い戻しを決めた取締役会でも質疑はゼロ。審議時間はわずか 20 分であった。第三者委員会は調査報告書で「取締役会の形骸化」を指摘した。決定権限が社長に集中していた上，役員が担当分野以外に無関心という縦割り意識も強く「チェック機能が果たせず健全な意思決定がなされなかった」。監査役会も 2004 年 7 月から 2011 年 6 月まで財務の知識のある監査役がいないなど「機能していなかった」(注 8)。調査報告書は「関与者，認識者の取締役の責任」について，損失分離スキームの構築・維持や解消行為に関与，またはこれらを認識しつつ承認（黙認）・放置する行為は，取締役の善管注意義務に違反する。2007 年 3 月期以降に提出された有価証券報告書などについて，損失分離や解消行為に関与またはこれらを認識した取締役が，是正する対応を取らず承認（黙認）した場合は法令順守義務違反または監視・監督義務違反であると述べている。また，取締役会決議に賛成した関与者・認識者以外の取締役についても，善管注意義務に違反が認められると述べている。したがって，一連の取締役会決議に正当性は全く存在しない。

② 2011年10月14日に開かれた臨時取締役会において,「独断的な経営を行い,他の取締役と乖離が生じた」として,ウッドフォード社長を全会一致で解任決議し,彼の一切の発言を認めなかった。開催時間は僅か5分であった。本件に関しては,第三者委員会は直接何も述べていないが,解任理由が理由になってない。また,反論を許してないことも法律的には問題ない（ウッドフォードはこの場合,特別利害関係人であり,議決権も議事への参加権もない）としてもコーポレート・ガバナンス上は民主的ではない。加えて,3名の社外取締役（林純一　野村證券出身,林田康男　順天堂大学医学部客員教授,来間紘「日経」元専務取締役）の独立性に問題があったのではないかの検証が必要である。少なくとも3人は「東証」の定める「独立役員」ではなかった。林純一は既に第三者委員会から責任ありとされているが,他の2人についても,オリンパスから寄付金や広告収入をその出身母体が継続的に受領していたか否か,またそれらの金額はいくらであったかなどの独立性の検証が必要である。米国にはサンシャインアクトがあり,医師への金銭の支払いや,医療機関への寄付,助成金などの経済的利益の提供について,企業に開示を義務付ける法律がある（米医療保険改革法の一部として2013年8月から適用）。そもそも社外取締役は株主等からの受託責任を果たすだけの経験・見識・倫理観が必要であり,ワンマン経営者に対し異論を唱え,監督・牽制の主役を果たさねばならない。内部出身の社内取締役にイエスマンが揃っているムラ社会的取締役会においては,特にこの監督・牽制機能の発揮が期待される。したがって,この臨時取締役会の解任決議について,法的には問題ないが,コーポレート・ガバナンスの観点からは,何が適法であるかを超えて,何が適正であるかが問われなくてはならないと思う。ウッドフォードは社長復帰を願ったが,大株主からなる「金融支配」の壁は厚く,「すべての諸悪の根源は,日本の株式の持合いにある」との我が国のコーポレート・ガバナンスにとって,大変重要な問題提起をしたが,最終的には断念した（注9）。

③　本件の菊川剛等３人が行った動機について，外国人は殆ど分らないという。外国人は「一体３人は個人資産としてケイマン島に何百億円隠したんだ」と聞く，「彼等は一銭も私腹を肥やしてない」と答えると"unbelievable"と驚嘆する。「それでは何のためやったのか」と聞くので「会社のためにやったのだ」と答えると，「ますます分らん」と言う。「ムラ社会」とは，有力者を中心に上下関係の厳しい秩序を保ち，しきたりを守り，よそ者を受け入れない排他的な社会。所属する「村」の掟や価値観，しきたりが絶対であり，少数派や多様性の存在自体を認めない。自分達の理解できない「他所者」の存在を許さない。この「ムラ社会意識」を外国人に理解させることは殆ど無理であろうが，「独立社外取締役」の必要性はよく分るとのことである。

（注）
1　オリンパス第三者委員会調査報告書及びウィキペディア（Wikipedia）「オリンパス事件」については，注１から６まで共用している。及び日経新聞2011年10月19日「オリンパス混乱収まらず」，2013年11月7日如水会監査役懇話会　演者一橋大学教授福川裕徳の講演等を参照。
2　日経新聞2012年1月30日「監査法人，不正発見に限界」及び同紙2011年12月25日「買収先数字動かすな」，2013年11月7日如水会監査役懇話会　演者一橋大学教授福川裕徳の講演等を参照。
3　オリンパス取締役責任委員会調査報告書2012年1月8日（添付資料を含む）及び日経新聞2011年10月20日「買収額730億円7割減損処理」及び，同11月10日「問題指摘の監査法人変更」，ロイター2011年10月19日「オリンパス，ジャイラス買収でFAへの支払いが約687億円」を参照。
4　週刊ダイヤモンド2011年10月29日「ニュース＆アナリシス」，現代ビジネス2011年10月20日山口義正「経済の死角」を参照。
5　NIKKEI BUSINESS 2011年10月31日「解任劇の真相を話そう」，週刊ダイヤモンド2011年10月29日「ニュース＆アナリシス」及び日経新聞2012年2月19日「菊川前社長が根回し」，毎日新聞2011年10月18日「オリンパス　前社長解任，泥沼化の様相　株価も急落」参照。
6　NIKKEI BUSINESS 2011年11月7日「オリンパス，なお残る疑問と謎」，日経新聞2011年10月28日「オリンパス買収経緯説明　株主との溝埋まらず」，同年11月10日「金融庁・東証　調査へ」及び「オリンパス市場が圧力」を参照。
7　日経新聞2011年11月8日「オリンパス損失隠し」，「上場維持重大性が焦点」，同

年11月11日朝日新聞「菊川前会長，損失隠し認める＝オリンパス第三者委員会聴取に」及びNIKKEI BUSINESS　2012年4月16日「巨額損失,苦闘の6ヶ月」を参照。
8　日経新聞2011年12月17日オリンパス調査報告書から「優先株購入，沈黙した取締役会」参照。
9　NIKKEI BUSINESS 2011年12月5日「ウッドフォード氏,持ち合い批判」を参照。

第8部
スチュワードシップ・コードと伊藤レポート

第1章
スチュワードシップ・コードとは何か

1．英国版スチュワードシップ・コード

(1) 英国スチュワードシップコードの前文

　スチュワードとは欧州中世における財産管理人といわれているが，元を正せば，キリスト教の聖書（マタイ15章14～30，ルカ19章11～28）に原点がある。

　英国企業財務報告評議会（FRC：Financial Reporting Council，自主規制機関）が，英国企業株式を保有する機関投資家向けに策定した，株主行動に関するガイドラインをスチュワードシップコードという。2010年7月に公表され，2012年9月に改定された。その前文の要点は，
1）その目的は，
　　① 資産運用を受託する機関投資家が，スチュワードシップに沿った行動をとることで，委託者の利益を実現する。
　　② 企業の長期的成功を促す。
　　③ そして経済全体に寄与する。
　との考えから策定されたものである。
2）上場会社に関する，スチュワードシップの責任は，取締役と投資家が共有し，第一義的な責任は，経営陣の活動を監視する取締役会にある。投資家もまた，取締役会にその責任を果たさせる上で重要な役割を果たす。

3）投資家にとってのスチュワードシップは，単に議決権の行使だけを意味するものではない。その活動の中には，会社に対する企業戦略，業績，リスク，資本構造及びコーポレート・ガバナンスに関する，モニタリングやエンゲージメントが含まれる。エンゲージメントとは，こうした事項や株主総会の議題を巡り，会社との間で「目的ある対話」を通じて「約束させる」というニュウアンスのある言葉である（商事法務 No. 2018）。

4）スチュワードシップ・コードは，法的な義務というわけではなく"Comply or Explain"型による，「従わないのならば，その理由を説明しなければならない」規制である。

　機関投資家にとってのスチュワードシップとは，「受託管理者としての行動の心構え」という意味でキリスト教の聖書（マタイ15章14～30，ルカ19章11～28）に出てくる。

(2) 英国スチュワードシップ・コード

以下スチュワードシップを SS と略す。
① 機関投資家としての，SS 責任遂行の方針を公表する。
② SS に関する，利益相反を管理するための強固な方針を設定し，公表する。
③ 投資先企業をモニター（監視）する。
④ 株主価値維持・向上のために，SS 活動活発化（escalation 条項）の時点と方法に関するガイドラインを設ける。
⑤ 適正と考えられる場合には他投資家と協議する。
⑥ 明確な議決権行使方針を設定し，行使結果を公表する。
⑦ SS と議決権行使に関して定期的に公表する。

　④の Escalation 条項（投資家の関与に，会社が建設的に対応しない場合，どのような手段で活動を強化するか）には7段階ある。
・経営陣と追加的な会合を持つ。
・会社のアドバイザーを通じて，懸念を表明する。

・取締役会議長，その他の取締役と会合を持つ。
・事項を特定のうえ，他の機関投資家と協調して関与を行う。
・株主総会の前に意見を公表する。
・株主総会に議案を提出し，意見を述べる。
・株主総会の招集を求め，場合によっては取締役の変更を提案する。
この条項はかなりの重要性をもつが，強制力はない。

2．日本版スチュワードシップ・コードと最近の事例

日本版スチュワードシップ・コードにおける，スチュワードシップ責任（以下 SS 責任と略す）の定義とは，
「機関投資家が，投資先企業やその事業環境等に関する深い理解に基づく建設的な「目的を持った対話」（エンゲージメント）などを通じて，当該企業の企業価値の向上や持続的成長を促すことにより，「顧客・受益者」の中長期的な投資リターンの拡大を図る責任を意味する」。

(1) 7 原則
① 機関投資家は，SS 責任を果たすための明確な方針を策定し，これを公表すべきである。
② 機関投資家は，SS 責任果たす上で管理すべき利益相反について，明確な方針を策定し，これを公表すべきである。
③ 機関投資家は，投資先企業の持続的成長に向けて SS 責任を適切に果たすため，当該企業の状況を適確に把握すべきである。
④ 機関投資家は，投資先企業との建設的な「目的を持った対話」を通じて投資先企業と認識の共有を図るとともに，問題の改善に努めるべきである。
⑤ 機関投資家は，議決権の行使と行使結果の公表について明確な方針を持つとともに，議決権行使の方針については，単に形式的な判断基準にとどまるのではなく，投資先企業の持続的成長に資するものとなるよう

工夫すべきである。
⑥　機関投資家は，議決権の行使を含め，SS 責任をどのように果たしているかのかについて，原則として，顧客・受益者に対して定期的に報告を行うべきである。
⑦　機関投資家は，投資先企業の持続的成長に資するよう，投資先企業やその事業環境等に関する深い理解に基づき，当該企業との対話や SS 活動に伴う判断を適切に行うための実力を備えるべきである。

(2)　**日本版スチュワードシップ・コードの特徴**
①　英国版コードのような「対決型」ではない。理由は，英国版コードにある第 4 原則 escalation 条項（7 段階目には「株主総会の招集を求め，場合によっては取締役の変更を提案する」項目を含む）及び第 5 原則の集団的エンゲージメント条項（いうことを聞かない企業には 1 社ではなく集団で対話を呼びかける）が日本版 SS コードにはない。
②　日本版 SS コードには，投資先企業の「持続的成長」という文言が 3 回出て来る（英国版コードには「企業価値の維持・向上」という文言しかない）。しかもこれを共通目標として，投資先企業の経営陣と協調的行動を図ることを奨めている。また，英国には短期志向を批判するケイ・レビュー報告がある。我国には伊藤レポートが 2014 年 8 月に出されている。
　従って，英国版コードは北風型，日本版コードは太陽型といえよう（商事法務 No. 2030, 13-16 頁参照）。
③　SS コードの原則 3 の「企業の状況を適格に把握する」について，指針 3-3 で「投資先企業のガバナンス，企業戦略，業績，資本構造，リスク（社会・環境問題に関連するリスクを含む）への対応」とあるので，コーポレートガバナンス・コードと平仄があっている。正に車の両輪である。従って，企業との建設的なエンゲージメントにおいて，先ず，これ等についての質問がなされるであろう。

(3) 金融庁に登録した機関投資家

2015年2月末現在，日本版スチュワードシップ・コード遵守に関して金融庁に登録した機関投資家は184社で，その内の代表的な機関投資家は以下の通りである。

・国内機関投資家（約60％）

三菱信託銀行，三井住友信託銀行，大和証券投資信託，三菱UFJ投信，野村アセットマネジメント，三井住友アセットマネジメント，年金積立金管理運用独立行政法人（GPIF），日本生命，東京海上日動火災，損保ジャパン日本興亜

・海外機関投資家（約40％）

ゴールドマン・サックス5社，ヘンダーソン5社，フィデリテイ2社，JPモルガン，ブラロック，プルデンシャル，ピクテ，シンプレックス，シュローダー，Railway Pension, 等

① スチュワードシップ責任を果たすための三菱UFJ信託銀行方針（概要）―事例その1

	議決権行使の専門部署	アナリスト・ファンドマネージャー
対象	全保有銘柄（網羅的）	アクティブ運用の投資対象銘柄
視点	議決権行使判断	投資判断
目的	インデックスリターンの底上げ	対象銘柄の投資リターンの向上
対話内容	・コーポレートガバナンスの観点 ・必要以上の金融資産を保有し，資本効率を悪化させている懸念がある場合等，企業価値向上の観点から問題がある場合にも実施	弊社の運用哲学・戦略に合致した中長期的視点での投資判断を行うため，財務面に加え，ガバナンス等非財務面も含めた分析と対話

出所：三菱UFJ信託銀行作成。

② スチュワードシップ責任を果たすための三菱UFJ信託銀行方針（概要）―事例その2

アナリスト・ファンドマネージャーによる対話の視点（投資判断の切り口）

対話の視点	論点等
中長期的な事業戦略	事業戦略の具体的な施策等
財務戦略	資本効率向上に向けた施策等
コーポレートガバナンス	コーポレートガバナンス強化に対する取組み等
情報開示姿勢	企業価値向上のために必要な情報開示項目，方法等

出所：三菱UFJ信託銀行作成。

第2章
日本版ケイ・レビューといわれる伊藤レポートとは何か

1. ケイ・レビューとは何か

　ケイ・レビューとは英国政府の要請を受け，経済学者ジョン・ケイ（英国ロンドン・スクール・オブ・エコノミクスの客員教授）が英株式市場の構造問題について分析したリポートのことである。機関投資家による短期主義と利益相反等の問題を指摘しつつ，投資先企業の長期的価値向上に資するエンゲージメントを行ったか否かを問うている。

(1) 英国では，大手機関投資企業がフォーラムを創設し，投資先企業の取締役会への働きかけ（エンゲージメント）を強化する動きを本格化させつつある。機関投資家によるエンゲージメントの強化は，ケイ・レビューで提唱されたところであり，英国コーポレート・ガバナンスの潮流となっている。

(2) ケイ・レビューでは，英国株式市場が企業の長期的成長，最終受益者たる国民の利益に貢献しているのかが検証された。その結果，機関投資家を中心とする投資の関係者の間で，短期主義や利益相反等の問題があるとされ，上記機関投資家フォーラムの創設のほか，四半期報告の廃止やスチュワードシップ・コードの強化などが提案された。

(3) スチュワードシップ・コードは，議決権行使や投資先企業のモニタリングなど，機関投資家によるエンゲージメントのあり方を規定するものであり，ケイ・レビューの反映も含め2012年9月に改訂されている。「遵守するか，遵守しない理由を説明するか（comply or explain）の原

則の下，機関投資家のエンゲージメントに係る指針として機能している。
(4) 英国で求められているのは，単に議決権を行使したかといった形式論ではなく，投資先企業の長期的価値向上に資するエンゲージメントを行ったかという実質論であり，故に「comply or explain」として柔軟性を持たせていると言える。我が国においても今後，機関投資家の役割が増していく中で，英国における機関投資家のあり方を巡る議論の行方が参考になろう（「資本市場クォータリー2013夏号」参照）。

2．伊藤レポートとは何か

経済産業省が取り組む「持続的成長への競争力とインセンティブ～企業と投資家の望ましい関係構築～」プロジェクト（座長：伊藤邦雄，一橋大学大学院商学研究科教授）では，約1年にわたる議論を経て「最終報告書（伊藤レポート）」をまとめた。

最終報告書では，企業が投資家との対話を通じて持続的成長に向けた資金を獲得し，企業価値を高めていくための課題を分析し，提言を行っている。資本効率を意識した経営改革，インベストメント・チェーンの全体最適化，双方向の対話促進を主なメッセージとし，その実現に向けて「経営者・投資家フォーラム」（Management-Investor Forum：MIF)」の創設を提言している。

(1) **最終報告書の概要**
本報告書の主要メッセージや提言は以下のとおりである。
1）企業と投資家の「協創」による持続的価値創造を企業と投資家，企業価値と株主価値を対立的に捉えることなく，「協創（協調）」の成果として持続的な企業価値向上を目指すべき。
2）資本コストを上回るROE（自己資本利益率）を，そして資本効率革命をROEを現場の経営指標に落とし込むことで高いモチベーションを引き出し，中長期的にROE向上を目指す「日本型ROE経営」が必要。

「資本コスト」を上回る企業が価値創造企業であり，その水準は個々に異なるが，グローバルな投資家との対話では，8％を上回るROEを最低ラインとし，より高い水準を目指すべき。

3）全体最適に立ったインベストメント・チェーン変革をインベストメント・チェーン（資金の拠出者から，資金を最終的に事業活動に使う企業までの経路）の弱さや短期化等の問題を克服し，全体最適に向けて変革することは，21世紀の日本の国富を豊かにすることにつながる。

4）企業と投資家による「高質の対話」を追求する「対話先進国」へ企業と投資家の信頼関係を構築する上で，企業価値創造プロセスを伝える開示と建設的で質の高い「対話・エンゲージメント」が車の両輪。本報告書では，「スチュワードシップ・コード」等で求められる対話・エンゲージメントの目的，取り扱うべき事項，方法，企業と投資家に求められる姿勢と実力等を包括的にとりまとめた。

5）「経営者・投資家フォーラム（仮）」の創設

　産業界と投資家，市場関係者，関係機関等から成る「経営者・投資家フォーラム（Management-Investor Forum：MIF）（仮）」を創設する。そこでは，中長期的な情報開示や統合報告のあり方，建設的な対話促進の方策等を継続的に協議し，実現に向けた制度上・実務上の方策が検討される。

　以上の結果を受け，経産省は「持続成長に向けた企業と投資家の対話促進研究会」とその下に2つの分科会，「企業情報開示検討分科会」と「株主総会のあり方検討分科会」を設けている。前者は会社法，金融商品取引法，証券取引所の規則等に基づく現行の企業情報開示の課題やあり方等の検討を行う。後者は対話の場としての株主総会に関する基準日や開催日，総会前の情報提供等のあり方に付き検討を行うものである。本年度内を目処にとりまとめを行う予定。

巻末参考資料編

参考-1
資生堂の役員報酬制度（監査役設置会社）

　　資生堂グループ企業サイト（www.shiseidogroup.jp/）コーポレート・ガバナンス，役員報酬より出典．なお，「資生堂は新中期経営計画の設定により，新しい報酬制度に変更になる．ついては27年の株主総会招集通知に開示されますので，関心のある方は，ご参考にして下さい．」

　当社の役員報酬制度は，社外取締役を委員長とし社外メンバーを加えた役員報酬諮問委員会で設計されており，客観的な視点を取り入れた透明性の高い報酬制度となっています．
　役員報酬は，固定報酬である「基本報酬」と，業績目標の達成度や株価によって変動する業績連動報酬によって構成され，取締役については，執行役員としての役位が上位の者ほど業績連動報酬の割合を高く設計しており，平均では，3カ年計画および各年度の業績目標達成度が100％の場合に固定報酬の比率が40％程度，業績連動報酬の比率が60％程度となるよう設計しています．
　業績連動報酬は，毎年の業績に応じて支給される「賞与」のほか，3カ年計画の目標を基準とし3カ年計画最終年度終了後に目標達成度に応じて支給する「中期インセンティブ型報酬」としての金銭報酬，株主のみなさまとの利益意識の共有を主眼とした「長期インセンティブ型報酬」としての株式報酬型ストックオプションからなり，当社の取締役に単年度だけでなく中長期的な視野をもって，業績や株価を意識した経営を動機づける設計としています．
　また，業務執行から独立した立場である社外取締役および監査役には，業績連動報酬は相応しくないため，固定報酬のみとしています．
　報酬の水準につきましては，同業あるいは同規模の他企業と比較して，当

社の業績に見合った水準を設定しています。

　なお，役員退職慰労金制度については，2004年6月29日開催の第104回定時株主総会の日をもって廃止しました。

当社取締役の役位毎の種類別報酬割合および報酬算定基準（業績連動報酬に係る目標達成率が全て100％の場合）

		会長	執行役員社長	執行役員副社長	執行役員専務	執行役員常務	執行役員	カーステン・フィッシャー執行役員専務
固定報酬	基本報酬	42%	30%	43%	44%	45%	48%	34%
	算定基準	役位に応じて						個別
業績連動報酬	賞与（短期）	―	23%	22%	21%	21%	21%	22%
	算定基準	―	連結業績		連結業績・担当事業業績・個人考課			
	中期インセンティブ	29%	23%	17%	17%	17%	16%	35%
	算定基準	3カ年計画目標						3カ年担当事業業績目標
	長期インセンティブ	29%	23%	17%	17%	17%	16%	9%
	算定基準	役位に応じて						個別
合計		100%	100%	100%	100%	100%	100%	100%

※各役位とも，代表取締役と取締役の報酬は同一です。

取締役および監査役の第114期に係る報酬等の総額

		基本報酬	賞与	中期インセンティブ	長期インセンティブ（ストックオプション）	合計
取締役	取締役（9名）	247	84	196	98	626
	うち社外取締役（3名）	39	―	―	―	39
監査役	監査役（6名）	96	―	―	―	96
	うち社外監査役（4名）	36	―	―	―	36
合計		343	84	196	98	721

単位：百万円

（注）
1．取締役の基本報酬は，第89回定時株主総会（1989年6月29日）決議による報酬限度額月額30百万円以内です。また，監査役の基本報酬は，第105回定時株主総会(2005年

6月29日）決議による報酬限度額月額10百万円以内です。
2．上記の基本報酬には，当社の子会社の取締役を兼務している当社取締役1名に対し，当該子会社4社が当社を経由して支払った2013年度に係る基本報酬31百万円が含まれています。また，2011年度から2013年度までの3カ年計画について当初の業績目標から下方修正し，これを前提に2013年度の目標を策定したことに加え，減配を決定したことを重く受け止め，代表取締役の前田新造氏について基本報酬を減額したほか，支給対象の取締役の賞与も引き下げました（代表取締役：基準額を40％引き下げ 取締役：基準額を20％引き下げ）。
3．取締役の中期インセンティブ型報酬は，第111回定時株主総会（2011年6月24日）決議によるものです。代表取締役カーステン・フィッシャー氏を除く取締役の本報酬は，2013年度末までの3カ年計画での目標であった3カ年の年平均売上高成長率6％，連結営業利益率10％の目標達成状況を算定基準としており，これらの指標が支給下限値に達しなかったため，本報酬の支給はありません。また，社外取締役には本報酬の支給はありません。代表取締役カーステン・フィッシャー氏の本報酬は，2011年4月から2014年3月末までの同氏の担当事業売上に係る目標達成率および担当事業利益に係る目標の達成率を算定基準としています。2013年度の終了をもって当該3カ年の業績が確定して目標を達成したことにより，報酬の見込みの額が明らかとなったため，上記表中に記載しています。表中の金額は，当該3カ年に係る報酬です。
4．上記の取締役の長期インセンティブ型報酬（ストックオプション）は，取締役の職務執行の対価として株主総会の承認を得たうえで交付したストックオプション（新株予約権）の当期費用計上額です。賞与と同様に，支給対象の取締役のストックオプションとして割り当てる新株予約権に係る報酬等の額を引き下げました（代表取締役：報酬等の額を40％引き下げ 取締役：報酬等の額を20％引き下げ）。
5．上記支給額のほか，当社取締役3名に対して，当該取締役が取締役を兼務しない執行役員の地位にあったときに付与されたストックオプションの当期費用計上額13百万円があります。
6．取締役全員および監査役全員について上記の役員報酬（注1.～5.に記載したものを含む）以外の報酬の支払いはありません。

代表取締役および報酬等の総額が1億円以上である取締役の第114期に係る報酬等の種類別の額

	基本報酬	賞与	中期インセンティブ	長期インセンティブ（ストックオプション）	合計
代表取締役 前田新造	43	22	—	49	115
代表取締役 カーステン・フィッシャー	82	27	196	24	330

単位：百万円

（注）
1．2011年度から2013年度までの3カ年計画について当初の業績目標から下方修正し，これを前提に2013年度の目標を策定したことに加え，減配を決定したことを重く受け止め，

代表取締役の前田新造氏について基本報酬を減額したほか，支給対象の取締役の賞与も引き下げました（代表取締役：基準額を40％引き下げ 取締役：基準額を20％引き下げ）。
2．上記の基本報酬には，代表取締役カーステン・フィッシャー氏に対し，同氏が取締役を兼務している当社の子会社4社が当社を経由して支払った2013年度に係る基本報酬31百万円が含まれています。
3．中期インセンティブ型報酬については，「取締役および監査役の第114期に係る報酬等の総額」の注3.の通りです。
4．上記の取締役の長期インセンティブ型報酬（ストックオプション）は，取締役の職務執行の対価として株主総会の承認を得たうえで交付したストックオプション（新株予約権）の当期費用計上額です。賞与と同様に，支給対象の取締役のストックオプションとして割り当てる新株予約権に係る報酬等の額を引き下げました（代表取締役：報酬等の額を40％引き下げ 取締役：報酬等の額を20％引き下げ）
5．上記2名の取締役について上記の役員報酬（注1.～4.に記載したものを含む）以外の報酬の支払いはありません。

前3カ年計画期間中の社外取締役を除く取締役の当該3カ年に係る報酬の種類別の割合

2011年4月から2014年3月末までの当社の3カ年計画の期間に対応した取締役（社外取締役を除く）への報酬の種類別の比率は，下表のとおりです。なお，子会社の取締役を兼務する取締役の子会社からの報酬を含んでおり，長期インセンティブとしての株式報酬型ストックオプションは当3カ年にかかる取締役の報酬のみを算入しています。

2012年度に係る賞与の支給がなかったことや，2011年度から2013年度までの3カ年計画について当初の業績目標からの下方修正を行い，2013年度の業績連動報酬を引き下げたことなどにより，以下のような固定報酬部分と業績連動報酬部分との比率となっています。

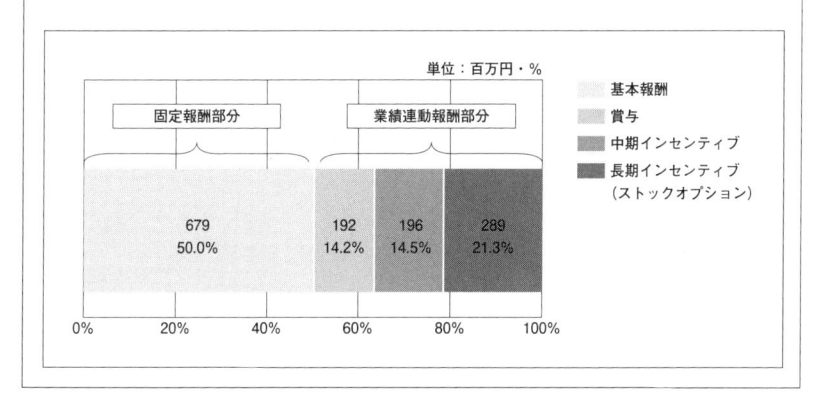

単位：百万円・％

区分	固定報酬部分	業績連動報酬部分		
金額	679	192	196	289
比率	50.0％	14.2％	14.5％	21.3％

凡例：基本報酬／賞与／中期インセンティブ／長期インセンティブ（ストックオプション）

参考-2

監査役設置会社の 1. 取締役会規則及び取締役会細則及び 2. 任意の指名諮問委員会規則の一般的事例

(筆者作成)

1. 監査役設置会社の取締役会規則及び取締役会細則の一般的事例

(目的)
1. 第1条本規則は,「———」株式会社の取締役会に関する事項を定めたものである。

(権限)
1. 第2条取締役会は,法令,定款および本規則で定めた事項について決定を行うとともに,取締役ならびに執行役の職務の執行を監督する権限を有しており,法令または定款に別段の定めがある場合を除き,「取締役会細則」に定める決議事項の決定を行い,報告事項の報告を受ける。

(構成)
1. 第3条取締役会は,すべての取締役・監査役で組織する。

(招集)
1. 第4条取締役会は,法令に別段の定めがある場合を除き,議長が招集

する。議長に事故がある場合は，あらかじめ取締役会の定めた順序により他の取締役がこれに代わる。
2．取締役会の招集通知は，日時，場所および議題を掲げ，会日の3日前までに，各取締役に対して，これを発するものとする。ただし，緊急の場合はこの期間を短縮することができる。
3．取締役全員の同意があるときは，前項の招集手続を経ないで取締役会を開催することができる。

（開催）
1．第5条 取締役会は，3ヵ月に1回以上開催する。
2．取締役会は，本社において開催する。ただし，必要があるときは他の場所で開催することができる。
3．取締役会は，日本語にて開催する。通訳が必要な場合は，同席させることができる。

（議長）
1．第6条 取締役会の議長は，取締役議長がその任にあたる。取締役議長に事故がある場合は，あらかじめ取締役会の定めた順序により他の取締役がこれに代わる。

（決議の方法）
1．第7条 取締役会の決議は，議決に加わることができる取締役の過半数が出席し，その取締役の過半数をもって決する。
2．取締役会の決議につき，特別の利害関係を有する取締役は，議決権を行使することができない。
3．取締役が取締役会の決議の目的である事項について提案をした場合において，取締役（当該事項について議決に加わることができるものに限る。）の全員が書面または電磁的記録により，その提案に同意の意思表示をしたときは，当該提案を可決する旨の取締役会決議があったものと

みなす。この場合において，当該提案について取締役全員が同意の意思表示を完了した日を当該提案の取締役会決議があったものとみなす日とする。

（取締役会への報告の省略）
1．第8条 取締役または執行役が取締役の全員に対して取締役会に報告すべき事項を書面または電磁的記録により通知したときは，当該事項を取締役会へ報告することを要しない。この場合において，当該事項について取締役全員に対して通知が完了した日を，当該事項を取締役会への報告を要しないものとされた日とする。
2．前項の規定にかかわらず，執行役は，3ヵ月に1回以上，自己の職務の執行の状況を取締役会に報告しなければならない。

（議案関係者の出席）
1．第9条 取締役会が必要と認めたときは，執行役およびそれ以外の者を取締役会に出席させ，その意見または説明を求めることができる。

（議事録）
1．第10条 取締役会の議事については，法令に従い議事録を作成し，出席した取締役はこれに署名または記名押印する。
2．取締役会の議事録は，本店に10年間備え置く。

（事務局）
1．第11条 取締役会に関する事務は，取締役会事務局がこれにあたる。

（改正）
1．第12条 本規則は，取締役会の決議により，改正することができる。

（実施）

第13条 本規則は，――年―月―日から施行する

（以上）

取締役会細則
Ⅰ．決議事項
　1．株主総会に関する事項
　　1）株主総会の招集の決定（株主総会の招集，当該総会への付議議案は原則として同一取締役会で決定する）
　　2）株主総会の付議議案（取締役，会計参与および会計監査人の選任・解任ならびに会計監査人を再任しないことに関するものを除く）の決定（参考：主たる株主総会付議議案は以下のとおり）
　　　⑴　取締役の選任・解任
　　　⑵　株式併合
　　　⑶　自己株式の取得（特定株主からの取得）
　　　⑷　事業譲渡・譲受け等の承認
　　　⑸　募集株式の有利発行
　　　⑹　募集新株予約権の有利発行
　　　⑺　定款変更
　　　⑻　株式交換契約の承認
　　　⑼　株式移転計画の承認
　　　⑽　新設分割計画の承認
　　　⑾　吸収分割契約の承認
　　　⑿　資本金の額の剰余金減少による増加・資本金の額の減少
　　　⒀　準備金の額の増加・減少
　　　⒁　損失の処理，任意積立等のための剰余金の処分
　　　⒂　解散
　　　⒃　合併契約の承認
　　　⒄　会計監査人の選任
　　3）株主総会招集権者の決定

4）株主総会招集権者に事故がある場合の株主総会の招集者代行順序の決定
　5）株主総会議長の決定
　6）株主総会議長に事故がある場合の株主総会の議長代行順序の決定
　7）株主提案に関する事項
2．取締役会・取締役・執行役に関する事項
　1）議長の選定
　2）議長に事故がある場合の，取締役会の招集者および取締役会の議長代行順序の決定
　3）役付取締役の選定・解職
　4）執行役の選任・解任
　5）代表執行役の選定・解職
　6）代表執行役の役職名の決定
　7）役付執行役の選定・解職
　8）執行役が二人以上ある場合における執行役の職務の分掌および指揮命令の関係その他の執行役相互の関係に関する事項の決定
　9）取締役会を招集する取締役の選定
　10）取締役または執行役による競業取引の承認
　11）取締役または執行役による利益相反取引（直接取引および間接取引）の承認
　12）執行役から取締役会の招集の請求を受ける取締役の選定
　13）株主名簿管理人等の決定，または株主名簿管理人等を決定する執行役の選定
　14）株式取扱規則の制定，変更，または株式取扱規則を制定，変更する執行役の選定
　15）取締役および執行役の責任の免除の決定
　16）社外取締役の責任免除に関する契約の内容の承認
　17）執行役の職務の執行が法令および定款に適合することを確保するための体制その他株式会社の業務の適正を確保するために必要なも

のとして法務省令で定める体制の整備の決定
 (1) 執行役の職務の執行に係る情報の保存および管理に関する体制
 (2) 損失の危険の管理に関する規程その他の体制
 (3) 執行役の職務の執行が効率的に行われていることを確保するための体制
 (4) 使用人の職務の執行が法令および定款に適合することを確保するための体制
 (5) 当社および子会社からなる企業集団における業務の適正を確保するための体制
3．決算に関する事項
 1）計算書類および事業報告ならびにそれらの附属明細書の承認（計算書類とは，貸借対照表，損益計算書，株主資本等変動計算書，個別注記表をいう）
 2）連結計算書類の承認（連結計算書類とは，連結財政状態計算書，連結損益計算書，連結持分変動計算書，連結注記表をいう）
 3）連結財務諸表（年度および四半期）の承認（連結財務諸表とは，連結財政状態計算書，連結損益計算書，連結包括利益計算書，連結持分変動計算書，連結キャッシュ・フロー計算書をいう）
 4）臨時計算書類の承認
4．任意の諮問委員会及び監査役会に関する事項
 1）任意の指名，報酬の各諮問委員会を組織する取締役の選定・解職
 2）任意の指名，報酬の各諮問委員会の委員長の選定・解職
 3）監査役会の職務の執行のために必要なものとして法務省令で定める事項の決定
  (1) 監査役会の職務を補助すべき使用人に関する事項
  (2) 前号の使用人の執行役からの独立性の確保に関する事項
  (3) 子会社を含む執行役および使用人が監査役会に報告するための体制その他の監査役会への報告に関する体制

(4) その他監査役会の監査が実効的に行われることを確保するための体制
　4）会社と監査役との間の訴訟において会社を代表する者の決定
　5）上記以外の取締役会内の任意の諮問委員会の設置，変更，廃止およびその委員の選定
5．経営の基本方針の決定
　1）年度事業計画の大綱
　2）中長期経営計画の基本方針およびその重要な変更
　3）会社の持続的成長と企業価値向上に関する事項
　4）株主還元に関する事項
6．株式，資本等に関する事項
　1）剰余金の配当等の決定
　　(1) 自己株式の取得およびその内容
　　(2) 準備金の減少およびその内容
　　(3) 剰余金の処分およびその内容
　　(4) 剰余金の配当およびその内容（配当予想を含む）
　2）譲渡制限株式または譲渡制限新株予約権の譲渡承認および譲渡制限株式の譲渡の相手方の指定
　3）公開買付け・公開買付けに対する意見表明の内容の決定
7．組織再編に関する事項
　1）合併契約の内容の決定（簡易な合併の場合を除く）
　2）吸収分割契約の内容の決定（簡易な吸収分割の場合を除く）
　3）新設分割計画の内容の決定（簡易な新設分割の場合を除く）
　4）株式交換契約の内容の決定（簡易な株式交換の場合を除く）
　5）株式移転計画の内容の決定
8．規則等の制定，変更，廃止
　1）コーポレートガバナンス・コード（「コーポレートガバナンスに関する報告書」で開示しなければならない事項の説明を含む）
　2）役員基本規程

3）取締役会規則（取締役会細則を含む）
4）取締役会が執行役に委任する事項
5）任意の指名諮問委員会規則
6）監査役会規則
7）任意の報酬諮問委員会規則
8）監査役会の職務の執行のために必要な事項に関する規則
9）執行役の職務の執行の適正を確保するために必要な体制の整備に関する規則
9．株主代表訴訟に関する事項
1）監査役および会計監査人に対しその責任を追及する訴えを提起するよう株主から請求を受けた場合の当該提訴の当否，および不提訴の場合の不提訴理由書の内容の決定
2）提訴株主から株主代表訴訟提起の告知を受けた場合，当該訴えに係る当事者が監査役である場合の訴訟参加の当否の決定
3）取締役または執行役に対して株主代表訴訟が提起された場合，会社による取締役または執行役側への補助参加の当否の決定
10．その他の事項
1）事業の全部もしくは重要な一部の譲渡，他の会社の事業の全部の譲受け，事業の全部の賃貸借，事業の全部の経営の委任，損益共通契約等の締結，変更もしくは解約または事後設立の契約の内容の決定（簡易な事業譲渡等の場合を除く）
2）上場の廃止の決定
3）破産，再生手続開始または更生手続開始の申立ての決定
4）継続企業の前提に関する事項の注記の内容の決定
5）社内取締役および執行役の兼業等の承認（以下を除く）
　⑴　当社の子会社，関連会社の役員，使用人またはそれらに準ずる者になる場合
　⑵　当社と競業関係または取引関係にない非営利団体の代表者もしくは理事等の役員または使用人もしくはそれらに準ずる者

になる場合
　　(3) 当社と競業関係または取引関係にある非営利団体の代表者ではない理事等の役員または使用人もしくはそれらに準ずる者になる場合
6）当社企業価値・株主共同の利益の確保に関する対応方針の維持・改定・廃止
7）当社企業価値・株主共同の利益の確保に関する対応方針以外の買収防衛策の導入
8）株主総会において取締役会に決定を委任された事項の決定
9）取締役会の職務執行の自己レビュー
10）その他取締役会が必要と認めた事項の決定

Ⅱ．報告事項

基本的に上記以外の重要事項は報告事項となるが，主要なるものを挙げると以下のようになる。

	項目	運用指針
Ⅰ	任意の指名及び報酬諮問委員会の報告事項（独立社外取締役が複数おり，任意の委員会がある場合にはこれを含む）	
1	任意の指名諮問委員会の職務の執行の状況	・任意の指名諮問委員会の年間スケジュール ・取締役の選任に関する株主総会議案，選任理由及び取締役候補者に法令，定款等への違反がある場合，その事実等 ・取締役候補者選任に関する諸規則の改廃・取締役の解任に関する株主総会議案 ・外部コンサルタントとの契約の締結
2	監査役会の職務の執行の状況	・監査活動方針 ・監査計画 ・監査役会における議案の内容および監査調書に係る監査意見 ・年度の監査報告に係る監査意見 ・監査に関する諸規則の制定・変更・廃止 ・会計監査人の選任に関する事項 ・経営監査部員の人事異動の同意および人事

		・評価等に関する事項 ・外部コンサルタントとの契約の締結
3	任意の報酬諮問委員会の職務の執行の状況	・役員の報酬等に関する基本方針 ・役員の報酬体系および個人別の報酬等 ・報酬等に関する諸規則の制定・変更・廃止 ・役員報酬の開示に関する事項 ・役員の報酬等の変更および減額 ・外部コンサルタントとの契約の締結
4	任意の独立社外取締役委員会の職務の執行の状況	・当社企業価値・株主共同の利益の確保に関する対応方針の運用状況（新株予約権の不発行決議を含む） ・任意の独立社外取締役委員会に関する諸規則の制定・変更・廃止
II	執行役の報告事項	・報告事項は，取締役会の決議により執行役に委任した事項，株主，顧客および従業員の利益に影響する事項やコンプライアンスに関する事項，課題，問題点，例外的事項を中心とする。（原則として四半期報告の中で報告する）
1	取締役会の決議により執行役に委任した事項	
1)	株式，資本および資本調達等に関する事項	・連結対象会社の追加・削除 ・募集株式の発行等（自己株式の処分を含む） ・子会社の有する自己株式の取得 ・株式の分割 ・株式の分割による発行可能株式数増加の定款変更 ・単元株式数の減少または単元制の廃止に伴う定款の変更 ・社債の発行 ・募集新株予約権の発行（任意の独立社外取締役委員会の提案に基づくものおよび有利発行を除く） ・自己株式・自己新株予約権の消却 ・所在不明株主の株式の競売，売却，買取り
2)	事業の譲渡等・合併・分割・株式交換に関する事項	・簡易な事業譲渡・譲受け ・簡易な合併契約の締結 ・簡易な吸収分割契約の締結 ・簡易な新設分割計画の承認 ・簡易な株式交換契約の締結
3)	重要な業務執行に関する事項（重要性は執行役の判断とする）	・重要な財産の処分および譲受け 　－金銭の貸付

	－出資 －設備投資 －リース －固定資産の譲渡，譲受け －債権放棄，債務免除 －寄付 －知的財産権の譲渡，譲受け ・多額の借財 　－金銭の借入 　－担保の設定 　－債務保証 ・重要な使用人の選任および解任 　－重要な事業所長，事業部長等の人事 　－執行役員の任命 ・重要な組織の設置，変更，廃止 ・子会社，関連会社の設立，解散ならびに重要な子会社の合併・売却等 ・重要な子会社の役員人事 ・子会社間の資本取引 ・新規事業への進出 ・フェーズⅡ以降の重要な研究開発テーマの開発中止 ・既存事業の廃止および変更 ・重要な業務提携とその解消 ・重要な製品の導入・導出契約 ・企業買収 ・主力製品に関する重要な契約の締結，変更および解約 ・重要な訴訟の提起，応訴の遂行方針，経過，終結 ・公開買付け ・人員削減等の合理化 ・決算短信 ・有価証券報告書 ・臨時報告書 ・内部統制報告書 ・取締役会の承認を得て実施した利益相反取引（直接取引または間接取引）
2　定款の定めにより執行役が決定した事項 　1.1）株主名簿管理人およびその事務取扱場所の変更 　2.2）株式取扱規則の変更	
3　業務報告	

1）重要項目，重要な意思決定に関する報告 2）訴訟およびリスク，コンプライアンスに関する報告 3）業務執行全般の報告（各執行役の職務分掌に基づく報告） 　(1) 主要事業の状況 　(2) プロダクトクリエーションの状況 　(3) 製品の安定供給と品質の状況 　(4) 医薬品の安全性情報の状況 　(5) 顧客の声に関する状況 　(6) 財務の状況 　(7) 社員に関する状況 　(8) コンプライアンス・内部統制に関する状況 　(9) その他の特記事項等	
Ⅲ　その他の事項	・社外取締役及び社外監査役の他の法人等の役員就任のうち重要なもの ・取締役会の承認が不要な役員の兼業のうち重要なもの ・特別に報告する事項 ・その他，法令に定められた事項

2．監査役設置会社の任意の指名諮問委員会規則の一般的事例

（目的）
第1条　本規則は，―――株式会社の任意の指名諮問委員会に関する事項を定めたものである。

（権限）
第2条　指名諮問委員会は，株主総会に提出する役員（取締役及び監査役）の選任および解任に関する議案の作成権限を有しており，法令または定款に別段の定めがある場合を除き，以下の事項の案を作成し取締役会に付議する。
　(1)　役員の選任および解任に関する株主総会議案の作成

(2) 前号を決議するために必要な基本方針，規則および手続等の制定，変更，廃止
(3) その他，取締役候補者の選任および取締役の解任に関して指名諮問委員会が必要と認めた事項

2．指名諮問委員会は，職務執行に必要な事項に関して，取締役，執行役および使用人から随時報告を受けることができる。

（構成）
第3条　指名諮問委員会は，取締役会が選定する取締役（以下「指名諮問委員」という。）で組織する。

2．指名諮問委員会の委員長は，取締役会が選定する。

（招集）
第4条　指名諮問委員会は，原則として，指名諮問委員長が招集する。ただし，他の指名諮問委員も必要に応じて指名諮問委員会を招集することができる。

2．指名諮問委員会の招集通知は，日時，場所および議題を掲げ，会日の3日前までに，各指名諮問委員に対して，これを発するものとする。ただし，緊急の場合はこの期間を短縮することができる。

3．指名諮問委員全員の同意があるときは，前項の招集手続を経ないで指名諮問委員会を開催することができる。

（開催）
第5条　指名諮問委員会は，必要に応じて随時開催する。

2．指名諮問委員会は，本社において開催する。ただし，必要があるときは他の場所で開催することができる。

3．指名諮問委員会は，日本語にて開催する。通訳が必要な場合は，同席させることができる。

（議長）
第6条　指名諮問委員会の議長は，指名諮問委員長がその任にあたる。指名諮問委員長に事故があるときは，あらかじめ指名諮問委員会の定めた順序により他の指名諮問委員がこれに代わる。

（役員選・解任案の決議の方法）
第7条　指名諮問委員会における，役員選・解任案に関わる決議は，議決に加わることができる指名諮問委員の過半数が出席し，その指名諮問委員の過半数をもって決する。

2．指名諮問委員会の決議につき，特別の利害関係を有する指名委員は，議決権を行使することができない。この場合，その指名委員の議決権は，出席した指名諮問委員の議決権の数に算入しない。

（取締役会への報告）
第8条　指名諮問委員会が指名諮問委員の中から選定した委員は，指名諮問委員会の職務執行の状況を取締役会に遅滞なく報告しなければならない。

（諮問委員会への報告の省略）
第9条　取締役，執行役または会計監査人が指名諮問委員の全員に対して指名諮問委員会に報告すべき事項を通知したときは，当該事項を指名諮問委員会へ報告することを要しない。

（議案関係者の出席）
第10条　指名諮問委員会が必要と認めたときは，指名諮問委員以外の者を指名諮問委員会に出席させ，その意見または説明を求めることができる。

（議事録）
第11条　指名諮問委員会の議事については，法令に従い議事録を作成し，出席した指名諮問委員はこれに署名または記名押印する。

２．指名諮問委員会の議事録は，本店に10年間備え置く。

（事務局）
第12条　指名諮問委員会に関する事務は，取締役会事務局がこれにあたる。

（改正）
第13条　本規則は，取締役会の決議により，改正することができる。

以上

参考-3
取締役の利益相反取引の制限

(浜辺陽一郎：2015『新会社法の仕組み第3版』98-99頁等を参考に筆者作成)

【原則1-7. 関連当事者間の取引】

「上場会社がその役員や主要株主等との取引（関連当事者間の取引）を行う場合には，そうした取引が会社や株主共同の利益を害することのないよう，また，そうした懸念を惹起することのないよう，取締役会は，あらかじめ，取引の重要性やその性質に応じた適切な手続を定めてその枠組みを開示するとともに，その手続を踏まえた監視（取引の承認を含む）を行うべきである。」とあるように役員の利益相反取引は制限されなくてはならない。

取締役会設置会社では，利益相反取引について，取締役会の承認の下に行うことができる。これに対して，取締役会がない会社では株主総会の承認が必要になる（会365条等）。利益相反取引とは，取締役が会社の利益と対立して，自己または第三者の利益を図るような取引のことを言い，取締役がこのような利益相反取引を行う場合には，会社が損害を受けるおそれがあることから，こうした規制がある。

上記のように，会社法は，取締役設置会社の利益を保護するため，取締役が利益相反取引を行う場合に，株主総会や取締役会の承認が手続き上必要である。即ち，取締役会非設置会社の場合は株主総会，取締役会設置会社の場合は取締役会となる。また，取締役会設置会社においては，取引後，

遅滞なく当該取引についての重要な事実を取締役会に報告する必要がある。

１．利益相反取引の類型

① 直接取引：取締役が自己または第三者のために株式会社と取引をしようとする場合（会社法第356条第1項第二号）
具体例
・取締役・会社間で行われる売買契約
・会社から取締役への贈与
・取締役から会社への金銭貸付（利息付）
・会社が取締役の債務を免除
・取締役が受取人となる会社からの約束手形の振り出し（最高裁判例）

② 間接取引：株式会社が取締役の債務を保証すること，その他取締役以外の者との間において株式会社とその取締役との利益が相反する取引をしようとする場合（会社法第356条第1項第三号）
具体例
・会社が取締役の債務を連帯保証する行為（最高裁判例）
・会社と第三者がする取締役の債務引受契約（最高裁判例）
・取締役の債務を担保するため，会社の不動産に抵当権を設定する行為

２．株主総会（取締役会）の承認が不要な場合

株主総会等の承認を必要とするのは，会社に損害を与えるのを防止し，会社の利益を保護するためである。したがって，会社の利益を害するおそれのない取引は利益相反取引にはあたらず，承認は不要となる。

例えば，
① 取締役が会社に無利息・無担保で金銭を貸し付ける行為（最高裁判

例）
② 取締役から会社への無償贈与
③ 普通取引約款による定型的な取引行為
④ 会社から取締役への債務の履行行為の相殺

また，一人株主（実質上の個人経営）の場合や，株主全員の同意がある場合にも，実質的に利益が相反せず，会社の利益を保護する必要がないため，承認は不要であるが，利益相反取引にあたるかどうかが分からない場合には承認を得ておくのが安全であろう。

3．承認を得ないで行った取引の効果

アクト大阪法律事務所「法律業務関連コラム」によると，「承認を得ないで行った利益相反取引は，原則として無効になる。

ただし，取引の安全を図るため，会社が第三者に対して無効を主張するには，当該取引が利益相反取引に該当し，承認を得ていないことを第三者が知っていたこと（または重過失）を主張立証しなければならない。

また，利益相反取引は，会社の利益保護が目的なので，利益相反取引をした取締役の方から，取引の無効を主張することはできないと解されている。

そして，利益相反取引により会社に損害が生じた場合は，取締役は会社に対し，損害賠償責任を負う。もっとも，
承認を得ていた場合でも，結果的に会社が損害を受けた場合には，その取引を行った取締役は，会社に対して損害賠償責任を負うことになる。

また，当該取引を行った取締役だけではなく，承認決議に賛成した取締役も，過失がなかったことを立証しない限り，連帯して損害賠償責任を負うことになるので，利益相反取引の承認には注意が必要である。」と説明されている。

取締役が自己又は第三者のために株式会社と直接取引を行う場合，あるいは，取締役と利益相反する間接取引を，当該取締役以外の者と株式会社が行う場合には取締役は，その取引についての重要な事実を開示して，株式会社の承認を受けなければならない。

　この利益相反取引の制限は，代表取締役がその地位を利用して，単独で，あるいは他の取締役と共謀し，株式会社の利益を犠牲にして，自己又は第三者の利益を図るおそれがあるため，これを事前に防止するための規制である。なお，この規制は代表権のない取締役も対象とされているが，特に代表取締役が対象となる場合，本来は，

　民法第108条，無権代理行為（本人が取消し可能）に該当することになる。しかし，代表取締役が株式会社の承認を得た場合は，民法第108条は適用されないため，有効な取引行為（代理行為）となる。

(参考) 会社法及び民法の規定
第356条　取締役は，次に掲げる場合には，株主総会（注：取締役会設置会社の場合は取締役会）において，取引につき重要な事実を開示し，その承認を受けなければならない。

　一　取締役が自己又は第三者のために株式会社の事業の部類に属する取引をしようとするとき。

　二　取締役が自己または第三者のために株式会社と取引をしようとするとき。

　三　株式会社が取締役の債務を保証することその他取締役以外の者との間において株式会社と当該取締役との利益が相反する取引をしようとするとき。

2　民法第108条（注：代理権の行使が制限される場合）の規定は，前項の承

認を受けた同項第二号の取引については，適用しない。

(注) 民法第108条
 同一の法律行為については，相手方の代理人となり，又は当事者双方の代理人となることはできない。ただし，債務の履行及び本人があらかじめ許諾した行為については，この限りではない。

参考 – 4
取締役会の評価項目

(高山与志子：2015「取締役会評価の目的・プロセス・開示」ビジネス法務4の27頁より)

取締役会の構成
・スキル，経験，知識，多様性の状況

取締役会の実効性
・企業の目的，方向性および価値における明確さとリーダーシップ
・後継者に関する計画
・取締役会の一つのユニットとしてのまとまり
・取締役会議長とCEOによって設定される企業の姿勢
・取締役会における関係，特に，取締役会議長とCEO，取締役会議長と上級独立社外取締役（注），社内取締役と社外取締役における関係
・上級独立社外取締役の役割の明確さ
・取締役会における委員会の実効性と委員会の取締役会の関係
・社内取締役・社外取締役個人における実効性
・秘書役（取締役会事務局）の実効性

取締役会に関連する情報
・企業とそのパフォーマンスに関して提供される一般的な情報の質
・取締役会に提示される書類とプレゼンテーションの質

意思決定プロセス
・個々の提案に関する議論
・取締役会議長が主要な決定，議論を呼ぶ事柄について十分な議論を確保す

るために使うプロセス
・意思決定プロセスと権限に関する明確さ
・リスクを特定し検証するプロセス

対外的なコミュニケーション
・取締役会と株主および他のステークホルダーとの間のコミュニケーション

(注) 日本のコーポレートガバナンス・コードの筆頭独立取締役にあたる

参考-5

東証のコーポレートガバナンス・コードの策定に伴う有価証券上場規定等の一部改正について(概要)

コーポレートガバナンス・コードの策定に伴う有価証券上場規程等の一部改正について

2015年5月13日
株式会社東京証券取引所

　当取引所は,有価証券上場規程等の一部改正を行い,本年6月1日から施行します。今回の改正は,当取引所においてコーポレートガバナンス・コード(以下「コード」という。)を策定することに伴い,コードについて"Comply or Explain"(原則を実施するか,実施しない場合にはその理由を説明するか)を求めるほか,独立社外取締役の円滑な選任に資するため,独立性に関する情報開示について見直しを行うなど,所要の制度整備を行うものです。

I　改正概要
1.　コードの策定に伴う制度整備
(1)　コードを実施しない場合の理由の説明
・上場会社は,コードを実施しない場合には,その理由を説明するものとします。
(備考)有価証券上場規程(以下,「規程」という。)別添,第436条の3

(2)　コードを実施しない場合の理由の説明の媒体

・「コードを実施しない場合の理由の説明」は，コーポレート・ガバナンス報告書に記載するものとします。
（備考）有価証券上場規程施行規則（以下，「施行規則」という。）第211条第4項等

(3) コードの尊重
・「上場会社コーポレート・ガバナンス原則」の尊重規定は，コードの趣旨・精神の尊重規定に置き換えます。
（備考）規程第445条の3

2．独立役員の独立性に関する情報開示の見直し
・上場会社が独立役員を指定する場合には，当該独立役員と上場会社との間の特定の関係の有無及びその概要を開示するものとします。
（備考）施行規則第211条第4項第6号等

Ⅱ　施行日
・本年6月1日から施行します。
・1.(2)の改正を反映したコーポレート・ガバナンス報告書は，本年6月1日以後最初に開催する定時株主総会の日から6か月を経過する日までに当取引所に提出するものとします（「コーポレート・ガバナンスに関する報告書記載要領（2015年6月改訂版）」参照）。

（出典：http://www.jpx.co.jp/）

参考 – 6
東証によるコーポレートガバナンス・コード

コーポレートガバナンス・コード
～会社の持続的な成長と中長期的な企業価値の向上のために～

2015年6月1日
株式会社東京証券取引所

目 次

コーポレートガバナンス・コードについて
基本原則一覧
コーポレートガバナンス・コード
 第1章 株主の権利・平等性の確保
 第2章 株主以外のステークホルダーとの適切な協働
 第3章 適切な情報開示と透明性の確保
 第4章 取締役会等の責務
 第5章 株主との対話
資料編

コーポレートガバナンス・コードについて

　本コードにおいて，「コーポレートガバナンス」とは，会社が，株主をはじめ顧客・従業員・地域社会等の立場を踏まえた上で，透明・公正かつ迅速・果断な意思決定を行うための仕組みを意味する。

　本コードは，実効的なコーポレートガバナンスの実現に資する主要な原則を取りまとめたものであり，これらが適切に実践されることは，それぞれの会社において持続的な成長と中長期的な企業価値の向上のため

の自律的な対応が図られることを通じて，会社，投資家，ひいては経済全体の発展にも寄与することとなるものと考えられる。

基本原則

【株主の権利・平等性の確保】
1．上場会社は，株主の権利が実質的に確保されるよう適切な対応を行うとともに，株主がその権利を適切に行使することができる環境の整備を行うべきである。
　　また，上場会社は，株主の実質的な平等性を確保すべきである。
　　少数株主や外国人株主については，株主の権利の実質的な確保，権利行使に係る環境や実質的な平等性の確保に課題や懸念が生じやすい面があることから，十分に配慮を行うべきである。

【株主以外のステークホルダーとの適切な協働】
2．上場会社は，会社の持続的な成長と中長期的な企業価値の創出は，従業員，顧客，取引先，債権者，地域社会をはじめとする様々なステークホルダーによるリソースの提供や貢献の結果であることを十分に認識し，これらのステークホルダーとの適切な協働に努めるべきである。
　　取締役会・経営陣は，これらのステークホルダーの権利・立場や健全な事業活動倫理を尊重する企業文化・風土の醸成に向けてリーダーシップを発揮すべきである。

【適切な情報開示と透明性の確保】
3．上場会社は，会社の財政状態・経営成績等の財務情報や，経営戦略・経営課題，リスクやガバナンスに係る情報等の非財務情報について，法令に基づく開示を適切に行うとともに，法令に基づく開示以外の情報提供にも主体的に取り組むべきである。
　　その際，取締役会は，開示・提供される情報が株主との間で建設的な対話を行う上での基盤となることも踏まえ，そうした情報（とりわけ非財務情報）が，正確で利用者にとって分かりやすく，情報として有用性の高いものとなるようにすべきである。

【取締役会等の責務】
4．上場会社の取締役会は，株主に対する受託者責任・説明責任を踏まえ，会社の持続的成長と中長期的な企業価値の向上を促し，収益力・資本効率等の改善を図るべく，
　(1) 企業戦略等の大きな方向性を示すこと
　(2) 経営陣幹部による適切なリスクテイクを支える環境整備を行うこと
　(3) 独立した客観的な立場から，経営陣（執行役及びいわゆる執行役員を含む）・取締役に対する実効性の高い監督を行うこと
をはじめとする役割・責務を適切に果たすべきである。
　こうした役割・責務は，監査役会設置会社（その役割・責務の一部は監査役及び監査役会が担うこととなる），指名委員会等設置会社，監査等委員会設置会社など，いずれの機関設計を採用する場合にも，等しく適切に果たされるべきである。

【株主との対話】
5．上場会社は，その持続的な成長と中長期的な企業価値の向上に資するため，株主総会の場以外においても，株主との間で建設的な対話を行うべきである。
　経営陣幹部・取締役（社外取締役を含む）は，こうした対話を通じて株主の声に耳を傾け，その関心・懸念に正当な関心を払うとともに，自らの経営方針を株主に分かりやすい形で明確に説明しその理解を得る努力を行い，株主を含むステークホルダーの立場に関するバランスのとれた理解と，そうした理解を踏まえた適切な対応に努めるべきである。

第1章　株主の権利・平等性の確保

【基本原則1】
　上場会社は，株主の権利が実質的に確保されるよう適切な対応を行うとともに，株主がその権利を適切に行使することができる環境の整備を行うべきである。

> また，上場会社は，株主の実質的な平等性を確保すべきである。
> 　少数株主や外国人株主については，株主の権利の実質的な確保，権利行使に係る環境や実質的な平等性の確保に課題や懸念が生じやすい面があることから，十分に配慮を行うべきである。

考え方

　上場会社には，株主を含む多様なステークホルダーが存在しており，こうしたステークホルダーとの適切な協働を欠いては，その持続的な成長を実現することは困難である。その際，資本提供者は重要な要であり，株主はコーポレートガバナンスの規律における主要な起点でもある。上場会社には，株主が有する様々な権利が実質的に確保されるよう，その円滑な行使に配慮することにより，株主との適切な協働を確保し，持続的な成長に向けた取組みに邁進することが求められる。

　また，上場会社は，自らの株主を，その有する株式の内容及び数に応じて平等に取り扱う会社法上の義務を負っているところ，この点を実質的にも確保していることについて広く株主から信認を得ることは，資本提供者からの支持の基盤を強化することにも資するものである。

> 【原則1-1．株主の権利の確保】
> 　上場会社は，株主総会における議決権をはじめとする株主の権利が実質的に確保されるよう，適切な対応を行うべきである。

補充原則

1-1① 　取締役会は，株主総会において可決には至ったものの相当数の反対票が投じられた会社提案議案があったと認めるときは，反対の理由や反対票が多くなった原因の分析を行い，株主との対話その他の対応の要否について検討を行うべきである。

1-1② 　上場会社は，総会決議事項の一部を取締役会に委任するよう株主総会に提案するに当たっては，自らの取締役会においてコーポレートガバナンスに関する役割・責務を十分に果たし得るような体制が整っているか否かを考慮すべきである。他方で，上場会社において，そうした体制がしっ

かりと整っていると判断する場合には，上記の提案を行うことが，経営判断の機動性・専門性の確保の観点から望ましい場合があることを考慮に入れるべきである。

1-1③　上場会社は，株主の権利の重要性を踏まえ，その権利行使を事実上妨げることのないよう配慮すべきである。とりわけ，少数株主にも認められている上場会社及びその役員に対する特別な権利（違法行為の差止めや代表訴訟提起に係る権利等）については，その権利行使の確保に課題や懸念が生じやすい面があることから，十分に配慮を行うべきである。

【原則1-2．株主総会における権利行使】
　上場会社は，株主総会が株主との建設的な対話の場であることを認識し，株主の視点に立って，株主総会における権利行使に係る適切な環境整備を行うべきである。

補充原則

1-2①　上場会社は，株主総会において株主が適切な判断を行うことに資すると考えられる情報については，必要に応じ適確に提供すべきである。

1-2②　上場会社は，株主が総会議案の十分な検討期間を確保することができるよう，招集通知に記載する情報の正確性を担保しつつその早期発送に努めるべきであり，また，招集通知に記載する情報は，株主総会の招集に係る取締役会決議から招集通知を発送するまでの間に，TDnetや自社のウェブサイトにより電子的に公表すべきである。

1-2③　上場会社は，株主との建設的な対話の充実や，そのための正確な情報提供等の観点を考慮し，株主総会開催日をはじめとする株主総会関連の日程の適切な設定を行うべきである。

1-2④　上場会社は，自社の株主における機関投資家や海外投資家の比率等も踏まえ，議決権の電子行使を可能とするための環境作り（議決権電子行使プラットフォームの利用等）や招集通知の英訳を進めるべきである。

1-2⑤　信託銀行等の名義で株式を保有する機関投資家等が、株主総会において、信託銀行等に代わって自ら議決権の行使等を行うことをあらかじめ希望する場合に対応するため、上場会社は、信託銀行等と協議しつつ検討を行うべきである。

【原則1-3. 資本政策の基本的な方針】
　上場会社は、資本政策の動向が株主の利益に重要な影響を与え得ることを踏まえ、資本政策の基本的な方針について説明を行うべきである。

【原則1-4. いわゆる政策保有株式】
　上場会社がいわゆる政策保有株式として上場株式を保有する場合には、政策保有に関する方針を開示すべきである。また、毎年、取締役会で主要な政策保有についてそのリターンとリスクなどを踏まえた中長期的な経済合理性や将来の見通しを検証し、これを反映した保有のねらい・合理性について具体的な説明を行うべきである。
　上場会社は、政策保有株式に係る議決権の行使について、適切な対応を確保するための基準を策定・開示すべきである。

【原則1-5. いわゆる買収防衛策】
　買収防衛の効果をもたらすことを企図してとられる方策は、経営陣・取締役会の保身を目的とするものであってはならない。その導入・運用については、取締役会・監査役は、株主に対する受託者責任を全うする観点から、その必要性・合理性をしっかりと検討し、適正な手続を確保するとともに、株主に十分な説明を行うべきである。

補充原則

1-5①　上場会社は、自社の株式が公開買付けに付された場合には、取締役会としての考え方（対抗提案があればその内容を含む）を明確に説明すべきであり、また、株主が公開買付けに応じて株式を手放す権利を不当に妨げる措置を講じるべきではない。

【原則1-6. 株主の利益を害する可能性のある資本政策】
　支配権の変動や大規模な希釈化をもたらす資本政策（増資，MBO等を含む）については，既存株主を不当に害することのないよう，取締役会・監査役は，株主に対する受託者責任を全うする観点から，その必要性・合理性をしっかりと検討し，適正な手続を確保するとともに，株主に十分な説明を行うべきである。

【原則1-7. 関連当事者間の取引】
　上場会社がその役員や主要株主等との取引（関連当事者間の取引）を行う場合には，そうした取引が会社や株主共同の利益を害することのないよう，また，そうした懸念を惹起することのないよう，取締役会は，あらかじめ，取引の重要性やその性質に応じた適切な手続を定めてその枠組みを開示するとともに，その手続を踏まえた監視（取引の承認を含む）を行うべきである。

第2章　株主以外のステークホルダーとの適切な協働

【基本原則2】
　上場会社は，会社の持続的な成長と中長期的な企業価値の創出は，従業員，顧客，取引先，債権者，地域社会をはじめとする様々なステークホルダーによるリソースの提供や貢献の結果であることを十分に認識し，これらのステークホルダーとの適切な協働に努めるべきである。
　取締役会・経営陣は，これらのステークホルダーの権利・立場や健全な事業活動倫理を尊重する企業文化・風土の醸成に向けてリーダーシップを発揮すべきである。

考え方
　上場会社には，株主以外にも重要なステークホルダーが数多く存在する。これらのステークホルダーには，従業員をはじめとする社内の関係者や，顧客・取引先・債権者等の社外の関係者，更には，地域社会のように会社の存続・活動の基盤をなす主体が含まれる。上場会社は，自らの持続的な成長と

中長期的な企業価値の創出を達成するためには，これらのステークホルダーとの適切な協働が不可欠であることを十分に認識すべきである。また，近時のグローバルな社会・環境問題等に対する関心の高まりを踏まえれば，いわゆるESG（環境，社会，統治）問題への積極的・能動的な対応をこれらに含めることも考えられる。

　上場会社が，こうした認識を踏まえて適切な対応を行うことは，社会・経済全体に利益を及ぼすとともに，その結果として，会社自身にも更に利益がもたらされる，という好循環の実現に資するものである。

【原則2-1．中長期的な企業価値向上の基礎となる経営理念の策定】
　上場会社は，自らが担う社会的な責任についての考え方を踏まえ，様々なステークホルダーへの価値創造に配慮した経営を行いつつ中長期的な企業価値向上を図るべきであり，こうした活動の基礎となる経営理念を策定すべきである。

【原則2-2．会社の行動準則の策定・実践】
　上場会社は，ステークホルダーとの適切な協働やその利益の尊重，健全な事業活動倫理などについて，会社としての価値観を示しその構成員が従うべき行動準則を定め，実践すべきである。取締役会は，行動準則の策定・改訂の責務を担い，これが国内外の事業活動の第一線にまで広く浸透し，遵守されるようにすべきである。

補充原則

2-2①　取締役会は，行動準則が広く実践されているか否かについて，適宜または定期的にレビューを行うべきである。その際には，実質的に行動準則の趣旨・精神を尊重する企業文化・風土が存在するか否かに重点を置くべきであり，形式的な遵守確認に終始すべきではない。

【原則2-3．社会・環境問題をはじめとするサステナビリティーを巡る課題】
　上場会社は，社会・環境問題をはじめとするサステナビリティー（持

続可能性）を巡る課題について，適切な対応を行うべきである。

補充原則

2-3① 取締役会は，サステナビリティー（持続可能性）を巡る課題への対応は重要なリスク管理の一部であると認識し，適確に対処するとともに，近時，こうした課題に対する要請・関心が大きく高まりつつあることを勘案し，これらの課題に積極的・能動的に取り組むよう検討すべきである。

【原則2-4．女性の活躍促進を含む社内の多様性の確保】
　上場会社は，社内に異なる経験・技能・属性を反映した多様な視点や価値観が存在することは，会社の持続的な成長を確保する上での強みとなり得る，との認識に立ち，社内における女性の活躍促進を含む多様性の確保を推進すべきである。

【原則2-5．内部通報】
　上場会社は，その従業員等が，不利益を被る危険を懸念することなく，違法または不適切な行為・情報開示に関する情報や真摯な疑念を伝えることができるよう，また，伝えられた情報や疑念が客観的に検証され適切に活用されるよう，内部通報に係る適切な体制整備を行うべきである。取締役会は，こうした体制整備を実現する責務を負うとともに，その運用状況を監督すべきである。

補充原則

2-5① 上場会社は，内部通報に係る体制整備の一環として，経営陣から独立した窓口の設置（例えば，社外取締役と監査役による合議体を窓口とする等）を行うべきであり，また，情報提供者の秘匿と不利益取扱の禁止に関する規律を整備すべきである。

第3章　適切な情報開示と透明性の確保

> 【基本原則3】
> 　上場会社は，会社の財政状態・経営成績等の財務情報や，経営戦略・経営課題，リスクやガバナンスに係る情報等の非財務情報について，法令に基づく開示を適切に行うとともに，法令に基づく開示以外の情報提供にも主体的に取り組むべきである。
> 　その際，取締役会は，開示・提供される情報が株主との間で建設的な対話を行う上での基盤となることも踏まえ，そうした情報（とりわけ非財務情報）が，正確で利用者にとって分かりやすく，情報として有用性の高いものとなるようにすべきである。

考え方

　上場会社には，様々な情報を開示することが求められている。これらの情報が法令に基づき適時適切に開示されることは，投資家保護や資本市場の信頼性確保の観点から不可欠の要請であり，取締役会・監査役・監査役会・外部会計監査人は，この点に関し財務情報に係る内部統制体制の適切な整備をはじめとする重要な責務を負っている。

　また，上場会社は，法令に基づく開示以外の情報提供にも主体的に取り組むべきである。

　更に，我が国の上場会社による情報開示は，計表等については，様式・作成要領などが詳細に定められており比較可能性に優れている一方で，定性的な説明等のいわゆる非財務情報を巡っては，ひな型的な記述や具体性を欠く記述となっており付加価値に乏しい場合が少なくない，との指摘もある。取締役会は，こうした情報を含め，開示・提供される情報が可能な限り利用者にとって有益な記載となるよう積極的に関与を行う必要がある。

　法令に基づく開示であれそれ以外の場合であれ，適切な情報の開示・提供は，上場会社の外側にいて情報の非対称性の下におかれている株主等のステークホルダーと認識を共有し，その理解を得るための有力な手段となり得るものであり，「『責任ある機関投資家』の諸原則《日本版スチュワードシップ・コード》」を踏まえた建設的な対話にも資するものである。

> 【原則3-1．情報開示の充実】
> 　上場会社は，法令に基づく開示を適切に行うことに加え，会社の意思

決定の透明性・公正性を確保し，実効的なコーポレートガバナンスを実現するとの観点から，（本コードの各原則において開示を求めている事項のほか，）以下の事項について開示し，主体的な情報発信を行うべきである。

 (i) 会社の目指すところ（経営理念等）や経営戦略，経営計画

 (ii) 本コードのそれぞれの原則を踏まえた，コーポレートガバナンスに関する基本的な考え方と基本方針

 (iii) 取締役会が経営陣幹部・取締役の報酬を決定するに当たっての方針と手続

 (iv) 取締役会が経営陣幹部の選任と取締役・監査役候補の指名を行うに当たっての方針と手続

 (v) 取締役会が上記(iv)を踏まえて経営陣幹部の選任と取締役・監査役候補の指名を行う際の，個々の選任・指名についての説明

補充原則

3-1① 上記の情報の開示に当たっても，取締役会は，ひな型的な記述や具体性を欠く記述を避け，利用者にとって付加価値の高い記載となるようにすべきである。

3-1② 上場会社は，自社の株主における海外投資家等の比率も踏まえ，合理的な範囲において，英語での情報の開示・提供を進めるべきである。

【原則3-2．外部会計監査人】
 外部会計監査人及び上場会社は，外部会計監査人が株主・投資家に対して責務を負っていることを認識し，適正な監査の確保に向けて適切な対応を行うべきである。

補充原則

3-2① 監査役会は，少なくとも下記の対応を行うべきである。

 (i) 外部会計監査人候補を適切に選定し外部会計監査人を適切に評価するための基準の策定

（ⅱ）外部会計監査人に求められる独立性と専門性を有しているか否かについての確認

3-2②　取締役会及び監査役会は，少なくとも下記の対応を行うべきである。
　（ⅰ）高品質な監査を可能とする十分な監査時間の確保
　（ⅱ）外部会計監査人からCEO・CFO等の経営陣幹部へのアクセス（面談等）の確保
　（ⅲ）外部会計監査人と監査役（監査役会への出席を含む），内部監査部門や社外取締役との十分な連携の確保
　（ⅲ）外部会計監査人が不正を発見し適切な対応を求めた場合や，不備・問題点を指摘した場合の会社側の対応体制の確立

第4章　取締役会等の責務

【基本原則4】
　上場会社の取締役会は，株主に対する受託者責任・説明責任を踏まえ，会社の持続的成長と中長期的な企業価値の向上を促し，収益力・資本効率等の改善を図るべく，
　（1）企業戦略等の大きな方向性を示すこと
　（2）経営陣幹部による適切なリスクテイクを支える環境整備を行うこと
　（3）独立した客観的な立場から，経営陣（執行役及びいわゆる執行役員を含む）・取締役に対する実効性の高い監督を行うこと
をはじめとする役割・責務を適切に果たすべきである。
　こうした役割・責務は，監査役会設置会社（その役割・責務の一部は監査役及び監査役会が担うこととなる），指名委員会等設置会社，監査等委員会設置会社など，いずれの機関設計を採用する場合にも，等しく適切に果たされるべきである。

考え方
　上場会社は，通常，会社法（平成26年改正後）が規定する機関設計のうち主要な3種類（監査役会設置会社，指名委員会等設置会社，監査等委員会

設置会社)のいずれかを選択することとされている。前者(監査役会設置会社)は，取締役会と監査役・監査役会に統治機能を担わせる我が国独自の制度である。その制度では，監査役は，取締役・経営陣等の職務執行の監査を行うこととされており，法律に基づく調査権限が付与されている。また，独立性と高度な情報収集能力の双方を確保すべく，監査役(株主総会で選任)の半数以上は社外監査役とし，かつ常勤の監査役を置くこととされている。後者の2つは，取締役会に委員会を設置して一定の役割を担わせることにより監督機能の強化を目指すものであるという点において，諸外国にも類例が見られる制度である。上記の3種類の機関設計のいずれを採用する場合でも，重要なことは，創意工夫を施すことによりそれぞれの機関の機能を実質的かつ十分に発揮させることである。

　また，本コードを策定する大きな目的の一つは，上場会社による透明・公正かつ迅速・果断な意思決定を促すことにあるが，上場会社の意思決定のうちには，外部環境の変化その他の事情により，結果として会社に損害を生じさせることとなるものが無いとは言い切れない。その場合，経営陣・取締役が損害賠償責任を負うか否かの判断に際しては，一般的に，その意思決定の時点における意思決定過程の合理性が重要な考慮要素の一つとなるものと考えられるが，本コードには，ここでいう意思決定過程の合理性を担保することに寄与すると考えられる内容が含まれており，本コードは，上場会社の透明・公正かつ迅速・果断な意思決定を促す効果を持つこととなるものと期待している。

【原則4-1．取締役会の役割・責務(1)】
　取締役会は，会社の目指すところ(経営理念等)を確立し，戦略的な方向付けを行うことを主要な役割・責務の一つと捉え，具体的な経営戦略や経営計画等について建設的な議論を行うべきであり，重要な業務執行の決定を行う場合には，上記の戦略的な方向付けを踏まえるべきである。

補充原則

4-1① 取締役会は，取締役会自身として何を判断・決定し，何を経営陣に委ねるのかに関連して，経営陣に対する委任の範囲を明確に定め，その概

要を開示すべきである。

4-1② 取締役会・経営陣幹部は，中期経営計画も株主に対するコミットメントの一つであるとの認識に立ち，その実現に向けて最善の努力を行うべきである。仮に，中期経営計画が目標未達に終わった場合には，その原因や自社が行った対応の内容を十分に分析し，株主に説明を行うとともに，その分析を次期以降の計画に反映させるべきである。

4-1③ 取締役会は，会社の目指すところ（経営理念等）や具体的な経営戦略を踏まえ，最高経営責任者等の後継者の計画（プランニング）について適切に監督を行うべきである。

【原則 4-2．取締役会の役割・責務 (2)】
　取締役会は，経営陣幹部による適切なリスクテイクを支える環境整備を行うことを主要な役割・責務の一つと捉え，経営陣からの健全な企業家精神に基づく提案を歓迎しつつ，説明責任の確保に向けて，そうした提案について独立した客観的な立場において多角的かつ十分な検討を行うとともに，承認した提案が実行される際には，経営陣幹部の迅速・果断な意思決定を支援すべきである。
　また，経営陣の報酬については，中長期的な会社の業績や潜在的リスクを反映させ，健全な企業家精神の発揮に資するようなインセンティブ付けを行うべきである。

補充原則

4-2① 経営陣の報酬は，持続的な成長に向けた健全なインセンティブの一つとして機能するよう，中長期的な業績と連動する報酬の割合や，現金報酬と自社株報酬との割合を適切に設定すべきである。

【原則 4-3．取締役会の役割・責務 (3)】
　取締役会は，独立した客観的な立場から，経営陣・取締役に対する実効性の高い監督を行うことを主要な役割・責務の一つと捉え，適切に会

社の業績等の評価を行い、その評価を経営陣幹部の人事に適切に反映すべきである。

　また、取締役会は、適時かつ正確な情報開示が行われるよう監督を行うとともに、内部統制やリスク管理体制を適切に整備すべきである。

　更に、取締役会は、経営陣・支配株主等の関連当事者と会社との間に生じ得る利益相反を適切に管理すべきである。

補充原則

4-3①　取締役会は、経営陣幹部の選任や解任について、会社の業績等の評価を踏まえ、公正かつ透明性の高い手続に従い、適切に実行すべきである。

4-3②　コンプライアンスや財務報告に係る内部統制や先を見越したリスク管理体制の整備は、適切なリスクテイクの裏付けとなり得るものであるが、取締役会は、これらの体制の適切な構築や、その運用が有効に行われているか否かの監督に重点を置くべきであり、個別の業務執行に係るコンプライアンスの審査に終始すべきではない。

【原則4-4．監査役及び監査役会の役割・責務】
　監査役及び監査役会は、取締役の職務の執行の監査、外部会計監査人の選解任や監査報酬に係る権限の行使などの役割・責務を果たすに当たって、株主に対する受託者責任を踏まえ、独立した客観的な立場において適切な判断を行うべきである。

　また、監査役及び監査役会に期待される重要な役割・責務には、業務監査・会計監査をはじめとするいわば「守りの機能」があるが、こうした機能を含め、その役割・責務を十分に果たすためには、自らの守備範囲を過度に狭く捉えることは適切でなく、能動的・積極的に権限を行使し、取締役会においてあるいは経営陣に対して適切に意見を述べるべきである。

補充原則

4-4①　監査役会は、会社法により、その半数以上を社外監査役とすること

及び常勤の監査役を置くことの双方が求められていることを踏まえ，その役割・責務を十分に果たすとの観点から，前者に由来する強固な独立性と，後者が保有する高度な情報収集力とを有機的に組み合わせて実効性を高めるべきである。また，監査役または監査役会は，社外取締役が，その独立性に影響を受けることなく情報収集力の強化を図ることができるよう，社外取締役との連携を確保すべきである。

【原則 4-5. 取締役・監査役等の受託者責任】
　上場会社の取締役・監査役及び経営陣は，それぞれの株主に対する受託者責任を認識し，ステークホルダーとの適切な協働を確保しつつ，会社や株主共同の利益のために行動すべきである。

【原則 4-6. 経営の監督と執行】
　上場会社は，取締役会による独立かつ客観的な経営の監督の実効性を確保すべく，業務の執行には携わらない，業務の執行と一定の距離を置く取締役の活用について検討すべきである。

【原則 4-7. 独立社外取締役の役割・責務】
　上場会社は，独立社外取締役には，特に以下の役割・責務を果たすことが期待されることに留意しつつ，その有効な活用を図るべきである。
　(i) 経営の方針や経営改善について，自らの知見に基づき，会社の持続的な成長を促し中長期的な企業価値の向上を図る，との観点からの助言を行うこと
　(ii) 経営陣幹部の選解任その他の取締役会の重要な意思決定を通じ，経営の監督を行うこと
　(iii) 会社と経営陣・支配株主等との間の利益相反を監督すること
　(iv) 経営陣・支配株主から独立した立場で，少数株主をはじめとするステークホルダーの意見を取締役会に適切に反映させること

【原則 4-8. 独立社外取締役の有効な活用】
　独立社外取締役は会社の持続的な成長と中長期的な企業価値の向上に

寄与するように役割・責務を果たすべきであり，上場会社はそのような資質を十分に備えた独立社外取締役を少なくとも2名以上選任すべきである。

　また，業種・規模・事業特性・機関設計・会社をとりまく環境等を総合的に勘案して，自主的な判断により，少なくとも3分の1以上の独立社外取締役を選任することが必要と考える上場会社は，上記にかかわらず，そのための取組み方針を開示すべきである。

補充原則

4-8① 　独立社外取締役は，取締役会における議論に積極的に貢献するとの観点から，例えば，独立社外者のみを構成員とする会合を定期的に開催するなど，独立した客観的な立場に基づく情報交換・認識共有を図るべきである。

4-8② 　独立社外取締役は，例えば，互選により「筆頭独立社外取締役」を決定することなどにより，経営陣との連絡・調整や監査役または監査役会との連携に係る体制整備を図るべきである。

【原則4-9．独立社外取締役の独立性判断基準及び資質】
　取締役会は，金融商品取引所が定める独立性基準を踏まえ，独立社外取締役となる者の独立性をその実質面において担保することに主眼を置いた独立性判断基準を策定・開示すべきである。また，取締役会は，取締役会における率直・活発で建設的な検討への貢献が期待できる人物を独立社外取締役の候補者として選定するよう努めるべきである。

【原則4-10．任意の仕組みの活用】
　上場会社は，会社法が定める会社の機関設計のうち会社の特性に応じて最も適切な形態を採用するに当たり，必要に応じて任意の仕組みを活用することにより，統治機能の更なる充実を図るべきである。

補充原則

4-10① 上場会社が監査役会設置会社または監査等委員会設置会社であって，独立社外取締役が取締役会の過半数に達していない場合には，経営陣幹部・取締役の指名・報酬などに係る取締役会の機能の独立性・客観性と説明責任を強化するため，例えば，取締役会の下に独立社外取締役を主要な構成員とする任意の諮問委員会を設置することなどにより，指名・報酬などの特に重要な事項に関する検討に当たり独立社外取締役の適切な関与・助言を得るべきである。

【原則4-11. 取締役会・監査役会の実効性確保のための前提条件】

取締役会は，その役割・責務を実効的に果たすための知識・経験・能力を全体としてバランス良く備え，多様性と適正規模を両立させる形で構成されるべきである。また，監査役には，財務・会計に関する適切な知見を有している者が1名以上選任されるべきである。

取締役会は，取締役会全体としての実効性に関する分析・評価を行うことなどにより，その機能の向上を図るべきである。

補充原則

4-11① 取締役会は，取締役会の全体としての知識・経験・能力のバランス，多様性及び規模に関する考え方を定め，取締役の選任に関する方針・手続と併せて開示すべきである。

4-11② 社外取締役・社外監査役をはじめ，取締役・監査役は，その役割・責務を適切に果たすために必要となる時間・労力を取締役・監査役の業務に振り向けるべきである。こうした観点から，例えば，取締役・監査役が他の上場会社の役員を兼任する場合には，その数は合理的な範囲にとどめるべきであり，上場会社は，その兼任状況を毎年開示すべきである。

4-11③ 取締役会は，毎年，各取締役の自己評価なども参考にしつつ，取締役会全体の実効性について分析・評価を行い，その結果の概要を開示すべきである。

【原則4-12．取締役会における審議の活性化】
　取締役会は，社外取締役による問題提起を含め自由闊達で建設的な議論・意見交換を尊ぶ気風の醸成に努めるべきである。

補充原則

4-12① 取締役会は，会議運営に関する下記の取扱いを確保しつつ，その審議の活性化を図るべきである。
(ⅰ) 取締役会の資料が，会日に十分に先立って配布されるようにすること
(ⅱ) 取締役会の資料以外にも，必要に応じ，会社から取締役に対して十分な情報が（適切な場合には，要点を把握しやすいように整理・分析された形で）提供されるようにすること
(ⅲ) 年間の取締役会開催スケジュールや予想される審議事項について決定しておくこと
(ⅳ) 審議項目数や開催頻度を適切に設定すること
(ⅴ) 審議時間を十分に確保すること

【原則4-13．情報入手と支援体制】
　取締役・監査役は，その役割・責務を実効的に果たすために，能動的に情報を入手すべきであり，必要に応じ，会社に対して追加の情報提供を求めるべきである。
　また，上場会社は，人員面を含む取締役・監査役の支援体制を整えるべきである。
　取締役会・監査役会は，各取締役・監査役が求める情報の円滑な提供が確保されているかどうかを確認すべきである。

補充原則

4-13① 社外取締役を含む取締役は，透明・公正かつ迅速・果断な会社の意思決定に資するとの観点から，必要と考える場合には，会社に対して追加の情報提供を求めるべきである。また，社外監査役を含む監査役は，法令に基づく調査権限を行使することを含め，適切に情報入手を行うべきで

4-13② 取締役・監査役は、必要と考える場合には、会社の費用において外部の専門家の助言を得ることも考慮すべきである。

4-13③ 上場会社は、内部監査部門と取締役・監査役との連携を確保すべきである。
　　また、上場会社は、例えば、社外取締役・社外監査役の指示を受けて会社の情報を適確に提供できるよう社内との連絡・調整にあたる者の選任など、社外取締役や社外監査役に必要な情報を適確に提供するための工夫を行うべきである。

【原則4-14．取締役・監査役のトレーニング】
　新任者をはじめとする取締役・監査役は、上場会社の重要な統治機関の一翼を担う者として期待される役割・責務を適切に果たすため、その役割・責務に係る理解を深めるとともに、必要な知識の習得や適切な更新等の研鑽に努めるべきである。このため、上場会社は、個々の取締役・監査役に適合したトレーニングの機会の提供・斡旋やその費用の支援を行うべきであり、取締役会は、こうした対応が適切にとられているか否かを確認すべきである。

補充原則

4-14① 社外取締役・社外監査役を含む取締役・監査役は、就任の際には、会社の事業・財務・組織等に関する必要な知識を取得し、取締役・監査役に求められる役割と責務（法的責任を含む）を十分に理解する機会を得るべきであり、就任後においても、必要に応じ、これらを継続的に更新する機会を得るべきである。

4-14② 上場会社は、取締役・監査役に対するトレーニングの方針について開示を行うべきである。

第5章　株主との対話

【基本原則5】
　上場会社は，その持続的な成長と中長期的な企業価値の向上に資するため，株主総会の場以外においても，株主との間で建設的な対話を行うべきである。
　経営陣幹部・取締役（社外取締役を含む）は，こうした対話を通じて株主の声に耳を傾け，その関心・懸念に正当な関心を払うとともに，自らの経営方針を株主に分かりやすい形で明確に説明しその理解を得る努力を行い，株主を含むステークホルダーの立場に関するバランスのとれた理解と，そうした理解を踏まえた適切な対応に努めるべきである。

考え方
　「『責任ある機関投資家』の諸原則《日本版スチュワードシップ・コード》」の策定を受け，機関投資家には，投資先企業やその事業環境等に関する深い理解に基づく建設的な「目的を持った対話」（エンゲージメント）を行うことが求められている。
　上場会社にとっても，株主と平素から対話を行い，具体的な経営戦略や経営計画などに対する理解を得るとともに懸念があれば適切に対応を講じることは，経営の正統性の基盤を強化し，持続的な成長に向けた取組みに邁進する上で極めて有益である。
　また，一般に，上場会社の経営陣・取締役は，従業員・取引先・金融機関とは日常的に接触し，その意見に触れる機会には恵まれているが，これらはいずれも賃金債権，貸付債権等の債権者であり，株主と接する機会は限られている。経営陣幹部・取締役が，株主との対話を通じてその声に耳を傾けることは，資本提供者の目線からの経営分析や意見を吸収し，持続的な成長に向けた健全な企業家精神を喚起する機会を得る，ということも意味する。

【原則5-1．株主との建設的な対話に関する方針】
　上場会社は，株主からの対話（面談）の申込みに対しては，会社の持続的な成長と企業価値の向上に資するよう，合理的な範囲で前向きに対応すべきである。取締役会は，株主との建設的な対話を促進

するための体制整備・取組みに関する方針を検討・承認し，開示すべきである。

補充原則

5-1① 株主との実際の対話（面談）の対応者については，株主の希望と面談の主な関心事項も踏まえた上で，合理的な範囲で，経営陣幹部または取締役（社外取締役を含む）が面談に臨むことを基本とすべきである。

5-1② 株主との建設的な対話を促進するための方針には，少なくとも以下の点を記載すべきである。
(i) 株主との対話全般について，下記（ii）〜（v）に記載する事項を含めその統括を行い，建設的な対話が実現するように目配りを行う経営陣または取締役の指定
(ii) 対話を補助する社内のIR担当，経営企画，総務，財務，経理，法務部門等の有機的な連携のための方策
(iii) 個別面談以外の対話の手段（例えば，投資家説明会やIR活動）の充実に関する取組み
(iv) 対話において把握された株主の意見・懸念の経営陣幹部や取締役会に対する適切かつ効果的なフィードバックのための方策
(v) 対話に際してのインサイダー情報の管理に関する方策

5-1③ 上場会社は，必要に応じ，自らの株主構造の把握に努めるべきであり，株主も，こうした把握作業にできる限り協力することが望ましい。

【原則5-2．経営戦略や経営計画の策定・公表】
経営戦略や経営計画の策定・公表に当たっては，収益計画や資本政策の基本的な方針を示すとともに，収益力・資本効率等に関する目標を提示し，その実現のために，経営資源の配分等に関し具体的に何を実行するのかについて，株主に分かりやすい言葉・論理で明確に説明を行うべきである。

資料編
「コーポレートガバナンス・コードの策定に関する有識者会議」
2015 年 3 月 5 日現在

座長	池尾和人	慶應義塾大学経済学部教授
メンバー	内田　章	東レ㈱常務取締役
	太田順司	公益社団法人日本監査役協会最高顧問
	大場昭義	東京海上アセットマネジメント㈱代表取締役社長
	小口俊朗	ガバナンス・フォー・オーナーズ・ジャパン㈱代表取締役
	神田秀樹	東京大学大学院法学政治学研究科教授
	スコット キャロン	日本コーポレート・ガバナンス・ネットワーク理事
	武井一浩	弁護士（西村あさひ法律事務所）
	冨山和彦	㈱経営共創基盤代表取締役 CEO
	中村美華	㈱セブン＆アイ・ホールディングス法務部法務シニアオフィサー
	堀江貞之	㈱野村総合研究所上席研究員
	松井忠三	㈱良品計画代表取締役会長
	森　公高	日本公認会計士協会会長
アドバイザー（国際機関）	マッツ イサクソン	Head, Corporate Affairs Division, OECD
幹事	坂本三郎	法務省大臣官房参事官
	中原裕彦	経済産業省経済産業政策局産業組織課長

（敬称略・五十音順）

事務局		金融庁，㈱東京証券取引所

資料編
「コーポレートガバナンス・コード原案」序文
コーポレートガバナンス・コードの策定に関する有識者会議

2015 年 3 月 5 日

経緯及び背景

1．我が国におけるコーポレートガバナンスを巡る取組みは，近年，大きく加速している。

2．平成 25 年 6 月に閣議決定された「日本再興戦略」においては，「機関投資家が，対話を通じて企業の中長期的な成長を促すなど，受託者責任を果たすための原則（日本版スチュワードシップ・コード）について検討し，取りまとめる」との施策が盛り込まれた。これを受けて，平成 25 年 8 月，金融庁に設置された「日本版スチュワードシップ・コードに関する有識者検討会」において検討が開始され，平成 26 年 2 月に「『責任ある機関投資家』の諸原則《日本版スチュワードシップ・コード》」（以下，序文において「スチュワードシップ・コード」という。）が策定・公表され，実施に移されている。

　また，法務省法制審議会は，平成 24 年 9 月に「会社法制の見直しに関する要綱」を採択したが，その後，社外取締役を選任しない場合における説明義務に関する規定なども盛り込んだ上で，会社法改正案が国会に提出され，平成 26 年 6 月に可決・成立している。

3．更に，上記の「日本再興戦略」においては，「国内の証券取引所に対し，上場基準における社外取締役の位置付けや，収益性や経営面での評価が高い銘柄のインデックスの設定など，コーポレートガバナンスの強化につながる取組を働きかける」との施策も盛り込まれていたが，これを受けて，日本取引所グループにおいて「資本の効率的活用や投資者を意識した経営観点など，グローバルな投資基準に求められる諸要件を満たした，『投資者にとって投資魅力の高い会社』で構成される新しい株価指数」である「JPX 日経インデックス 400」が設定され，平成 26 年 1 月 6 日より算出が開始されている。

4．こうした中，平成 26 年 6 月に閣議決定された「『日本再興戦略』改訂

2014」において,「東京証券取引所と金融庁を共同事務局とする有識者会議において,秋頃までを目途に基本的な考え方を取りまとめ,東京証券取引所が,来年の株主総会のシーズンに間に合うよう新たに「コーポレートガバナンス・コード」を策定することを支援する」との施策が盛り込まれた。これを受けて,平成26年8月,金融庁・東京証券取引所を共同事務局とする「コーポレートガバナンス・コードの策定に関する有識者会議」(以下,「本有識者会議」という。)が設置された。本有識者会議は,8月から計9回にわたり議論を重ね,今般,コーポレートガバナンス・コードの策定に関する基本的な考え方を「コーポレートガバナンス・コード(原案)」(以下,「本コード(原案)」という。)の形で取りまとめた。なお,「『日本再興戦略』改訂2014」において,コードの策定に当たっては「OECDコーポレート・ガバナンス原則」を踏まえるものとすると明記されたことを受けて,本有識者会議は同原則の内容に沿って議論を行ってきており,本コード(原案)の内容は同原則の趣旨を踏まえたものとなっている。また,本コード(原案)の取りまとめに当たっては,和英両文によるパブリック・コメントを実施し,和文については80の個人・団体から,英文については41の個人・団体から充実した意見が寄せられた。本有識者会議は,これらの意見についても議論を行い,本コード(原案)の取りまとめに反映させていただいた。

5.今後,東京証券取引所において,「『日本再興戦略』改訂2014」を踏まえ,関連する上場規則等の改正を行うとともに,本コード(原案)をその内容とする「コーポレートガバナンス・コード」を制定することが期待される。

本コード(原案)の目的

6.本コード(原案)は,「『日本再興戦略』改訂2014」に基づき,我が国の成長戦略の一環として策定されるものである。冒頭に掲げたように,本コード(原案)において,「コーポレートガバナンス」とは,会社が,株主をはじめ顧客・従業員・地域社会等の立場を踏まえた上で,透明・公正かつ迅速・果断な意思決定を行うための仕組みを意味しており,こうした認識の下,本コード(原案)には,実効的なコーポレートガバナンスの実現に資する主要な原則を盛り込んでいる。

7．会社は，株主から経営を付託された者としての責任（受託者責任）をはじめ，様々なステークホルダーに対する責務を負っていることを認識して運営されることが重要である。本コード（原案）は，こうした責務に関する説明責任を果たすことを含め会社の意思決定の透明性・公正性を担保しつつ，これを前提とした会社の迅速・果断な意思決定を促すことを通じて，いわば「攻めのガバナンス」の実現を目指すものである。本コード（原案）では，会社におけるリスクの回避・抑制や不祥事の防止といった側面を過度に強調するのではなく，むしろ健全な企業家精神の発揮を促し，会社の持続的な成長と中長期的な企業価値の向上を図ることに主眼を置いている。

　本コード（原案）には，株主に対する受託者責任やステークホルダーに対する責務を踏まえ，一定の規律を求める記載が含まれているが，これらを会社の事業活動に対する制約と捉えることは適切ではない。むしろ，仮に，会社においてガバナンスに関する機能が十分に働かないような状況が生じれば，経営の意思決定過程の合理性が確保されなくなり，経営陣が，結果責任を問われることを懸念して，自ずとリスク回避的な方向に偏るおそれもある。こうした状況の発生こそが会社としての果断な意思決定や事業活動に対する阻害要因となるものであり，本コード（原案）では，会社に対してガバナンスに関する適切な規律を求めることにより，経営陣をこうした制約から解放し，健全な企業家精神を発揮しつつ経営手腕を振えるような環境を整えることを狙いとしている。

8．本コード（原案）は，市場における短期主義的な投資行動の強まりを懸念する声が聞かれる中，中長期の投資を促す効果をもたらすことをも期待している。市場においてコーポレートガバナンスの改善を最も強く期待しているのは，通常，ガバナンスの改善が実を結ぶまで待つことができる中長期保有の株主であり，こうした株主は，市場の短期主義化が懸念される昨今においても，会社にとって重要なパートナーとなり得る存在である。本コード（原案）は，会社が，各原則の趣旨・精神を踏まえ，自らのガバナンス上の課題の有無を検討し，自律的に対応することを求めるものであるが，このような会社の取組みは，スチュワードシップ・コードに基づくこうした株主（機関投資家）と会社との間の建設的な「目的を持った対話」によって，更なる充実を図ることが可能である。その意味において，本コード（原案）とスチュワードシップ・コードとは，いわば「車の両輪」

であり、両者が適切に相まって実効的なコーポレートガバナンスが実現されることが期待される。

「プリンシプルベース・アプローチ」及び
「コンプライ・オア・エクスプレイン」

9. 本コード（原案）において示される規範は、基本原則、原則、補充原則から構成されているが、それらの履行の態様は、例えば、会社の業種、規模、事業特性、機関設計、会社を取り巻く環境等によって様々に異なり得る。本コード（原案）に定める各原則の適用の仕方は、それぞれの会社が自らの置かれた状況に応じて工夫すべきものである。

10. こうした点に鑑み、本コード（原案）は、会社が取るべき行動について詳細に規定する「ルールベース・アプローチ」（細則主義）ではなく、会社が各々の置かれた状況に応じて、実効的なコーポレートガバナンスを実現することができるよう、いわゆる「プリンシプルベース・アプローチ」（原則主義）を採用している。

　「プリンシプルベース・アプローチ」は、スチュワードシップ・コードにおいて既に採用されているものであるが、その意義は、一見、抽象的で大掴みな原則（プリンシプル）について、関係者がその趣旨・精神を確認し、互いに共有した上で、各自、自らの活動が、形式的な文言・記載ではなく、その趣旨・精神に照らして真に適切か否かを判断することにある。このため、本コード（原案）で使用されている用語についても、法令のように厳格な定義を置くのではなく、まずは株主等のステークホルダーに対する説明責任等を負うそれぞれの会社が、本コード（原案）の趣旨・精神に照らして、適切に解釈することが想定されている。

　株主等のステークホルダーが、会社との間で対話を行うに当たっても、この「プリンシプルベース・アプローチ」の意義を十分に踏まえることが望まれる。

11. また、本コード（原案）は、法令とは異なり法的拘束力を有する規範ではなく、その実施に当たっては、いわゆる「コンプライ・オア・エクスプレイン」（原則を実施するか、実施しない場合には、その理由を説明するか）の手法を採用している。

すなわち，本コード（原案）の各原則（基本原則・原則・補充原則）の中に，自らの個別事情に照らして実施することが適切でないと考える原則があれば，それを「実施しない理由」を十分に説明することにより，一部の原則を実施しないことも想定している。

12. こうした「コンプライ・オア・エクスプレイン」の手法も，スチュワードシップ・コードにおいて既に採用されているものの，我が国では，いまだ馴染みの薄い面があると考えられる。本コード（原案）の対象とする会社が，全ての原則を一律に実施しなければならない訳ではないことには十分な留意が必要であり，会社側のみならず，株主等のステークホルダーの側においても，当該手法の趣旨を理解し，会社の個別の状況を十分に尊重することが求められる。特に，本コード（原案）の各原則の文言・記載を表面的に捉え，その一部を実施していないことのみをもって，実効的なコーポレートガバナンスが実現されていない，と機械的に評価することは適切ではない。一方，会社としては，当然のことながら，「実施しない理由」の説明を行う際には，実施しない原則に係る自らの対応について，株主等のステークホルダーの理解が十分に得られるよう工夫すべきであり，「ひな型」的な表現により表層的な説明に終始することは「コンプライ・オア・エクスプレイン」の趣旨に反するものである。

本コード（原案）の適用

13. 本コード（原案）は，我が国取引所に上場する会社を適用対象とするものである（注1）。

その際，本則市場（市場第一部及び市場第二部）以外の市場に上場する会社に対する本コード（原案）の適用に当たっては，例えば体制整備や開示などに係る項目の適用について，こうした会社の規模・特性等を踏まえた一定の考慮が必要となる可能性があり得る。この点に関しては，今後，東京証券取引所において，本コード（原案）のどの部分に，どのような形での考慮が必要かについて整理がなされることを期待する。

（注1）我が国取引所に上場する外国会社については，一般に，そのガバナンスに関して別途適用を受ける本国の規制が存在し，その内容が本コード（原案）と異なり得るため，本コード（原案）の内容をそのままの形で適用することが適切でない場合も想定される。このため，その取扱いに関しては，今後，東京証券取引所において整理がなされることを期待する。

14. 我が国の上場会社は，通常，監査役会設置会社，指名委員会等設置会社，監査等委員会設置会社のいずれかの機関設計を選択することとされている。本コード（原案）は，もとよりいずれかの機関設計を慫慂するものではなく，いずれの機関設計を採用する会社にも当てはまる，コーポレートガバナンスにおける主要な原則を示すものである。

　我が国の上場会社の多くは監査役会設置会社であることを踏まえ，本コード（原案）には，監査役会設置会社を想定した幾つかの原則（監査役または監査役会について記述した原則）が置かれているが，こうした原則については，監査役会設置会社以外の上場会社は，自らの機関設計に応じて所要の読替えを行った上で適用を行うことが想定される。

15. 本コード（原案）は，東京証券取引所において必要な制度整備を行った上で，平成27年6月1日から適用することを想定している。

　なお，本コード（原案）の幾つかの原則については，例えば体制整備に関するもの等を中心に，各会社の置かれた状況によっては，その意思があっても適用当初から完全に実施することが難しいことも考えられる。その場合において，上場会社が，まずは上記の適用開始に向けて真摯な検討や準備作業を行った上で，なお完全な実施が難しい場合に，今後の取組み予定や実施時期の目途を明確に説明（エクスプレイン）することにより，対応を行う可能性は排除されるべきではない。

　また，本コード（原案）には，会社が「エクスプレイン」を行う場合を含め，幾つかの開示や説明を求める旨の記載があるが，これらのうちには，特定の枠組み（例えば，コーポレート・ガバナンスに関する報告書）の中で統一的に開示・説明を行うことが望ましいものもあると考えられることから，この点については，今後，東京証券取引所において整理がなされることを期待する。

本コード（原案）の将来の見直し

16. 上述のとおり，本コード（原案）は，実効的なコーポレートガバナンスの実現に資する主要な原則を取りまとめたものであるが，不変のものではない。目まぐるしく変化する経済・社会情勢の下で，本コード（原案）がその目的を果たし続けることを確保するため，本有識者会議は，本コード（原案）が定期的に見直しの検討に付されることを期待する。

「コーポレートガバナンス・コード原案」各原則の〔背景説明〕
コーポレートガバナンス・コードの策定に関する有識者会議
2015年3月5日

補充原則

1-1② 上場会社は，総会決議事項の一部を取締役会に委任するよう株主総会に提案するに当たっては，自らの取締役会においてコーポレートガバナンスに関する役割・責務を十分に果たし得るような体制が整っているか否かを考慮すべきである。他方で，上場会社において，そうした体制がしっかりと整っていると判断する場合には，上記の提案を行うことが，経営判断の機動性・専門性の確保の観点から望ましい場合があることを考慮に入れるべきである。

〔背景説明〕

　一般に我が国の上場会社は，他国の上場会社に比して幅広い事項を株主総会にかけているとされる。しかしながら，上場会社に係る重要な意思決定については，これを株主の直接投票で決することが常に望ましいわけではなく，株主に対する受託者責任を十分に果たし得る取締役会が存在する場合には，会社法が認める選択肢の中でその意思決定の一部を取締役会に委任することは，経営判断に求められる機動性・専門性を確保する観点から合理的な場合がある。このような委任が適切であるか否かは，取締役会においてコーポレートガバナンスに関する役割・責務を十分に果たし得るような体制が整っているか否かに左右される部分が大きいと考えられる。

補充原則

1-2③ 上場会社は，株主との建設的な対話の充実や，そのための正確な情報提供等の観点を考慮し，株主総会開催日をはじめとする株主総会関連の日程の適切な設定を行うべきである。

〔背景説明〕

　株主総会開催手続きについては，本有識者会議において，以下の議論があった。

・基準日から株主総会開催日までの期間は，ガバナンスの実効性を確保する観点から，できるだけ短いことが望ましい（英国では，2日間以内）。

・招集通知から株主総会開催日までの期間は，熟慮のため，できるだけ長いことが望ましい（英国では，約4週間以上）。
・決算期末から，会計監査証明までの期間は，不正リスクに対応した実効性ある会計監査確保の観点から，一定の期間を確保する必要がある。
・以上に対応するため，必要があれば，株主総会開催日を7月（3月期決算の会社の場合）にすることも検討されることが考えられるが，業績評価に基づく株主総会の意思決定との観点から，決算期末から株主総会開催日までの期間が長くなりすぎることは避ける必要がある。

なお，以上の方向で考える場合，（監査済財務情報の提供時期や株主総会の開催時期が後倒しになることが考えられることから，）決算短信によるタイムリーな情報提供が一層重要となることや，例外的な事象が生じた場合も視野に入れた他の制度との整合性の検討が必要となることなどにも留意が必要である。

本問題については，本コード（原案）に寄せられるパブリック・コメント等の内容も踏まえつつ，必要に応じ，本有識者会議において引き続き議論を行い，東京証券取引所における最終的なコードの策定に反映される必要があるか否かを検討することとする。

補充原則
2-2①　取締役会は，行動準則が広く実践されているか否かについて，適宜または定期的にレビューを行うべきである。その際には，実質的に行動準則の趣旨・精神を尊重する企業文化・風土が存在するか否かに重点を置くべきであり，形式的な遵守確認に終始すべきではない。
〔背景説明〕
　上記の行動準則は，倫理基準，行動規範等と呼称されることもある。

【原則4-8. 独立社外取締役の有効な活用】
　独立社外取締役は会社の持続的な成長と中長期的な企業価値の向上に寄与するように役割・責務を果たすべきであり，上場会社はそのような資質を十分に備えた独立社外取締役を少なくとも2名以上選任すべきである。
　また，業種・規模・事業特性・機関設計・会社をとりまく環境等を総合的に勘案して，自主的な判断により，少なくとも3分の1以上の独立

社外取締役を選任することが必要と考える上場会社は，上記にかかわらず，そのための取組み方針を開示すべきである。

〔背景説明〕

　独立社外取締役を巡っては様々な議論があるが，単にこれを設置しさえすれば会社の成長が図られる，という捉え方は適切ではない。独立社外取締役を置く場合には，その期待される役割・責務に照らし，その存在を活かすような対応がとられるか否かが成否の重要な鍵となると考えられる。(独立) 社外取締役については，既に会社法（平成 26 年改正後）や上場規則が 1 名以上の設置に関連する規定を置いており，実務上もこれに沿った対応が見られるが，本コード（原案）では，独立社外取締役を複数名設置すればその存在が十分に活かされる可能性が大きく高まる，という観点から，「少なくとも 2 名以上」との記載を行っている。

　なお，本有識者会議において，関係団体の中には，独立役員の円滑な選任を促進する観点から，その候補に関する情報の蓄積・更新・提供をするなどの取組みを行っている団体もあり，今後，こうした取組みが更に広範に進められていくことが期待される，との指摘があった。

補充原則

4-8① 独立社外取締役は，取締役会における議論に積極的に貢献するとの観点から，例えば，独立社外者のみを構成員とする会合を定期的に開催するなど，独立した客観的な立場に基づく情報交換・認識共有を図るべきである。

〔背景説明〕

　独立社外者のみを構成員とする会合については，その構成員を独立社外取締役のみとすることや，これに独立社外監査役を加えることが考えられる。

【原則 4-9. 独立社外取締役の独立性判断基準及び資質】

　取締役会は，金融商品取引所が定める独立性基準を踏まえ，独立社外取締役となる者の独立性をその実質面において担保することに主眼を置いた独立性判断基準を策定・開示すべきである。また，取締役会は，取

締役会における率直・活発で建設的な検討への貢献が期待できる人物を
独立社外取締役の候補者として選定するよう努めるべきである。

〔背景説明〕
　金融商品取引所が定める独立性基準やこれに関連する開示基準については、その内容が抽象的で解釈に幅を生じさせる余地があるとの見方がある。これについては、適用における柔軟性が確保されているとの評価がある一方で、機関投資家や議決権行使助言会社による解釈が様々に行われる結果、上場会社が保守的な適用を行うという弊害が生じているとの指摘もある。また、これらの基準には、幾つかの点において、諸外国の基準との差異も存在するところである。本有識者会議としては、今後の状況の進展等を踏まえつつ、金融商品取引所において、必要に応じ、適切な検討が行われることを期待する。

補充原則
4-10①　上場会社が監査役会設置会社または監査等委員会設置会社であって、独立社外取締役が取締役会の過半数に達していない場合には、経営陣幹部・取締役の指名・報酬などに係る取締役会の機能の独立性・客観性と説明責任を強化するため、例えば、取締役会の下に独立社外取締役を主要な構成員とする任意の諮問委員会を設置することなどにより、指名・報酬などの特に重要な事項に関する検討に当たり独立社外取締役の適切な関与・助言を得るべきである。

〔背景説明〕
　取締役会に期待される説明責任の確保や実効性の高い監督といった役割・責務に関しては、監査や指名・報酬に係る機能の重要性が指摘されている。また、諸外国では、こうした機能に関しては特に独立した客観的な立場からの判断を求めている例も多い。こうした機能（監査役会・監査等委員会が関与する監査を除く）の独立性・客観性を強化する手法としては、例えば、任意の諮問委員会を活用することや、監査等委員会設置会社である場合には、取締役の指名・報酬について株主総会における意見陳述権が付与されている監査等委員会を活用することなどが考えられる。その際には、コーポレートガバナンスに関連する様々な事項（例えば、関連当事者間の取引に関する事項や監査役の指名に関する事項等）をこうした委員会

に併せて検討させるなど，会社の実情に応じた多様な対応を行うことが考えられる。

株式会社東京証券取引所
〒103-8220 東京都中央区本橋兜町 2-1
Tel. 03-3666-0141（代表）
http://www.jpx.co.jp/

参考-7

東証によるコーポレート・ガバナンスに関する報告書記載要領要旨（2015年6月改訂版）

　本記載要領は26頁からなり詳細を極めておりますので，東証の開示要請11項目を含む（次頁の(2)「コード各原則に基づく開示」参照）冒頭2頁だけ転載します。詳細は東証ウェブサイト（http://www.jpx.co.jp/）より御覧ください。

コーポレート・ガバナンスに関する報告書　記載要領

　2015年6月1日の改訂で新設される記載欄は，Ⅰ 1.「(1)コードの各原則を実施しない理由」及び「(2)コードの各原則に基づく開示」です（項目名に【NEW】の印を付しています）。2015年6月1日以後最初に開催する定時株主総会の日から6か月を経過する日までに，新設する記載欄に記載したコーポレート・ガバナンスに関する報告書を当取引所に提出してください。

〇表題等

記載事項	記載上の注意
□最終更新日	・当取引所へ報告書を提出する日（TDnetにおいて登録する日）を記載してください。 ・当該報告書の内容が変更されたことに伴い，当該報告書を更新・再提出する場合は，あわせて最終更新日を修正してください。 ・新規上場申請者は，上場承認日を記載してください。上場承認日以後，更新・再提出する場合は，当該日を記載してください。

参考−7　東証によるコーポレート・ガバナンスに関する報告書記載要領要旨（2015年6月改訂版）　　333

□問合せ先	・担当部署及び担当部署の電話番号（代表可）を記載してください。
□URL	・上場会社のウェブサイト（投資判断情報を提供しているものに限ります。）のURLを記載してください。

（※）以下の表において各記載事項に付された項目番号は，報告書作成入力フォームの項目番号に対応しています。

Ⅰ　コーポレート・ガバナンスに関する基本的な考え方及び資本構成，企業属性その他の基本情報

記載事項	記載上の注意
■1. 基本的な考え方	・コーポレート・ガバナンスについての会社の取組みに関する基本的な方針（方針の背景事情等を含みます。），上場会社にとってのコーポレート・ガバナンスの目的などについて具体的かつ平易に記載してください。 ・上場会社にとっての株主その他のステークホルダー（株主，従業員や消費者など，企業を取り巻くあらゆる利害関係者をいいます。）の位置付け，経営監視機能に対する考え方，企業グループ全体における考え方などを記載することが考えられます。 ・コーポレートガバナンス・コード（以下，「コード」といいます。）の原則3-1(ii)の開示を行うため，本欄を利用することも考えられます。 コード【原則3-1】 *上場会社は，法令に基づく開示を適切に行うことに加え，会社の意思決定の透明性・公正性を確保し，実効的なコーポレートガバナンスを実現するとの観点から，（本コードの各原則において開示を求めている事項のほか，）以下の事項について開示し，主体的な情報発信を行うべきである。* *(ii) 本コードのそれぞれの原則を踏まえた，コーポレートガバナンスに関する基本的な考え方と基本方針* ・当該内容に変更があればその都度修正してください。
(1) コードの各原則を実施しない理由 【NEW】	・コードの各原則のうち，実施しないものがある場合には，当該原則を実施しない理由を記載してください。 　　【実施しない理由の説明が必要となる各原則の範囲】 　　　・市場第一部又は第二部の上場会社：「基本原則」・「原則」・「補充原則」 　　　・マザーズ又はJASDAQの上場会社：「基本原則」 ・実施しない理由の説明は，コードの各原則のうち，実施しない原則を，項番等により具体的に特定したうえで，どの原則に関する説明であるかを明示して記載してください。 ・他の開示書類等において，コードの各原則を実施しない理由を記載している場合であっても，実施しない理由を必ず本欄に記載してください。 ・実施しない理由の説明が必要となる各原則について，全てを実施している場合には，その旨を記載してください。

	・コードの各原則を実施しない理由の記載にあたっては，自社の個別事情を記載することや，今後の取組み予定・実施時期の目途がある場合はそれらを記載することなどが考えられます。 ・マザーズ又は JASDAQ の上場会社が，「基本原則」以外の各原則について実施しない理由を任意に記載することも可能です。 ・記載内容に変更が生じた場合は，変更が生じた後最初に到来する定時株主総会の日以後に一括して修正することが可能です。 ・2015 年 6 月 1 日以後に最初に到来する定時株主総会の日から 6 か月が経過するまでは，本欄を非表示にすることも可能です。
(2) コードの各原則に基づく開示【NEW】	・市場第一部又は市場第二部の上場会社は，特定の事項を開示すべきとする原則に基づき開示を行う場合には，その内容を本欄に記載してください。 　【特定の事項を開示すべきとする原則（別添 1 参照）】 　　原則 1-4，原則 1-7，原則 3-1，補充原則 4-1 ①，原則 4-8，原則 4-9，補充原則 4-11 ①，補充原則 4-11 ②，補充原則 4-11 ③，補充原則 4-14 ②，原則 5-1 ・コードの各原則に基づき開示を行う場合は，開示を行う原則を，項番等により具体的に特定したうえで，どの原則に基づく開示であるかを明示して記載してください。 ・本欄の記載にあたっては，開示すべきとされる事項の内容を本欄に直接記載する方法のほか，有価証券報告書，アニュアルレポート又は自社のウェブサイト等の広く一般に公開される手段により該当する内容を開示している場合にその内容を参照すべき旨と閲覧方法（ウェブサイトの URL など）を本欄に記載する方法としても差し支えありません。 ・報告書の他の欄に記載を行うこと（例：コードの原則 3-1（ii）の開示を行うため，「■1. 基本的な考え方」欄を利用するなど）も可能です。その場合には，当該記載欄を参照すべき旨を記載してください。 ・特定の事項を開示すべきとする原則以外の各原則の実施状況を記載する場合にも，本欄を利用することが可能です。例えば，説明を行うべきとする原則の実施状況について記載する場合等が考えられます。 ・マザーズ又は JASDAQ の上場会社は本欄を非表示としてください。なお，特定の事項を開示すべきとする原則に基づき任意に開示を行う場合には，本欄を利用してください。 ・記載内容に変更が生じた場合は，変更が生じた後最初に到来する定時株主総会の日以後に一括して修正することが可能です。 ・2015 年 6 月 1 日以後に最初に到来する定時株主総会の日から 6 か月が経過するまでは，本欄を非表示にすることも可能です。
■2. 資本構成	・直前事業年度末日現在の状況を基準とします。 ・記載内容に変更が生じた場合は，変更が生じた後最初に到来する定時株主総会の日以後に一括して修正することが可能です。 ・事業年度末日以外に基準日を設定したことに伴い記載内容に変更が生じた場合の当該内容の修正は任意です。（変更が生じた後最初に到来する定時株主総会の日以後に一括して修正することが可能です。）

	・新規上場申請者は，「上場申請のための有価証券報告書（Ⅰの部）」における最近の状況について記載してください。 ・注記がある場合は，「(5)補足説明」の欄に記載してください。 ・株式所有比率や大株主の比率を算定する際には，分母となる数に自己株式を含めてください。
(1) 外国人株式所有比率	・発行済株式数のうち，外国の法令に基づいて設立された法人等及び外国国籍を有する個人が保有する株式数の割合をいいます（有価証券報告書における定義に準ずるものとします。）。 ・有価証券報告書様式（開示府令第3号様式等）における「株式等の状況」における「所有者別状況」を参考に記載してください。

参考-8
UK コーポレートガバナンス・コードの18原則
(Comply or Explain の対象)

(出典：FRC，著者抄訳，53項目のコードは，FTSE350以外には当てはまらず，約半分の企業が遵守してないため省略)

Section A：Leadership（括弧内は筆者による注，以下同）
1．取締役会は，企業を長期的に成功させるよう効果的に運営されなくてはならない。
2．企業経営の執行責任と取締役会の監督責任は明確に分離されなくてはならない。
3．議長は，取締役会を効果的に運営するようにリーダーシップをとること。
4．非業務執行取締役は建設的挑戦と戦略への提言を述べること。（忌憚のない意見を言う）

Section B：Effectiveness
5．取締役会・委員会の構成は，見識・経験・独立性・企業情報等に長けた方々のバランスを取ること。（Genderを含む）
6．新任取締役の選任手続きは公式の・厳格な・透明性のあるものでなくてはならない。
7＆8．全取締役は，その責任遂行のため充分な時間を割けること及び就任時（議長は）彼らの技能・見識を更新（教育・研修）すること。
9．取締役会（議長）は，全取締役に必要情報を必要な時に開示しなくてはならない。
10&11．取締役会は，委員会及び全取締役の業績評価を毎年，公式に，厳格に実施し，それに基づいて，定期的に再選されなければなくてはならない。

Section C：Accountability
12. 取締役会は，現在・将来の企業情報について，公正・理解しやすい形で開示すること。
13. 取締役会は，戦略達成のために招来する大きなリスクの性質・範囲について決定する責任がある。また，そのリスク管理と内部統制システムを保持しなくてはならない。
14. 取締役会は，企業報告・リスク管理・内部統制について，公式の・透明性ある監査（委員会）を確立し，外部監査人との連携を密にすること。

Section D：Remuneration
15. 報酬水準は，企業業績を向上させるに足る魅力的なものでなくてはならないが，その目的にてらして，法外な水準であってはならない。業務執行役員の大部分の報酬は，（長期の）企業業績や個々人の業績に連動すべきである。
16. 業務執行役員の報酬手続きは公式・透明性のあるものでなくてはならない（報酬委員会）。

Section E：Relations with shareholders
17. 株主との目的ある対話が行われるべきで，取締役会（議長）は，株主との満足ある対話を実施する責任がある。
18. 取締役会は，投資家が参加・質問しやすいように株主総会を開催しなくてはならない。

参考-9
米国 GE のガバナンス・プリンシプルの主要条項

(General Electric Company, Investor Relations, Governance Prnciples より筆者抄訳)

Ⅰ. 指名委員会等設置会社に関わる参考事例は本文中に殆ど存在しない。僅かに, 社外取締役の独立性基準として日本取締役協会の事例を参考に供してあるのみである。GE のガバナンス・ガイドラインの内, 重要条項をここに要約するので参考にされたい。また,

Ⅱ. 監査役設置会社においても, 本コードの原則 2-5 (内部通報) は, GE の 13 (通報制度) を, また, 補充原則 4-I ③ (最高経営責任者等の後継者計画) は, GE の 15 (サクセッション・プラン) を, 補充原則 4-8 ② (筆頭独立社外取締役) は, GE の 9 (リード・ディレクター) を, 補充原則 4-11 ③ (取締役会の実効性評価) は, GE の 10 (自己評価) を, 原則 4-14 (取締役・監査役のトレーニング) は, GE の 19 (取締役の教育) を対比して参考にされたい。本コードは OECD のコーポレート・ガバナンス原則を色濃く取り入れているが, これらの項目については, いずれも米国モニタリング・モデルを参考にして, 良いとこ取りしているように思われる。

1. 取締役会と執行の役割
株主価値の長期的拡大は, 全てのステークホルダーのために資するように, 取締役会の監督のもと, CEO の方針に従い, 執行陣や従業員によって遂行

される。

2．取締役会の役割
① CEO及び上級執行役の選任，報酬の評価とCEOのサクセッションプランの評価
② 基本的財務戦略・事業戦略の承認と実行の監視
③ 主要リスクとその緩和策
④ 財務諸表・法令遵守（倫理コード含む）におけるIntegrityの遵守，顧客・取引先・株主との関係におけるIntegrityの遵守

3．資格
① 取締役は高度の倫理観をもって，株主の長期利益に資すること。客観的洞察力，知恵，判断力を持つと同時に，事業戦略・政府関連・教育と技術・海外戦略等における政策決定において一定範囲の経験を持つこと
② 取締役はその責任と義務を果すために，十分な時間を持つこと。
③ CEOはGE以外の2社以上の，またCEO以外の取締役は4社以上の役職についてはならない。
④ 取締役の定年は75歳

4．取締役の独立性
a．次の場合は，独立性の適格要件なし
　i．過去にGEに雇用されていた場合，あるいはGEの執行役員の近親者。
　ii．GEから，過去の在任期間の報酬や年金や繰延べ報酬以外の報酬を受けていたもの。
　iii．GEから年間$120,000以上の報酬を受けていた近親者。
　iv．GEで働いていた，ないし関与していた独立監査人またはその近親者。
　v．GEの執行役員または近親者が，GEの取締役を社外取締役として採用していた会社の取締役会の報酬委員であった場合。

b．意思決定するときに，その会社の年間連結売上高の2％または＄1m超える取引のある会社の，執行役員，従業員であるもの，あるいは，近親者が執行役員であった場合，独立性はない。

c．意思決定するときに，GE に債務がある会社で，その額がその会社の年度末連結総資産の2%を超える会社の，執行役員，従業員であるもの，あるいは，近親者が執行役員であった場合，独立性はない。

d．意思決定するときに，GE が貢献している慈善団体で，その貢献額が，$200,000，またはその団体の直近の連結収入の1%を超える金額の団体の，理事や執行役員である場合，独立性はない。

5．取締役の数と指名プロセス
・13〜18名以内，任期1年，diversity に配慮
・指名委員会によってその理由を付して選任提案されるが，株主によって提案されることもある。

6．委員会制度
・①監査委員会②昇格・報酬委員会③指名＆C/G 委員会④リスク委員会⑤社会的責任委員会

7．委員会メンバーの独立性
例えば監査委員会メンバーは他のコンサルタント会社の仕事をしてはならない等

8．非業務執行取締役会議
非業務執行取締役のみが出席する会議が年に最低3回開催されるべきで，これには執行役員の昇格・報酬委員会委員長が出席する。

9．リード・ダイレクターの選出
GE は CEO が取締役会の議長である。従って，独立取締役は昇格・報酬委員会委員長をリード・ダイレクターとして選出し，彼が非業務執行取締役会議を招集し，議長との調整役を果す。そして次のことを遂行する。
① 指名・C/G 委員会委員長選出の助言
② 取締役会の議題・日時・資料の承認
③ 取締役会の年間の主要議題とスケジュールについて，議長との協働
④ 議長欠席時の代理，議長が利益相反となる議題案件の議長役，主要株主

との対話の窓口役。ボード・レビューを定期的に行う。

10. 自己評価
独立のガバナンス専門家を利用した，取締役の年度末自己評価の実施。

11. 取締役会のアジェンダ
12月の取締役会で議長とリード・ダイレクターは翌年に計画される戦略・リスク・integrityに関わる主要問題について提案する。

12. 倫理と利益相反
GEの行動規範は"The Spirit & The Letter"なる企業Integrityマニュアル（注）があり役員から従業員までがこれを遵守しなくてはならない。GEは取締役・執行役員の個人ローンを一般に認められたカードローン以外認めない。若し，潜在的利益相反がある場合いには，直ちに議長または，リード・ダイレクターに連絡すること。

（注）GEのThe Spirit & The Letter（「誠実性マニュアル」企業行動規範）
「GEの全役員・全従業員が誓約する行動規範であり，これらの文言以上にその精神を遵守しなくてはならないこと，たとえ「数字で結果を出すこと」や「競争本能や上司の命令」に背くともIntegrityを犠牲にしてはならないことをCEOジェフリー・R・イメルトが声明」。

13. 通報制度
監査委員会と非業務執行取締役は，GEの行動規範に触れる心配事がある方々や会計上・内部統制上・監査上の問題点を認識した従業員がいた場合に，それらを議長やリード・ダイイレクターに直接通報できるようにする手続書を準備すること。ヘルプラインも準備すること。但し，報復禁止であること。

14. 非業務執行取締役の報酬
指名・C/G委員会は非業務執行取締役の報酬について推薦責任を持つ。それは長期的株主価値増大に資すること，また，株主にとってシンプルで分りやすいものでなくてはならない。40％は現金，60％は株式による。

15. サクセッション・プラン
取締役会は，CEOや上級執行役のサクセッション・プランを昇格・報酬委

員会からの推薦に基づいて，承認する。

16. CEOや上級執行役の年俸評価
昇格・報酬委員会は，CEOや上級執行役の候補者を評価・選定する責任を取締役会に負う。また，CEOや他の執行役の目標に照らした報酬プログラムを開発・評価する責任もある。

17. 非業務執行取締役による上級執行役への直接コンタクト
非業務執行取締役は，年に2回，CEO以下の上級執行役に直接CEO抜きでコンタクトできる。

18. 独立のアドバイザーへのコンタクト可（省略）

19. 取締役の教育
新任取締役はオリエンテーションに続いて，就任3ヶ月以内に一日，企業戦略・財務諸表等について上級執行役からレクチャーを受ける。取締役は，継続的にGEの財務計画と分析・コンプライアンス・コーポレートガバナンス・工場見学・差し迫ったリスク等についての教育を受ける。

20. 買収防衛策
GEは基本的に買収防衛策を持たない。若し必要な場合には，独立取締役の決定を受けてから，株主総会にかける。

21. 過半数基準

22. 自社株保有（省略）

23. 上級執行役の退職金に対する株主の承認

24. CEOによる不祥事（省略）

参考文献

第1部 「金融庁」及び「東証」によるコーポレートガバナンス・コードについて

金融庁（2014）「コーポレートガバナンス・コードに関する有識者会議の全9回の議事録・資料」（第9回：平成27年3月5日開催，第8回：平成26年12月12日開催，第7回：平成26年11月25日開催，第6回：平成26年11月12日開催，第5回：平成26年10月31日開催，第4回：平成26年10月20日開催，第3回：平成26年9月30日開催，第2回：平成26年9月4日開催，第1回：平成26年8月7日開催）

今井祐（2014）『経営者支配とは何か～日本版コーポレート・ガバナンス・コードとは～』文眞堂

ジェイ・ユーラス・アイアール㈱（2014）『スチュワードシップ・コードとコーポレートガバナンス・コード』同友館

北川哲雄（2015）『スチュワードシップ・コードとコーポレートガバナンス』東洋経済新報社

日本コーポレート・ガバナンス・フォーラム編（2006）「OECDコーポレート・ガバナンス」明石書店

佐藤寿彦（2015）「コーポレートガバナンス・コードの策定に伴う上場制度の概要」商事法務 No. 2065

UK FRC（2010），"The UK Corporate Governance Code," UK FRC.

第2部 実践コーポレートガバナンス・コードの作り方

阿部高樹（2008）『会社役員の法律と役員規程・変更登記文例集』三修社

エーザイ（2014）「コーポレートガバナンスガイドライン（2014年6月20日改訂）」エーザイ

藤田純孝（2013）「日本のコーポレートガバナンス」日本CFO協会理事長

藤田友敬（2013）「株式保有構造と経営機構―日本企業のコーポレート・ガバナンス」商事法務 No. 2007

H. Kent Baker, Ronald Anderson（2010），*Corporate Governance*, WILEY

堀江貞之（2015）「スチュワードシップ・コードとガバナンス・コード時代の株主と上場会社の在り方」（株）野村総合研究所金融ITイノベーション研究部

平田光弘（2002）「日米企業の不祥事とコーポレート・ガバナンス」経営論集57号

平田光弘・菊池敏夫（2000）『企業統治の国際比較』文眞堂
伊丹敬之（2000）『日本型コーポレートガバナンス－従業員主権企業の論理と改革』日本経済新聞社
今井祐（2014）『経営者支配とは何か～日本版コーポレート・ガバナンス・コードとは～』文眞堂
ジェイ・ユーラス・アイアール（株）（2014）『スチュワードシップ・コードとコーポレートガバナンス・コード』同友館
神田秀樹他（2011）『コーポレート・ガバナンスの展望』中央経済社
神田秀樹・武井一弘他（2015）「コーポレートガバナンス・コードを活かす企業の成長戦略（上・中・下）」商事法務 No. 2055，No. 2056，No. 2057
勝部伸夫（2004）『コーポレート・ガバナンス論序説』文眞堂
加護野忠男・砂川伸幸・吉村典久（2010）『コーポレート・ガバナンスの経営学』有斐閣
北川哲雄（2015）『スチュワードシップ・コードとコーポレートガバナンス』東洋経済新報社
久保利他（1998）『日本型コーポレート・ガバナンス』日刊工業新聞社
菊澤研宗（2004）『比較コーポレート・ガバナンス論：組織の経済学アプローチ』有斐閣
三浦亮太（2015）「平成 26 年定時株主総会の動向と平成 27 年定時株主総会の留意点」月刊監査役 No. 637，日本監査役協会
水尾順一・佐久間信夫（2010）「コーポレート・ガバナンスと企業倫理の国際比較」ミネルヴァ書房
野口葉子（2012）「取締役の競業取引・利益相反取引規制」商事法務
日本コーポレート・ガバナンス・フォーラム編（2006）「OECD コーポレート・ガバナンス」明石書店
OECD Steering Group on C/G（2010），"Corporate Governance and the Financial Crisis," OECD
OECD Steering Group on C/G（2009），"The C/G Lessons from the Financial Crisis," OECD
佐久間信夫（2007）「コーポレート・ガバナンスの国際比較」税務経理協会
商事法務（2015）「会社法の一部を改正する法律」等の施行に伴う会社法施行規則等の一部を改正する省令案の公表と概要」商事法務 No. 2058
澤田実・内田修平・角田望・金村公樹（2015）「コーポレートガバナンス・コードへの対応に向けた考え方〔Ⅰ〕」商事法務 No. 2066
田中亘（2013）「日本のコーポレート・ガバナンスの課題」月刊監査役 No.612 2013.4.25
高橋俊夫（2006）『コーポレート・ガバナンスの国際比較』中央経済社

UK FRC (2010), "The UK Corporate Governance Code," UK FRC

第3部　独立社外取締役について

ACGA (2008), "White Paper on C/G in Japan," ACGA
ACGA (2009), "Statement on C/G Reform in Japan," ACGA
ACGA (2011)「法制審部会に対する提言書 "Letter"」ACGA
藤田勉 (2010)『上場会社法制の国際比較』中央経済社
H. Kent Baker & Ronald Anderson (2010), *Corporate Governance*, WILEY
浜辺陽一郎 (2013)「1014年会社法改正案の問題点」日本経営倫理学会　監査・ガバナンス研究部会2013年12月20日資料
浜辺陽一郎 (2012)「会社法制の見直しの動向と企業実務への影響」『会社法務A2Z』
宮島英昭 (2015)「独立取締役の複数選任制を読み解く」ビジネス法務 Vol. 15, No.4
法務省法制審議会会社法部会第1回～24回の資料・議事録・「中間試案」・「会社法改正要綱案」
今井祐 (2014)『経営者支配とは何か～日本版コーポレート・ガバナンス・コードとは～』文眞堂
石田猛之 (2013)「ISSの2014年議決権行使助言に関するポリシー及び方向性」石田猛之
石田猛之 (2014)「ISSの2015年議決権行使助言に関するポリシー及び方向性」石田猛之
石井祐介・若林功晃 (2015)「コーポレート・ガバナンスに関する規律の見直し」商事法務 No. 2056
カーティス・J・ミルハウプト編 (2011)『米国会社法』有斐閣
河本一郎他 (2011)『日本の会社法』商事法務
川口幸美 (2013)「日米の社外取締役制度について」DF監査役研修会資料
川口幸美 (2004)『社外取締役とコーポレート・ガバナンス』弘文堂
久保克行 (2012)『コーポレート・ガバナンス，経営者の交代と報酬はどうあるべきか』日本経済新聞出版社
宮島英昭 (2011)『日本の企業統治』(斉藤卓爾の実証研究を含む) 東洋経済新報社
日本取締役協会 (2014)「取締役会規則における独立取締役選任基準」(2014年2月25日改訂版) 日本取締役協会
NYSE Commission on C/G (2010), "Report of the NYSE Commission on Corporate Governance," NYSE
太田順司 (2014)「改正会社法と監査役制度」平成26年4月3日，監査役懇話会資料
落合誠一・大田洋 (2011)『会社法制見直しの論点』商事法務
資生堂 (2014)「コーポレートガバナンスに関わる報告書」資生堂

下山祐樹（2014「監査等委員会設置会社への移行判断における検討事項」商事法務 No. 2054
髙橋均（2014）「新しい株主総会の在り方に向けて」商事法務 No. 2054
富永誠一（2009）『独立社外取締役』商事法務
田中亘他（2011）『会社法』有斐閣
上村達男（2008）「企業法制の現状と課題」日本評論社
若林泰伸（2014）「アメリカにおける非業務執行役員と取締役会の監査機能」月刊監査役 No. 624

第 4 部　株式の持合い（政策保有株）について

江頭憲治郎（2011）『株式会社法第 4 版』有斐閣
藤田勉（2010）『上場会社法制の国際比較』中央経済社
Hiroo Takahashi (2013), "The Challenge for Japanese Multinationals," Palgrave macmillan
今井祐（2014）『経営者支配とは何か～日本版コーポレート・ガバナンス・コードとは～』文眞堂
勝部伸夫（2004）『コーポレート・ガバナンス論序説』文眞堂
三戸浩編著／経営学史学会監修（2013）『バーリ＝ミーンズ』文眞堂
商事法務 No. 2007
商事法務 No. 2010

第 5 部　経営理念・倫理規範・行動準則・中期経営計画等の作り方

アンドリュウ・ロス・ソーキン（2010）『リーマンショック・コンフィデンシャル』（上・下）早川書房
青山敦（2011）『京セラ稲盛和夫，心の経営システム』日刊工業
青木良和（2012）『変革のための 16 の経営哲学』幻冬舎ルネッサンス
出見世信之（2012）「企業不祥事と経営責任～今求められているコンプライアンスとコーポレートガバナンス」JABES&BERC 共催経営倫理シンポジュウム所収
郷原信郎（2007）『法令遵守が日本を滅ぼす』新潮新書
グロービス著，湊岳執筆（2010）『ウェイマネジメント（永続する企業になるための企業理念の作り方）』東洋経済新報社
浜辺陽一郎（2007）『内部統制』ナツメ社
平田光弘（2002）「日米企業の不祥事と C/G」経営論集 57 号
広田真一（2012）『株主主権を超えて』東洋経済新報社
Hiroo Takahashi (2013), "The Challenge for Japanese Multinationals," Palgrave macmillan

伊丹敬之（2013）『よき経営者の姿』日経ビジネス人文庫
今井祐（2011）「公的規制と企業倫理」日本経営倫理学会第 18 号所収
今井祐（2013）「海外から見た我が国のコーポレート・ガバナンス問題点と経営規律の強化」日本経営倫理学会第 20 号所収
今井祐（2014）『経営者支配とは何か〜日本版コーポレート・ガバナンス・コードとは〜』文眞堂
ダイヤモンド社（2013）「稲盛経営解剖」ダイヤモンド社
引頭麻美（2013）『JAL 再生』日本経済新聞出版社
稲盛和夫（2001）『稲盛和夫の哲学』PHP 文庫
稲盛和夫（2004）『稲盛和夫のガキの自叙伝』日経ビジネス人文庫
稲盛和夫（2004）『生き方』サンマーク出版
稲盛和夫（2007）『人生の王道―西郷南洲の教えに学ぶ』日経 BP 社
稲盛和夫（2012）『新版・敬天愛人―ゼロからの挑戦』PHP ビジネス新書
稲盛和夫（2013）「説き，順じて心を 1 つに」日経ビジネス 2013.1.14 号
桂木明夫（2010）『リーマン・ブラザーズと世界経済を殺したのは誰か』講談社
加護野忠男・砂川伸幸・吉村典久（2010）『コーポレート・ガバナンスの経営学』有斐閣
片山修（2009）『リーマンショック』祥伝社新書
黒沼悦郎（2004）「アメリカ証券取引法」弘文館
経団連（2010）「企業行動憲章」及び「企業倫理徹底のお願い」
企業倫理研究プロジェクト編著（2008）『企業倫理・コンプライアンス』産業能率大学出版部
L. S. Paine／梅津・柴柳訳（1999）「ハーバードのケースで学ぶ企業倫理」慶応義塾大学出版会
L. S. Paine（2004）『Value Shift』毎日新聞社
町田徹（2012）『JAL 再建の真実―再上場の功罪を問う』講談社現代新書
皆木和義（2008）『稲盛和夫の論語』あさ出版
森功（2010）『腐った翼』幻冬舎
三矢裕（2010）『アメーバ経営論』東洋経済新報社
水尾順一（2013）『セルフ・ガバナンスの経営倫理』千倉書房
水尾順一・佐久間信夫（2010）「コーポレート・ガバナンスと企業倫理の国際比較」ミネルヴァ書房
水尾順一（2014）『マーケティング倫理が企業を救う』生産性出版
日本経営倫理学会編（2008）『経営倫理用語辞典』白桃書房
日本コーポレート・ガバナンス・フォーラム編（2006）「OECD コーポレート・ガバナンス」明石書店

日経トップリーダー（2013）「稲盛哲学，中国に渡る　燃えろ！経営者」日経BP
日本航空グループ2010（2010）『JAL崩壊』文春新書
日本航空（2002～2012）「有価証券報告書8冊」日本航空
貫井陵雄（2002）「企業経営と倫理監査」同文館
大鹿靖明（2010）『墜ちた翼―ドキュメントJAL倒産』朝日新聞出版
尾崎哲夫（2004）『アメリカの法律と歴史』自由国民社
岡本大輔・梅津光弘（2006）『企業評価＋企業倫理』慶応義塾大学出版会
PRESIDENT（2013）「稲盛和夫の叱り方」プレジデント社
ローレンス・マクドナルド他（2009）『金融大狂乱―リーマン・ブラザーズはなぜ暴走したのか』徳間書店
坂上仁志（2011）『日本一わかりやすい経営理念のつくり方』中経出版
杉浦一機（2010）『JAL再建の行方』草思社
SEC（2008），SEC Handbook
西藤輝・安崎曉・渡辺智子（2010）『日本型ハイブリッド経営』中央経済社
佐久間信夫（2007）『コーポレート・ガバナンスの国際比較』税務経理協会
Stephen K. Henn（2009），*Business Ethics*, Wiley
商事法務（2013）「日本型コーポレート・ガバナンスはどこへ向かうのか〔上〕」No. 2008（2013年9月5日号）
東証上場部編（2010）『東証の上場制度整備の解説』
東京証券取引所（2009）「有価証券上場規程」「コーポレート・ガバナンス白書」
高橋均（2014）「新しい株主総会の在り方に向けて」商事法務 No. 2054
田中宏司（2004）『コンプライアンス経営』生産性出版
田中一弘（2014）『良心から企業統治を考える』東洋経済
鳥羽至英・八田進二・高田敏文（1996）『内部統制の統合的枠組み』白桃書房
高巌（2013）『ビジネスエシックス（企業倫理）』日本経済新聞出版社
高巌（2006）『誠実さを貫く経営』日本経済新聞社
高巌（2001）『ECS2000 このように倫理法令遵守を構築する』日科技連
高橋浩夫編著（2009）『トップ・マネジメントの経営倫理』白桃書房
梅津光弘（2005）『ビジネスの倫理学』丸善，及び「三田商学研究2005年4月号」
吉田邦雄・箱田順哉（2004）『富士ゼロックスの倫理・コンプライアンス監査』
吉川吉衛（2007）『企業リスクマネジメント』中央経済社
若園智明・首藤恵（2008）「証券業の機能と倫理」早稲田大学ファイナンス研究所
全米取締役協会編著（1999）『取締役のプロフェショナリティー』全米取締役協会

第6部　CSR報告書及び統合報告書の作り方
藤井良広（2014）「財務・非財務の統合の動き」2014年1月14日「日経」経済教室

伊丹敬之（2013）『よき経営者の姿』日経ビジネス人文庫
今井祐（2014）『経営者支配とは何か～日本版コーポレート・ガバナンス・コードとは～』文眞堂
市村清（2013）『統合報告導入ハンドブック』第一法規
企業倫理研究プロジェクト編著（2008）『企業倫理・コンプライアンス』産業能率大学出版部
日本経営倫理学会編（2008）『経営倫理用語辞典』白桃書房
水尾順一（2005）『CSR で経営力を高める』東洋経済
水尾順一（2013）『セルフ・ガバナンスの経営倫理』千倉書房
水尾順一（2014）『マーケティング倫理が企業を救う』生産性出版
熊谷謙一（2011）『動き出す ISO26000』日本生産性本部
オムロン（2014）『統合レポート 2014』オムロン株式会社
新日本有限責任監査法人編（2009）『CSR 報告書の読み方・作り方』中央経済社
潜道文子（2014）『日本人と CSR』白桃書房
田中宏司（2012）「国際規格 ISO26000 と CSR 経営」日本経営倫理学会研究交流例会
田中宏司・水尾順一（2015）『三方よしに学ぶ人に好かれる会社』サンライズ出版
東京財団 CSR 研究プロジェクト（2014）『CSR 白書 2014』東京財団
高巌（2001）『ECS2000 このように倫理法令遵守を構築する』日科技連
宝印刷株式会社総合ディスクロージャー研究所編（2014）『統合報告書による情報開示の新潮流』同文舘出版
吉城唯史（2013）「国際統合報告フレームワークとその開示内容」阪南論集 社会科学編 第 49 巻第 1 号，2013 年 10 月

第 7 部　多様性（ダイバーシティ）について

デイビッド・カーンズ，デイビッド・ナドラー著／小林陽太郎監訳／杉山成司訳（1993）『ゼロックスの反撃』ダイヤモンド社
福川裕徳（2013）「オリンパスの事例にみる公認会計士監査及び監査役監査の役割と限界」如水会監査役懇話会講演資料
井上泉（2013）「オリンパス事件における統制環境の崩壊」日本経営倫理学会誌第 20 号所収
伊丹敬之（2013）『よき経営者の姿』日経ビジネス人文庫
今井祐（2014）『経営者支配とは何か～日本版コーポレート・ガバナンス・コードとは～』文眞堂
井植敏・片山修（2010）『三洋電機よ，永遠なれ』PHP
「経産省」（2014）「社外役員を含む非業務執行役員の役割・サポート体制等に関する中間取りまとめ」「経産省」

森まさこ女性活力・子育て支援担当大臣（2014）「日本再興戦略と女性役員登用への期待」日本コーポレート・ガバナンス・ネットワーク　新春シンポジュウム 2014
宮島英昭（2015）「独立取締役の複数選任制を読み解く」ビジネス法務 Vol. 15, No. 4
西村吉雄（2014）『電子立国は，なぜ凋落したのか』日経 BP
日本弁護士連合会（2013）「社外取締役外ドライン」日本弁護士連合会
NIKKEI BUSINESS（2011）「ゼロックス，脱コピー加速」2011. 7. 18
日経新聞（2015）5 面「成果で賃金 5 職種例示」2015. 1. 17
Jim Collins（1995）『ビジョナリーカンパニー時代を超える生存の法則』日経 BP 社
Jim Collins（2010）『ビジョナリーカンパニー第 3 巻「衰退の五原則」』日経 BP 社
Jim Collins（2010）How the Mighty Fall　HarperCollins Publishers Inc.
NIKKEI BUSINESS 2011 年 10 月 31 日「解任劇の真相を話そう」
NIKKEI BUSINESS 2011 年 11 月 7 日「オリンパス，なお残る疑問と謎」
NIKKEI BUSINESS 2011 年 12 月 5 日「ウッドフォード氏，持ち合い批判」
ウィキペディア（Wikipedia）「オリンパス事件」及び「木村剛」
オリンパス（2000〜2011）「有価証券報告書」12 冊，オリンパス株式会社
オリンパス第三者委員会（2011）「オリンパス第三者委員会調査報告書」
オリンパス取締役責任委員会調査報告書 2012 年 1 月 8 日（添付資料を含む）
荻正道（2009）『パナソニックが SANYO を買収する本当の理由』アーク出版
大西康之（2014）『会社が消えた日』日経 BP
Sheryl Sandberg（2013）『LEAN IN 女性，仕事，リーダーへの意欲』日本経済新聞出版社
三洋電機（2002〜2008）「有価証券報告書」7 冊，三洋電機株式会社
高橋均（2014）「新しい株主総会の在り方に向けて」商事法務 No. 2054
湯之上隆（2012）『電機・半導体大崩壊の教訓』日本文芸社
Xerox Corp.（2001〜2011）「Annual Report」11 冊，Xerox Corp.
山川猛（2008）『三洋電機凋落と再生』文理閣

第 8 部　スチュワードシップ・コードと伊藤レポート

大和総研グループ（2013）「スチュワードシップコード」大和総研グループ
H. Kent Baker & Ronald Anderson（2010）, *Corporate Governance*, WILEY
ジェイ・ユーラス・アイアール㈱（2014）『スチュワードシップ・コードとコーポレートガバナンス・コード』同友館
神作裕之（2014）「コーポレートガバナンス向上に向けた内外の動向—スチュワードシップ・コードを中心として」商事法務 No. 2030
経済産業省（2014）「持続的成長への競争力とインセンティブ〜企業と投資家の望ましい関係構築〜」プロジェクト，座長：伊藤邦雄「最終報告書（伊藤レポート），経

済産業省ウェブサイト
金融庁（2014）「スチュワードシップ・コード」金融庁ウェブサイト
北川哲雄（2015）『スチュワードシップ・コードとコーポレートガバナンス』東洋経済新報社
伊丹敬之（2013）『よき経営者の姿』日経ビジネス人文庫
井口譲治（2014）「ストーリーのあるコーポレート・ガバナンス」日本コーポレート・ガバナンス・ネットワーク講演会資料，2014年4月23日実施
Life stream community（2007）「スチュワードシップ」Life stream commun
水尾順一・佐久間信夫（2010）「コーポレート・ガバナンスと企業倫理の国際比較」ミネルヴァ書房
OECD（2006）「OECDコーポレート・ガバナンス」明石書店
OECD（2010），"Corporate Governance and the Financial Crisis," OECD
佐久間信夫（2007）『コーポレート・ガバナンスの国際比較』税務経理協会
UK FRC（2010），"UK Stewardship Code," UK FRC

参考－3　取締役の利益相反取引の制限
浜辺陽一郎（2015）『新会社法の仕組み 第3版』東洋経済
アクト大阪法律事務所「法律関連コラム」http://www.actosaka-law.com/column/?itemid=97

著者略歴

今井　祐（いまい・たすく）

1940 年　東京生まれ
1963 年　一橋大学商学部卒
2000 年　富士写真フイルム（株）代表取締役副社長
2002 年　富士ゼロックス（株）社外監査役
現在：日本経営倫理学会常任理事兼監査・ガバナンス研究部会長，経営倫理研究実践センターフェロー，㈱今井経済・経営研究所代表取締役社長，KSP アドバイザー委員会委員長，日本マネジメント学会会員，日本コーポレート・ガバナンス・ネットワーク独立役員研究会委員

主要著書・論文等：
『経営者支配とは何か～日本版コーポレート・ガバナンス・コードとは何か～』文眞堂
「公的規制と企業倫理」（『日本経営倫理学会誌』第18号，2011年所収）
「海外から見たわが国コーポレート・ガバナンスの問題点と経営規律の強化策」（『日本経営倫理学会誌』第20号，2013年所収）
「米国大企業の経営破綻」（『日本経営倫理学会誌』第21号，2014年所収）
「米国COSOの倫理的価値観と稲盛和夫の経営哲学」（『旬刊経営情報』2014年2月号所収）

実践コーポレートガバナンス・コード作成ハンドブック

2015年6月10日　第1版第1刷発行　　　　　　　　　　検印省略
2015年7月31日　第1版第2刷発行

　　　　　著　者　今　井　　　祐

　　　　　発行者　前　野　　　隆

　　　　　発行所　株式会社　文　眞　堂
　　　　　　　　　東京都新宿区早稲田鶴巻町533
　　　　　　　　　電話　03(3202)8480
　　　　　　　　　FAX　03(3203)2638
　　　　　　　　　http://www.bunshin-do.co.jp/
　　　　　　　　　〒162-0041　振替00120-2-96437

印刷・製本　モリモト印刷
© 2015
定価はカバー裏に表示してあります
ISBN978-4-8309-4873-2　C3034